Foto: Volkmar F. Janicke

AF288683

Korea
Südkorea mit
Pjöngjang (Nordkorea)

Autor:
Oliver Fülling

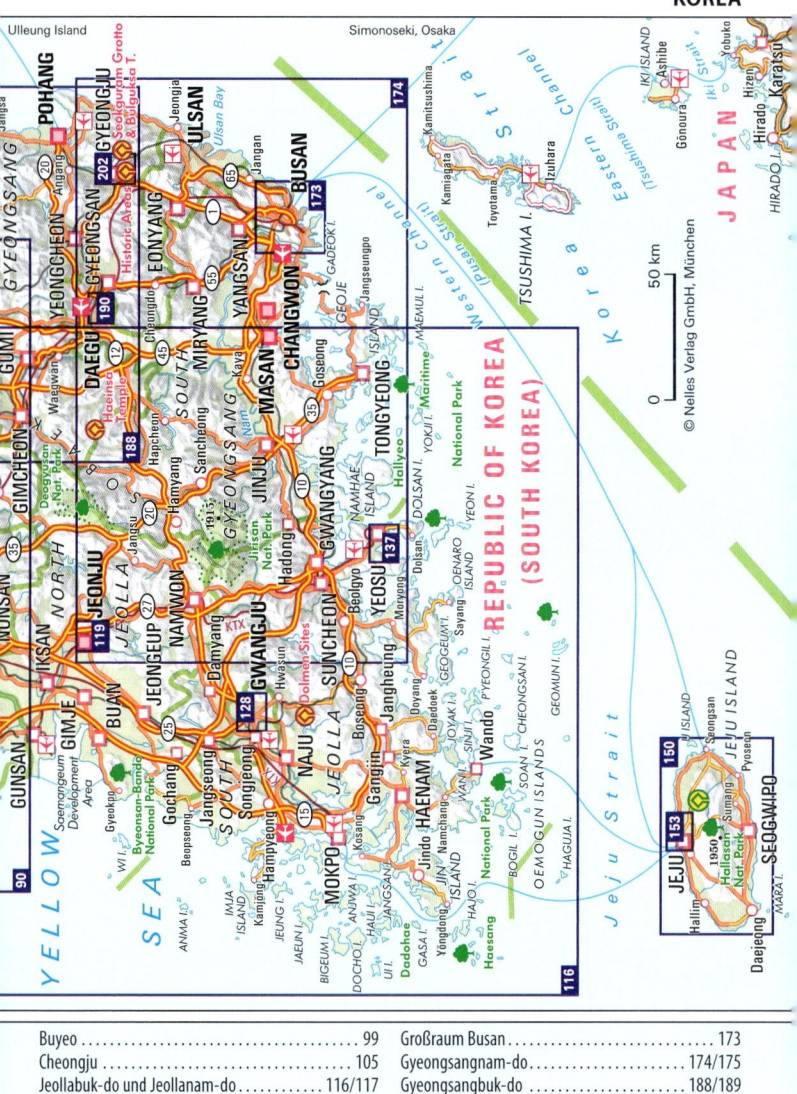

IMPRESSUM / KARTENLEGENDE

Liebe Leserin, lieber Leser,

AKTUALITÄT wird in der Nelles-Reihe groß geschrieben. Unsere Korrespondenten dokumentieren laufend die Veränderungen der weltweiten Reiseszene, und unsere Kartografen berichtigen ständig die auf den Text abgestimmten Karten.

Wir freuen uns über jeden Korrekturhinweis! Unsere Adresse: Nelles Verlag, Machtlfinger Str. 26 Rgb., D-81379 München, Tel. +49 (0)89 3571940, Fax +49 (0)89 35719430, E-Mail: Info@Nelles.com, Internet: www.Nelles.com

Haftungsbeschränkung: Trotz sorgfältiger Bearbeitung können fehlerhafte Angaben nicht ausgeschlossen werden, der Verlag lehnt jegliche Produkthaftung ab. Alle Angaben ohne Gewähr. Firmen, Produkte und Objekte sind subjektiv ausgewählt und bewertet.

LEGENDE

★★	Top-Attraktion *(in Karte)*	SUWON *(Ort)* Yongjusa *(Sehenswürdigkeit)*	in Karte gelb Unterlegtes wird im Text erwähnt	Staatsgrenze
★★	*(in Text)*		Internationaler Flughafen / Flughafen, Flugplatz	Verwaltungsgrenze
★	sehr sehenswert *(in Karte)*			Autobahn
★	*(in Text)*		UNESCO Welterbe	Schnellstraße
❽	Orientierungsnummer in Text und Karte	Manisan 469 •	Berggipfel (Höhe in Meter)	Fernverkehrsstraße
⑧	Orientierungsnummer in Text und Stadtplan		Nationalpark	Hauptstraße
■ ■	Öffentliches bzw. bedeutendes Gebäude		Strand	Nebenstraße
■ 🏠 /●	Hotel / Restaurant		Buddhistischer Tempel / Pagode	Nebenstraße, Fahrweg
⊕ ⊠	Hospital / Post		Fort, Palast	Eisenbahn
○▨▨	Markt / Einkaufszentrum	∩ ⌟	Höhle / Golfplatz	KTX Railroad
✝ ⎍	Kirche / Denkmal	⌖ ※	Leuchtturm / Aussichtspunkt	Dongdaemun — Metro mit Station
■ ★	Botschaft / Polizei	⸪	Antike Stätten	Fußgängerzone
❼	Touristeninformation		Stadtmauer, Fort	Fähre
🚍 P	Busstation / Parkplatz			\13 Entfernung in Kilometern
				① 6 Straßennummern

IMPRESSUM

**KOREA – Südkorea mit
   Pjöngjang (Nordkorea)**
© Nelles® Verlag GmbH
   81379 München
   All rights reserved

Druck: Bayerlein, Germany
Einband durch DBGM geschützt

-F0619-

1 FEATURES

2 GESCHICHTE UND KULTUR

3 SEOUL UND GYEONGGI-DO

4 CHUNGCHEONGNAM-DO UND CHUNGCHEONGBUK-DO

5 JEOLLABUK-DO UND JEOLLANAM-DO

10 NORDKOREA

11 REISE-INFORMATIONEN

HÖHEPUNKTE

★★**Palast der strahlenden Glückseligkeit** (*Gyeongbokgung*, S. 49): Fast 200 Jahre diente dieser riesige Palastkomplex als Regierungssitz und Königsresidenz.

★★**National Folk Museum of Korea** (S. 53): Lebendiger Einblick in das Alltagsleben der Koreaner im Laufe der verschiedenen Dynastien.

★★**Palast der blühenden Tugend** (*Changdeokgung*, S. 54): Der am besten original erhaltene Königspalast in Seoul besticht durch seine noble Eleganz.

★★**Ahnenschrein** (*Jongmyo*, S. 56): Im Schrein der königlichen Ahnentafeln ist der Konfuzianismus der alten Schule bis heute lebendig.

★★**National Museum of Korea** (S. 64): Eines der besten Museen des Landes und ein spannender Streifzug durch die koreanische Geschichte.

★★**Hwaeseong** (S. 81): Die Befestigungsanlage von Suwon gilt als Meisterwerk der Festungsarchitektur.

★★**Hühnerdrachen-Nationalpark** (*Gyeryongsan*, S. 93): Das gebirgige Naturparadies gilt seit altersher als besonders segensverheißend.

★★**Boryeong-Schlammfestival** (S. 101): Fröhlich suhlen im Heilschlamm.

★★**Beopju-Tempel** (*Beopjusa*, S. 106): Der Tempelkomplex im Songnisan-Nationalpark gehört zu den ältesten, imposantesten Klöstern Koreas.

★★**Hanok Maeul** (S. 119): Mit über 800 erhaltenen traditionellen koreanischen Häusern, den *Hanok*, ist dies das größte zusammenhängende traditionelle Wohngebiet Koreas.

★★**Goldberg-Kloster** (*Geumsansa*, (S. 121)): Das Kloster beeindruckt durch seine mächtige Maitreya-Halle und seine außergewöhnliche Innenausstattung.

★★**Mireuksaji** (S. 122): Die Ruinen des Tempels zeigen eine einzigartige Synthese aus den Baustilen der Zeit der drei Königreiche.

★★**Maisan-Provinzpark** (S. 123): Filigran aufgeschichtete Steinnadeln und Pagoden im Zentrum des Parks repräsentieren religiöse Vorstellungen über das Universum.

★★**Naganeupseong Folk Village** (S. 135): Eine der wenigen noch existierenden traditionellen Ortschaften Koreas, sogar die schützende Umwallung ist noch erhalten.

★★**Hallim-Park** (S. 155): Das einzigartige Lavaröhrensystem, das sogar bizarre Stalagmiten und Stalagtiten aufweist, gehört zum UNESCO-Weltnaturerbe.

★★**Hallasan-Nationalpark** (S. 160): Die Besteigung des 1950 m hohen Vulkans Hallasan gehört zu den Höhepunkten einer Reise nach Jeju-do.

★★**Tongdosa** (S. 175): Koreas größter Tempel und als „Tempel des Buddha" einer der „Drei Juwelen des koreanischen Buddhismus".

★★**Haein-Tempel** (*Haeinsa*, S. 180): Sein Schatz ist die berühmte Bibliothek von 1251 mit den 81 258 Druckplatten der *Tripitaka Koreana*.

★★**Gyeongju** (S. 194): Eine Stadt mit herausragenden Sehenswürdigkeiten: Ein Muss sind Tumuli-Park, Nationalmuseum, Bulguk-Tempel und Seokguram-Grotte.

★★**Bulguk-Tempel** und ★★**Seokguram-Grotte** (S. 203): Kunsthistorisch höchst wertvoll sind der prächtige, schön gelegene Tempel und die kunstvolle Buddha-Grotte aus der Silla-Zeit (8. Jh.).

★★**Hahoe Folk Village** (S. 209): Ein faszinierendes Traditionsdorf, das sein klassisch-konfuzianisches Grundmuster aus der Joseon-Zeit bewahrt hat.

★★**Seoraksan-Nationalpark** (S. 222): Dieses einzigartige Biosphärenreservat ist der schönste Nationalpark Südkoreas und bietet eindrucksvolle Wanderrouten.

Rechts: Beim Internationalen Feuerwerkfestival leuchtet der Himmel über Busan.

Foto: CHO SUNGKUN (Koreanische Zentrale für Tourismus)

EINSTIMMUNG

Hightech *Made in Korea* ist aus unserem Alltag kaum mehr wegzudenken, aber Südkorea als Urlaubsziel? Dieser Gedanke erscheint manchem so fern wie das Land selbst – zu Unrecht, denn das „Land der Morgenstille" bietet auf überschaubarer Fläche einen einzigartigen Mix: pulsierende urbane Zentren und beschauliches Dorfleben; buddhistische Klöster, die gerne Fremde beherbergen; alte Königspaläste; zum Wandern ideale gebirgige Nationalparks; schöne Strände – und eine besondere Variante der fernöstlichen Küche.

Im asiatischen Vergleich erscheint Südkorea klein, aber es ist ein Zwerg, von dem ungeheure Wirtschaftskraft ausgeht; sein Volk prägen positive Energie *(gi)*, Bildungshunger, Fleiß, Musikalität und Lebensfreude. Die Südkoreaner bezeichnen sich als die „Italiener Asiens", sind temperamentvoll, trinken ihren Espresso im Kaffeehaus und reichlich Bier in einem der beliebten „Hof", für die das Hofbräuhaus Pate stand. Sie sind gesellig, wandern, feiern und singen gerne – Karaoke ist ein Muss!

Als Reisender wird man das gute Verkehrsnetz schätzen lernen: Pausenlos sind U-Bahnen, Fähren, Züge, Busse in alle Winkel des Landes unterwegs.

Umringt von den mächtigen Nachbarn China, Russland und Japan war Korea nicht nur Empfänger fremder Einflüsse, sondern entwickelte eine eigenständige Kultur auf buddhistischer und konfuzianischer Basis. Durch lange Abschottung sind die Koreaner ein überaus homogenes Volk geblieben.

Im heutigen Ostasien gibt Südkorea die aktuellen Trends vor: Ob Film, Mode, Musik oder Technologie – die „Koreanische Welle" rollt. All das geschieht vor dem Hintergrund der dramatischen jüngeren Geschichte, die mit der Kolonialisierung durch Japan begann und in den Koreakrieg und die Teilung am 38. Breitengrad mündete. Eine Wiedervereinigung ist in der spannungsgeladenen Gegenwart kaum in Sicht – China stützt den kommunistischen Norden, die USA den kapitalistischen Süden.

Neolithikum und Bronzezeit

2333 v. Chr. Einwanderer, vermutlich altaische Stämme aus Zentralasien, bringen Reisanbau und Bronzeverarbeitung mit. Das erste Königreich Gojoseon soll vom legendären König Dangun gegründet worden sein.

Drei Königreiche (57 v. Chr.- 668 n. Chr.)

57. v. Chr. Die drei Reiche Goguryeo (37 v. Chr.-668 n. Chr.), Baekje (18 v. Chr.-660 n. Chr.) und Silla (57 v. Chr.-935 n. Chr.) breiten sich auf der koreanischen Halbinsel und einem großen Teil der Mandschurei aus.

660-668 Mit Unterstützung chinesischer Truppen nimmt Silla 660 das Königreich Baekje und 668 das Königreich Goguryeo ein.

Groß-Silla (668-935)

668 Silla verliert große Teile der Mandschurei an China, das im Gegenzug die Souveränität Sillas anerkennt. Buddhismus, Konfuzianismus und ein gesellschaftliches Kastensystem der Aristokratie werden zu Grundpfeilern der koreanischen Gesellschaft. Kulturelle Blüte.

698-926 Im Norden Sillas gründet der ehemalige Goguryeo-General Dae Jo-yeong das Königreich Balhae, das eine eigenständige Kultur entwickelt. 926 wird es von den Kitan erobert, die in Nordostchina die Dynastie Liao gründen.

889 Konflikte zwischen dem alten Standesadel und dem aufstrebenden Feudaladel und zu hohe Besteuerung der unfreien Bauern führen zu Aufständen; der Zerfall Sillas beginnt.

Goryeo (918-1392)

918 Der Ex-Offizier Wang Geon ruft sich zum König Taejo der Goryeo-Dynastie aus. 935 dankt der letzte König von Silla ab; Taejo beherrscht nun die ganze koreanische Halbinsel.

1260 Goryeo muss die mongolische Oberhoheit anerkennen.

Joseon (1392-1910)

1390-1392 General Yi Seong-gye reißt die Macht an sich und macht sich zum König, genannt Taejo. In Anlehnung an das erste koreanische Königreich Gojoseon erhält das Land den Namen Joseon. Der Konfuzianismus ersetzt den Buddhismus als Staatsphilosophie.

1418-1450 Goldenes Zeitalter unter König Sejong. Die koreanische Schrift, das Hangeul, wird entwickelt. Blüte der Wissenschaft.

1592-1598 Während des Imjin-Krieges versucht der japanische General Toyotomi Hideyoshi, Korea zu unterwerfen, bis Admiral Yi Sun-sin die japanische Flotte vernichtet.

1626-1637 Die Mandschus fallen in Korea ein und das Land wird zu einem Vasallen Chinas.

1644 Korea wird zum Einsiedlerreich. Mit Etablierung der mandschurischen Qing-Dynastie in China schließt Korea seine Grenzen und verbietet jeden Kontakt mit der Außenwelt. Bis ins 19. Jh. erlebt

Das Observatorium Cheomseongdae entstand bereits im 7. Jahrhundert.

die Halbinsel eine Periode innerer und äußerer Stabilität.

1876 Japan zwingt Korea zur Öffnung einiger seiner Häfen für Handelsbeziehungen.

1882 Um sich gegen den zunehmenden japanischen Einfluss zur Wehr zu setzen, unterzeichnet Korea Freundschaftsverträge mit den USA und weiteren westlichen Großmächten.

1897 König Gojong ruft das Kaiserreich Korea und sich selbst zum Kaiser aus.

1894-1905 Japan übernimmt nach siegreichen

Kriegen gegen China (1894-1895) und Russland (1904-1905) die Kontrolle über die Mandschurei und Korea.
1910 Mit der erzwungenen Abdankung von Kaiser Sunjong endet die Joseon-Dynastie.

Japanische Kolonialzeit (1910-1945)
1919 Am 1. März kommt es zu einem gewaltfreien Aufstand gegen die japanische Besatzungsmacht und zur Verbreitung einer Unabhängigkeitserklärung; die Japaner schlagen die „Bewegung des 1.

Aus ehemaligen Silos wurde eine gigantische Orgel für die Expo 2012 in Yeosu geschaffen.

Foto: Yeosu Expo 2012 (Hey Orgelbau)

März" brutal nieder.
1937-1939 Die japanische Assimilationspolitik zur Auslöschung der kulturellen Eigenständigkeit Koreas erreicht ihren Höhepunkt.
1941 Nach dem Angriff auf Pearl Harbour werden hunderttausende Koreaner verschleppt, um als Soldaten oder Zwangsarbeiter zu dienen. Zehntausende Frauen werden zur Prostitution in die japanische Armee gezwungen.
1945 In Moskau wird das Nachkriegsschicksal Koreas bestimmt: Teilung am 38. Breitengrad.

Südkoreas steiniger Weg zur Demokratie
1945-1948 Südkorea steht unter der Verwaltung des amerikanischen Militärs; Syngman Rhee wird Vorsitzender eines demokratischen Rats. Am 15.8.1948 erfolgt in Südkorea die Gründung der *Republik Korea*, am 9.9.1948 dann die der *Volksrepublik Korea* in der sowjetischen Besatzungszone Nordkorea.
1948-1960 Erste Republik. Am 25.6.1950 überfällt das von der Sowjetunion aufgerüstete Nordkorea unter Kim Il-sung den Süden. UN-Soldaten (v.a. aus den USA) treiben die Nordkoreaner weit zurück, auf deren Seite daraufhin China eingreift. Die Waffenstillstandsvereinbarung 1953 zementiert die Teilung in Nord- und Südkorea.
1960-1980 Zweite bis Vierte Republik. Um Südkorea aufzubauen, werden alle Anstrengungen auf das Wirtschaftswachstum konzentriert, Bürgerrechte beschnitten und Kritik an den Militärregierungen verboten. Große Industriekonglomerate, die Jaebol, entstehen.
1980-1987 5. Republik. 1979 Putsch von Chun Doo-hwan und Kriegsrecht; Massenproteste von Studenten kumulieren 1980 im Aufstand von Gwangju, der brutal niedergeschlagen wird.
1987-2008 1987 eskaliert die politische Lage erneut. Verfassungsänderungen ebnen den Weg zur Demokratisierung. 1988 finden die Olympischen Spiele in Südkorea statt. 1992 gewinnt mit Kim Young-sam erstmals seit 1961 ein Zivilist die Wahl. 1997 wird mit Kim Dae-jung erstmals ein Oppositionspolitiker Präsident. Er und sein Nachfolger bemühen sich um Entspannung mit Nordkorea. Am 2. Oktober 2007 trifft Südkoreas Präsident Roh Moo-hyun in Pjöngjang Nordkoreas Diktator Kim Jong-il.
2010 Nordkorea beschießt die südkoreanische Insel Yeonpyeong, vier Menschen sterben.
2011 Die Olympischen Winterspiele 2018 werden nach Pyeongchang vergeben, die Vorbereitungen beginnen. Nordkoreas Diktator Kim Jong-il stirbt, Nachfolger wird sein Sohn Kim Jong-un.
2012 Weltausstellung (Expo) in Yeosu.
2013 Park Geun-hye, Tochter des früheren Diktators Park Chung-hee, wird Präsidentin.
2017 Amtsenthebung und Inhaftierung der Präsidentin nach Korruptionsvorwürfen; der Linksliberale Moon Jae-in wird Staatsoberhaupt.
2018 Olympische Winterspiele in Pyeongchang. Treffen zwischen den Staatschefs der beiden Koreas.
2019 US-Präsident Trump strebt die Denuklearisierung Nordkoreas an.

Gemeinschaftliche Kimchi-Zubereitung im Namsan Hanok Village, Seoul

KOREANISCHE KÜCHE

Im alten Korea war Essen nicht nur Nahrungsaufnahme, sondern zugleich Medizin, die Körper und Geist gesund erhalten sollte. Dabei ist der Geschmack nicht auf der Strecke geblieben. Im Gegenteil: Die Koreaner lieben den großzügigen Einsatz von Würzmitteln, die für wahre Geschmackseruptionen sorgen können – in der Regel Sojasoße (*Ganjang*), fermentierte Sojabohnenpaste (*Doenjang*), *Gochujang* (eine scharfe, fermentierte Würzpaste aus Klebreis, Sojabohnen, Chili und Salz), rote Pepperoni, Schalotten, Ingwer, Knoblauch und Sesamöl.

Für ein koreanisches Essen benötigt man Zeit, gibt es doch meist viele Beilagen, manchmal mehr als 20. Gemüse und Getreide (Reis, Gerste, Hirse) bilden den Mittelpunkt einer Mahlzeit, ergänzt durch Fleisch und abgerundet durch fermentierte Nahrungsmittel wie *Kimchi* (s. unten) oder Sojabohnenpaste, die die Verdauung unterstützen und Krankheiten vorbeugen sollen.

Neben vielen ganz Korea gemeinsamen Gerichten hat jede Region eigene Spezialitäten entwickelt.

Zu den Hauptgerichten zählen *Bap*, *Juk*, *Guksu* und *Manduguk*. Gekochter Rundkornreis (*Bap*) wird in zahllosen Varianten serviert, sei es als weißer Reis (*Huinbap*), Reis mit Gerste, Hirse und Bohnen (*Japgokbap*), Reis mit Reis, Meeresfrüchten und Fleisch (*Byeolmibap*), oder Reis mit Gemüse und Fleisch: das weit über Korea hinaus bekannte *Bibimbap* – eine beliebte Variante ist die mit Zucchini, Spinat, Pilzen, Karotten und mageren Rindfleischstreifen auf Reis, garniert mit einem Spiegelei. Ebenso wichtig ist der traditionelle Reisbrei (*Juk*), der oft als einfaches Frühstück dient. *Guksu*, koreanische Spagetti, werden aus Weizen- oder Buchweizenmehl zu Teig geknetet und dann in lange Schlangen gezogen. *Manduguk* sind Teigtaschen aus dünnem Weizenmehlteig, der gefüllt und dann gedünstet oder in einer klaren Brühe (*Jangguk*) gekocht wird.

Neben diesen vier Grundgerichten gibt es zahllose Gerichte, die als Beilagen serviert werden. Zu jeder Mahlzeit gehört eine Suppe (*Guk*) wie zum Beispiel *Malgeun Jangguk* (klare Suppe auf Sojasoßenbasis), *Tojangguk* (Suppe aus Sojabohnenpaste), *Gomguk* (Knochenbrühe) oder *Naengguk* (kalte Suppe). In der kalten Jahreszeit kann man sich mit Eintöpfen (*Jjigae*) wärmen.

Berühmt ist der bei Tisch mit Fleisch, Meeresfrüchten, Pilzen und Gemüse in einer Brühe gekochte Eintopf *Jeongol*, der seinen Ursprung im Königshof hat.

Ein überaus schmackhaftes Gericht ist *Seon*, was so viel wie „gute Zutaten" bedeutet. Kürbis, Gurke, Aubergine, Kohl oder Tofu werden dafür mit Rindfleisch und/oder Pilzen gefüllt und dann gedünstet oder in Brühe gekocht.

Eine besonders würzige Spezialität ist Geschmortes (*Jorim*): Fleisch, Fisch, Meeresfrüchte oder Gemüse mit Sojasoße oder Chilipaste auf niedriger Temperatur gegart. Für *Cho* oder *Janggwa* werden Meeresschnecken, Seeohren und Muscheln gewürzt und für lange Zeit auf niedriger Flamme gekocht bis eine dicke und glänzende Suppe entsteht.

Ebenfalls beliebt sind gebratene Speisen. Für *Bokkeum* (Pfannengericht) werden Fleisch, Meeresfrüchte oder Gemüse in der Pfanne mit etwas Öl oder zusammen mit Zucker und Sojasauce gebraten. Eine andere Variante ist *Jeon* (Pfannengebratenes), dessen Zutaten gehackt oder in Scheiben geschnitten, mit Mehl und geschlagenem Ei überzogen und in der Pfanne gebraten werden. *Jeok* sind gewürzte und gebratene Spieße. *Gui* (Gegrilltes) besteht aus Fleisch, Meeresfrüchten oder Gemüse, das entweder ungewürzt oder gewürzt gegrillt wird.

Weitere populäre Beilagen sind: ro-

Foto: Koreanische Zentrale für Tourismus

her Fisch oder rohes Fleisch (*Hoe*), gewürzt mit Essig-versetzter Sojasoße, Chilipaste oder Senf; in Sojasoße, Sojabohnenpaste oder Chilipaste eingelegtes Gemüse (*Jangajji*); frischer, mit Essig und Sojasoße, Chilipaste oder Senf angemachter Salat (*Saengchae*). Bei keiner Mahlzeit fehlt die koreanische Nationalbeilage *Kimchi*: in Salz eingelegter Chinakohl mit koreanischem Rettich, der mit gemahlenem Chili, Knoblauch, Frühlingszwiebeln, Ingwer und fermentierten Meeresfrüchten gewürzt ist – das Ganze wird gemischt, dann lässt man es im Tontopf durch Milchsäuregärung fermentieren.

Typische Nachtische sind: *Tteok* (Reiskuchen), für den angefeuchtetes Reisoder anderes Mehl gedämpft, gebraten oder gekocht wird. Tteok serviert man zu bestimmten Zeremonien und an Feiertagen. *Hangwa* sind traditionelle koreanische Kekse.

Zu allem trinken Koreaner *Soju* – niederprozentigen Süßkartoffelbrand mit Getreidedestillatbeimischung, von unterschiedlichster Qualität.

Kleiner Tischknigge

Zum Essen werden alle Gerichte gleichzeitig serviert. Reis und Suppe werden mit Löffel gegessen, Beilagen (manchmal auch Reis) mit Stäbchen. Gemüse und Fleisch schneidet die Bedienung mit einer Schere in mundgerechte Portionen. Getränke werden mit Hilfe beider Hände eingeschenkt und auch so empfangen. Es gilt als unhöflich, während des Essens viel zu sprechen. Tabu ist es, sich beim Essen die Nase zu schnäuzen. Wird man zum Essen eingeladen, gibt es einige Regeln, die man beachten sollte. So beginnt immer die älteste Person am Tisch mit dem Essen. Die Teller müssen leer gegessen werden, wohl aber die Reisschale, da Reis nicht verschwendet werden soll. Eine ältere Person schaut man nie direkt an. Nach dem Zuprosten wendet man sich zum Trinken ein wenig zur Seite. Nach gemeinsamer Mahlzeit findet meist kein gemütlicher Plausch statt – man steht auf und verlässt das Lokal, bezahlt wird in der Regel am Ausgang.

AKTIVURLAUB IN KOREA

Taekwondo

Südkoreas Nationalsport ist Taekwondo, ein Kampfsport zur Stärkung von Körper und Geist, dessen einzige Waffen die eigenen Hände und Füße sind. Was liegt also näher, als im Zentrum des Geschehens unter Anleitung eines koreanischen Meisters zu trainieren. Viele Meister nehmen ausländische Schüler, unabhängig von Alter oder Vorbildung, in ihre Kurse auf. Ein 2- bis 14-tägiger Schnupperkurs gibt einen Einblick in diese koreanische Sportart, angeboten unter anderem vom International Kumgang Taekwondo Center in Seoul (www.taekwontokorea.com).

Ski und Snowboard

Seit der Vergabe der Olympischen Winterspiele an Südkorea boomt die Skiindustrie und das ganze Land befindet sich in einer Art kollektivem Wintersporttaumel. Die koreanischen Ski-Resorts befinden sich hauptsächlich in der Provinz Gangwon-do, wo im Landkreis Pyeongchang die Olympiastätten für 2018 liegen – wie Alpensia, YongPyong und Phoenix Park – und in der Nähe von Seoul, so dass man auch einfach mal übers Wochenende Ski fahren kann. Bei Schneemangel werden die Pisten beschneit. Da fast alle Ski-Gebiete rund ums Jahr als Erholungsgebiete, d.h. im Sommer auch als Wandergebiete genutzt werden, verfügen sie über gute Übernachtungsmöglichkeiten und Infrastruktur. Während der Hochsaison zwischen Mitte Dezember und Ende Februar muss man die Wintersportunterkünfte allerdings frühzeitig buchen.

Die wichtigsten Ski-Resorts Koreas öffnen zwischen Mitte November und Anfang Dezember und sind bis März oder April des folgenden Jahres in Betrieb. In allen Resorts können sowohl Ski als auch Snowboards verwendet werden, und es gibt auch Funparks mit Halfpipes, Kickern und Boxen speziell für Snowboarder.

Wildwasser-Rafting

Südkoreas Flüsse mögen nicht sehr lang sein, aber wegen der kurzen Strecken aus den Gebirgen im Osten ins Meer sind sie reißend und schnell und so konnte sich das Wildwasser-Rafting zu einer beliebten Sommersportart der Koreaner entwickeln. Meist erhält man eine einfache Rafting-Einführung und kann dann unter der Anleitung eines Raftguides losfahren. Drei Flüsse eignen sich besonders fürs das Rafting. Der Hantangang in Gangwon-do nahe der Stadt Cheorwon-eup ist zwischen April bis Oktober auf einer bis zu 12,5 km langen Strecke befahrbar. Der Naerincheon, ebenfalls in Gangwon-do nahe der Stadt Inje bietet zahlreiche verschiedene Raftingstrecken, die teilweise ganzjährig befahrbar sind. Ein beliebtes Raftingziel ist auch der Donggang in Gangwon-do nahe der Stadt Yeongwol-eup, der hier in einem 60 km langen Verlauf an mehreren Stellen für Wildwasserfahrten geeignet ist.

Wandern

Kein Zweifel, Südkorea ist dank seiner vielen Berge und Nationalparks ein fantastisches Ziel zum Genusswandern und Bergsteigen und so hat sich das Wandern zur mit Abstand beliebtesten Freizeitaktivität der Südkoreaner entwickelt. Sie sind stets perfekt ausgestattet und bestens gelaunt unterwegs, so dass man auf Wanderungen die beste Gelegenheit für Begegnungen mit Koreanern haben wird.

Die meisten Wanderwege sind gut ausgebaut, abgesichert und ausgeschildert, und dank einfacher Hütten entlang der Höhenwege kann man in vielen Nationalparks auch mehrtägi-

Rechts: Fortgeschrittene Schüler beim südkoreanischen Nationalsport Taekwondo.

Foto: Koreanische Zentrale für Tourismus

ge Wanderungen unternehmen. Dann allerdings sollte man wenigstens zwei Wochen im voraus reservieren, denn an Feiertagen und Wochenenden sind die Hütten fast immer ausgebucht. Den besten Überblick über die vielfältigen Wandermöglichkeiten erhält man auf der Website der koreanischen Nationalparkverwaltung (www.knps.or.kr).

Radfahren

Südkorea und Radfahren finden immer mehr zusammen. Das Land ist immerhin der drittgrößte Fahrradhersteller der Welt. Einige Städte haben entlang ihrer Flüsse Radwege angelegt, allen voran Seoul, wo es ein rund 200 km langes Wegnetz entlang des Hangang und Fahrradvermietungen in den Parks am Ufer gibt. Touristen können an Touristenbüros Räder und Helme gegen Hinterlegung des Reisepasses leihen, und zwar sehr günstig: 1000 Won für drei Stunden. Erfahrene Mountain-Biker schätzen die Trails am Namhan Sanseong im Osten der Hauptstadt. Über-

landfahrten sind wegen des starken Verkehrs und fehlender Radwege weniger zu empfehlen. Ein Radlerparadies ist die Insel Jeju-do, wo ein 200 km langer Radweg einmal um die Insel führt und auch einige Küstenstraßen mit Radwegen ausgestattet sind.

Thermal-/Mineralquellen

Zugegeben, wirklich bewegen tut man sich hier nicht, aber man tut etwas für seine Gesundheit. Die Koreaner lieben das Bad in heißen Quellen (*oncheon*), was nicht nur die Gesundheit fördert, sondern auch hilft, nach einer langen Wanderung zu entspannen. Über 70 Quellen gibt es, viele sind kommerzialisiert und zu Wellnessanlagen ausgebaut. Beliebt sind auch große Saunalandschaften, oft in Kombination mit Quellen. Die besonders luxuriösen heißen *jjimjilbang* und verfügen über Fitnessräume, Fernsehen und Internet. Sie haben meist 24 Stunden geöffnet, so dass man hier sogar ohne Aufpreis die Nacht verbringen kann.

EIN AUFENTHALT IM TEMPEL

Vielleicht war es die zunehmende Abkehr von jeglicher Religion unter jungen Leuten bei gleichzeitigem Vormarsch der christlichen Kirchen im Land, der die koreanischen Buddhisten dazu bewogen hat, ihre Tempel auch für Laien zu öffnen und ihnen einen Blick hinter die sonst so verschlossenen Kulissen des täglichen Klosterlebens zu ermöglichen. So konnte der buddhistische Sangha (Mönchsorden) zeigen, dass die Streitigkeiten unter Buddhisten passé waren und man sich wieder auf buddhistische Inhalte konzentrierte. Aber was auch immer der Grund ist, auch als interessierter ausländischer Besucher hat man heutzutage so die Gelegenheit, für ein, zwei oder mehrere Tage aktiv am Leben im Tempel teilzunehmen und den traditionellen koreanischen Buddhismus hautnah mitzuerleben und vielleicht auch besser zu verstehen.

Ein Tempelaufenthalt ist kein romantisches Urlaubsvergnügen, stets wird man daran erinnert, dass der Weg zur Erlösung anstrengend ist, aber wer sich darauf einlässt, wird ein unvergleichliches Stück koreanischer buddhistischer Kultur erfahren. Zusammen mit den Mönchen erlebt man den zeremoniellen Dienst mit Gesang (*Yebul*), die Zen-Meditation (*Chamseon*), das Gemeinschaftsessen (*Balwoo Gongyang*) und die Teezeremonie (*Dahdoh*).

Der Tempelalltag

Der zeremonielle Gruß an Buddha, der jeden Morgen, Mittag und Abend, also dreimal am Tag verrichtet wird, heißt *Yebul*. Dieser Dienst ist nicht nur ein Ausdruck der Ehrerbietung gegenüber Buddha, sondern auch eine erste Gelegenheit über sich selbst zu reflektieren.

Am interessantesten ist für die meisten Teilnehmer die Zen-Meditation (*Chamseon*) in einem Zen- (*Seon-*)Tempel, die im Regelfall zwischen 4 und 6 Uhr morgens stattfindet. Zwei Arten dieser Meditation kann man miterleben: einmal das *Jwaseon*, wobei im Sitzen meditiert wird, und das *Haengseon*, bei der der meditative Zustand durch langsames Laufen erreicht wird.

Unterbrochen werden die Rituale und die Meditationen durch das gemeinsame Essen (*Balwoo Gongyang*), das ebenfalls als eine Form der Meditation angesehen wird. Der Begriff *Balwoo* bezeichnet die Essschüssel eines Mönches, Gongyang dagegen das gemeinsame Speisen. Da es sich ebenfalls um eine Form der Zeremonie handelt, darf dabei weder geredet noch mit dem Geschirr geklappert werden. Außerdem sind die Mönche dazu verpflichtet, nichts stehen zu lassen und alles aufzuessen.

Eine weitere Form der Meditation ist schließlich noch die Teezeremonie (*Dahdoh*). Dabei erlernt man die richtigen Formen der Teezubereitung und des Teetrinkens, wobei man seinen Geist konzentriert, um den richtigen Teegeschmack und -geruch zu bekommen, damit man den Tee mit allen fünf Sinnen trinken kann. Er kann nur richtig genossen werden, wenn man „mit den Ohren das kochende Wasser, mit der Nase das Aroma, mit den Augen den Farbton und mit den Händen die aufsteigende Wärme der Teetasse erfassen" kann (www.visitkorea.or.kr).

Daneben gibt es eine weitere Anzahl von Aktivitäten, wie z.B. die Herstellung von Lotosblumenlaternen, das Drucken von traditionellen Mustern oder alten Schriftzeichen mit Tinte sowie Volksspiele, die man in koreanischen Tempeln erleben kann.

Temple Stay und Temple Life

Zwei Arten von Tempelaufenthalten werden in Südkorea angeboten.

Rechts: Gäste bei einem Temple Stay – vor der Meditation muss erst einmal die Sitzhaltung stimmen.

Foto: Koreanische Zentrale für Tourismus

Bei dem sogenannten Temple-Stay-Programm erlebt man die Tempelkultur rund um die Uhr mit, während man beim Temple-Life-Programm nur einen kurzen Einblick erhält und nicht im Tempel übernachtet. Tatsächlich handelt es sich beim Temple Life eher um ausführliche Führungen, die das Mönchsmahl oder die Teezeremonie enthalten können.

Ein Tempelaufenthalt dauert im Normalfall zwei Tage, einige wenige Tempel bieten aber auch längere Programme bis zu einer Woche an. Die Kosten liegen je nach Tempel bei etwa 30 000 bis 50 000 Won inklusive drei Mahlzeiten und Dolmetscherservice, falls vorhanden.

Die meisten Tempel stellen bequeme Tempelkleidung zur Verfügung, aber es kann vorkommen, dass Übergrößen nicht vorhanden sind. Man sollte also auch eigene bequeme Kleidung mitbringen. Morgens und im Winter kann es sehr kalt werden, so dass auch warme Kleidung ins Gepäck gehört. Ansonsten benötigt man nur noch die persönlichen Toilettenartikel.

Auswahl des Tempels

Unter anderem bieten folgende in diesem Buch genannte Tempel einen Tempelaufenthalt an: Jogyesa (S. 57), Bongeunsa (S. 67), Jeondeungsa (S. 74), Gapsa (S. 94), Magoksa (S. 97), Mihwangsa (S. 139), Hwaeomsa (S. 132), Beomeosa (S. 173), Haeinsa (S. 180), Woljeongsa (S. 228), Donghwasa (S. 193) und Jikjisa (S. 194).

Wer sich für einen Aufenthalt in einem anderen Tempel interessiert oder länger als zwei Tage bleiben möchte, sollte sich auf der Website (www.templestay.com) oder im für alle Tempel zuständigen Templestay-Büro in Seoul (gegenüber dem Jogyesa-Tempel; siehe S. 57, Tel. 02-2031 2000) über das aktuelle Angebot informieren. Da Tempelaufenthalte in Südkorea eine sehr beliebte Wochenendaktivität geworden sind, sollte man spätestens eine Woche vor dem Aufenthalt reservieren. Reservierungen werden nicht direkt von den Tempeln angenommen, es kann aber über die Website reserviert werden.

Foto: Oliver Fülling

GESCHICHTE UND KULTUR

KOREA – LANDESKUNDE

Die koreanische Halbinsel erstreckt sich zwischen 33° und 43° nördlicher Breite und 124° und 131° östlicher Länge rund 1100 km von Nord nach Süd, ist aber an der schmalsten Stelle nur 216 km breit; ihre Landfläche beträgt rund 221 000 km². Davon belegt das gebirgige Südkorea nur 99 500 km². Verglichen mit Bayern ist es zwar 30 % größer, muss aber viermal soviele Menschen beherbergen, nämlich 51,5 Millionen. Und so wächst Südkorea mit jeder neuen Landgewinnungsmaßnahme weiter ins Meer hinaus.

Die alten Chinesen nannten Korea *Gaoli*, das „Land der Hohen Schönheit", in Anlehnung an das Königreich Goguryeo – tatsächlich sind die Koreaner ein die Schönheit verehrendes, auf Harmonie bedachtes Volk. Gleichgültig ob Klosteranlage oder kleine Pagode, weltlicher Palast oder militärische Verteidigungsanlage – die alte Architektur ist stets im Einklang mit der umgebenden Natur entstanden und fügt sich harmonisch in eine Landschaft ein, die sich als eine Folge von sanften, fruchtbaren Tälern neben gebirgigen Formationen mit teilweise hochalpinem Charakter beschreiben lässt.

Rund 70% der Landmasse sind Gebirge. Als eine Fortsetzung des mandschurisch-tungusischen Gebirgsbogens erstreckt sich ein Gebirgsgürtel, der Baekdudagan, in Nord-Süd-Richtung bis zur Südspitze der Halbinsel. Der höchste Berg ist der 2744 m hohe, oft schneebedeckte Vulkan Baekdusan an der nordkoreanisch-chinesischen Grenze; der höchste Berg in Südkorea ist der 1950 m hohe inaktive Vulkan Hallasan auf der Insel Jeju-do.

Fünf große Gebirgszüge durchziehen Südkorea. Das Taebaek-Gebirge ist Teil des am Baekdusan beginnenden Baekdudagan – das sogenannte Rückgrat und zugleich die Wasserscheide der Halbinsel im Osten mit dem dramatischen 1708 m hohen Seoraksan nahe der Grenze zu Nordkorea. Vom Taebaeksan zweigt das Sobaek-Gebirge ab und verläuft durch das Zentrum Südkoreas nach Süden, wo der Baekdudagan mit dem 1915 m hohen Jirisan, dem höchsten Berg auf der südkoreanischen Landmasse, endet. Von diesen beiden Nord-Süd-Gebirgszügen gehen die drei diagonal von Ost nach West verlaufenden Bergketten Gwangju, Charyeong und Noryang ab.

Entsprechend dem Verlauf der Gebirge, die nach Osten hin steil ins bis zu 4000 m tiefe Japanische Meer, das in Korea ausschließlich Ostmeer, Donghae, genannt wird, abfallen, fließen die meisten Flüsse über den relativ flach auslaufenden Westen in das nur 90 m tiefe Gelbe Meer, das Westmeer Seohae ab. Die vier längsten Flüsse Südkoreas sind der Nakdonggang (522 km), Hangang (482 km), Geumgang (396 km) und Seomjingang (212 km). Der größte See ist der Vulkankrater des Hallasan. Auf der gesamten koreanischen Halbinsel ist nur der Kratersee des Baekdusan in Nordkorea größer. Wegen der Armut an natürlichen Wasserspeichern wurden schon seit dem 5. Jahrhundert Staudämme gebaut. Zwei Dutzend große Dämme haben im modernen Korea rund ein Dutzend große Stauseen geschaffen, in denen ganze Dörfer und Kulturdenkmäler versunken sind.

Korea verfügt über eine sehr lange Küstenlinie mit rund 3000 vorgelagerten Inseln, von denen rund 400 bewohnt sind. An der Ostküste wechseln sich felsige Abschnitte mit feinsten Sandstränden – Urlaubsparadiesen der Südkoreaner – ab. Praktisch, dass hier der Gezeitenhub nur 30 cm beträgt. Ganz anders sieht es an der Westküste aus. Wegen der geringen Tiefe des Gel-

Links: Solche Holzfiguren sollten einst böse Geister abwehren (hier: vor dem Adelssitz Seongyojang).

ben Meeres beträgt der Gezeitenhub an der Westküste bis zu 10 m. Deshalb findet man auf dieser Seite auch nur wenige große Häfen. Einzigartig war hier früher das Saemangeum, einst das zweitgrößte Wattenmeer der Welt, das aber 2006 durch Dammbau trockengelegt und industriell und landwirtschaftlich nutzbar gemacht wurde. Damit zerstörte man ein großartiges Naturparadies.

Die Südküste am Südmeer bzw. der Koreastraße ist extrem insel- und variantenreich. Buchten und Halbinseln mit hunderten vorgelagerten Inseln wechseln in dichter Folge, und dank der Tide von zwei bis fünf Metern gibt es hier kleinere Wattenmeere.

Flora und Fauna

Die Verschonung von den Eiszeiten und ungewöhnlich große Klimaunterschiede auf engstem Raum bescheren Korea eine große Arten-Vielfalt. Über 60 % der Staatsfläche Südkoreas sind von Sekundärwäldern bedeckt. Die Baumgrenze ist allerdings sehr niedrig, und schon ab 1000 m ragen die Berge als nackte Hänge und Felsen in den Himmel. Im Süden herrscht subtropische Vegetation mit Bambus, Palmen und Lorbeer vor, die in Richtung Norden in sommergrünen Mischwald mit Eichen, Buchen, Pappeln, Ahorn, Ulmen, Espen übergeht.

In den Höhenlagen der Gebirge herrscht Nadelwald mit Fichten und Lärchen vor, im subalpinen Bereich wachsen unter anderem Rhododendren, Legföhren und Edelweiß. Besonders charakteristisch und häufig zu finden ist die Korea-Kiefer. Koreas Nationalblume ist allerdings die Hibiskusblüte, Mugunghwa, die von Juli bis Oktober blüht. Der koreanische Name Mugung bedeutet so viel wie Unsterblichkeit und so verkörpert der Hibiskus die Ent-

schlossenheit und das Durchhaltevermögen der Koreaner, die es in ihrer langen Geschichte stets geschafft haben, sich ihre kulturelle Eigenständigkeit zu bewahren. Nicht bewahrt hat sich das Land jedoch seine einst so vielfältige Fauna: Ob Sibirische Tiger, Leoparden, Bären, Wölfe, Gorale oder andere Wildtiere – ihnen allen ist gemeinsam, dass sie in Korea entweder ausgestorben oder kurz davor sind. Das gilt nicht zuletzt auch für den Kragenbär, der – eigentlich als Nationaler Schatz verehrt – nur für sein Fleisch und die Gallenblase, die als traditionelles Heilmittel gilt, unter oft schaurigen Bedingungen auf Bärenfarmen gehalten wird, während nur noch etwa ein Dutzend Tiere in freier Wildbahn vorkommt. Charakteristisch ist die Wahl des Nationalvogels: Nicht etwa der Adler, sondern die in den Yin-Yang-Farben der kosmischen Harmonie schwarz-weißgefiederte Elster gilt als Glücksbote.

Ein besonderes Volk

Für die Koreaner steht ihr Ursprung außer Frage: Dangun – der Sohn einer Mensch gewordenen Bärin und Hwanungs, eines Sohns des Himmels – gründete im Jahr 2333 das Reich Gojoseon (Alte Morgenstille) mit Pjöngjang als Hauptstadt. Dort regierte er 1500 Jahre in Folge. Alle Koreaner betrachten sich als Nachfahren Danguns und bilden so nicht nur eine Nation, sondern eine große Familie. Dank dieses einigenden Bandes konnte Korea trotz solch epischer Katastrophen wie der Mongoleninvasion, japanischen Verwüstungen, rigoroser Kolonialisierung und Japanisierung und dem Koreakrieg seine eigene Identität bewahren, allerdings nicht die nationale Einheit. Ihre besondere Willenskraft und ihre im Lauf der Geschichte öfter notwendig gewordene Opfer- und Leistungsbereitschaft bestärkt die Koreaner in ihrer Überzeugung, ein ganz besonderes Volk zu sein.

Die historische Herkunft der Kore-

Rechts: Das koreanische Wirtschaftswunder hat riesige Industriekomplexe hervorgebracht (Chemiewerk in Ulsan).

2

Foto: Koreanische Zentrale für Tourismus

aner ist prosaischer; Einwanderungsschübe spülten Stämme vom Baikalsee, dem Altai-Gebirge und der Mandschurei auf die Halbinsel. Die Herkunft der koreanischen Sprache ist umstritten, aber man nimmt an, dass das Koreanische – wie Türkisch, Mongolisch und Japanisch – zur altaischen Sprachfamilie gehört. Ethnisch und sprachlich sind die Koreaner eines der homogensten Völker der Welt geblieben – außer Multimillionären und Angeheirateten lassen sie kaum Einwanderer in ihr Land.

Heute leben rund 50 Mio. Menschen in Südkorea, in Nordkorea etwa 23 Mio.; weitere 7 Mio. Koreaner leben im Ausland, allein 2 Mio. in den USA und Kanada, rund 2 Mio. in China (v. a. in der Mandschurei), eine Million in Russland und 800 000 in Japan. Koreas Geburtenrate ist stark rückläufig (derzeit nur noch 0,25) – eine Überalterung der Bevölkerung droht – und von einem Überschuss an männlichen Nachkommen geprägt, denn seit man das Geschlecht des Kindes schon sehr früh bestimmen kann, haben die (offiziell illegalen) Abtreibungen von Mädchen zugenommen. Nicht wenige Männer, vor allem Bauern, suchen heute ihre Braut per Agentur in China oder Vietnam.

Koreanisches Wirtschaftswunder: Mit der Kraft des Tigers

Vom Agrarstaat zur Wirtschaftsmacht: Anfang 2010 als erstes ehemaliges Nehmerland zu den Geberländern des OECD-Entwicklungsausschusses aufgestiegen – auch das ist eine koreanische Erfolgsgeschichte. Heute trägt die Landwirtschaft nur noch 3,2 % zum Bruttoinlandsprodukt bei, 62 % der Dienstleistungssektor und 34,8 % die Industrieproduktion. Von 1980 bis 2000 meldete Südkorea 16 328 wissenschaftliche Patente an, die ölreiche arabische Welt dagegen nur 370.

Autobau (Hyundai/Kia), Schiffbau (Hyundai) und Unterhaltungselektronik (LG, Samsung) boomen. Wie Phönix aus der Asche scheint die südkoreanische Wirtschaft den Trümmern des kriegszerstörten Landes entstiegen. Doch den Aufstieg zum wirtschaftsstarken „Tigerstaat" Asiens hatte Präsident Park seit 1961 generalstabsmäßig geplant: Eckpfeiler waren exportorientierte Industrialisierung, Normalisierung der wirtschaftlichen Beziehungen zu Japan und eine staatliche Entwicklungsplanung, die den jungen Industrien mit Schutzzöllen, zinsgünstigen Krediten und Steuerstundungen bei der Erfüllung der Planvorgaben zu Seite stand.

Tatsächlich wurde das Land eher wie ein Großunternehmen geführt. Mit Kasernenhofmethoden, hohem Leistungsdruck im Bildungssystem, eiserner Disziplin und einiger Überredungskunst brachte der smarte Ex-General die Koreaner dazu, sich ganz der wirtschaftlichen Entwicklung unterzuordnen. Acht ehrgeizige Fünfjahres-Pläne später erreichte das jährliche Pro-Kopf-Einkommen die magische 10 000 US$-Marke, die den Einstieg in das Ranking der führenden Industrienationen und 1996 die OECD-Mitgliedschaft bedeutete.

Eine Schlüsselposition in der Modernisierung Südkoreas nahmen von Anfang an die „Jaebol" ein, riesige Mischkonzerne wie Samsung, Hyundai oder die LG Group mit bis zu 50 und mehr Tochtergesellschaften. Die Unternehmensgruppen sind familienkontrolliert und zeichnen sich durch hohe Entscheidungsgeschwindigkeit und Änderungsfähigkeit aus. Ihre guten Beziehungen zu Staats- und Bankenwesen sowie die hohe Funktionalität ihrer Unternehmensstrukturen eröffnen den Jaebol zahlreiche Wettbewerbsvorteile, die sie nicht selten schamlos ausnutzen. Persönliche Bereicherung und Korruption bestimmen entsprechend das Bild der Wirtschaftsbosse in der Öffentlichkeit; besonders, seit 1999 der Daewoo-Konzern bankrott ging.

2012 richtete Südkorea die Weltausstellung aus: die Expo in Yeosu.

Rechts: Inszenierung einer Unterrichtsstunde wie in einer Konfuzianischen Schule vergangener Zeiten.

VIELFALT DER RELIGIONEN

Jahrhundertelang war Korea ein buddhistisches Land, heute rechnet sich die Hälfte der Bevölkerung gar keiner Religion mehr zu, vermutlich, weil die Gesellschaftsordnungsphilosophie des Konfuzianismus bis 1995 nicht als Religion galt. Nur 23 % der Südkoreaner bezeichnen sich noch als Buddhisten, 30 % als Christen – der drittgrößte Anteil an Christen in Ost- und Südostasien – und es sind neben katholischen v. a. protestantische Gotteshäuser, die überall neu entstehen (ca. 5 Mio. Katholiken; 8,5 Mio. Protestanten).

Daneben gibt es zahllose weitere religiöse Bewegungen im „Supermarkt der Religionen", wie die Koreaner ihr Land auch nennen. Und niemand findet etwas dabei, heute Buddhist zu sein, morgen in die Kirche zu gehen und übermorgen eine Schamanin zu Rate zu ziehen.

Schamanismus

Mit der Einführung des Buddhismus in Korea verlor der Schamanismus seine zentrale Stellung. Mit der Etablierung des Neokonfuzianismus wurde er gar zum Aberglauben des gemeinen Volkes abgewertet. Seine überragende Bedeutung für den Alltag behielt die Volksreligion dennoch bei: vor wichtigen Entscheidungen fragt man Schamanen um Rat. Dass die Natur voll von unsichtbaren Geistern ist, darüber besteht für viele Koreaner kein Zweifel. So wird kein Gebäude seiner Bestimmung übergeben, ohne das uralte Ritual der Geisterbeschwörung, die *kosa*-Zeremonie, durchzuführen. Unverzichtbar sind hierbei ein Schweinekopf und mehrere zu Pyramiden geschichtete Obstsorten. Ähnlich die *gut*-Zeremonien, bei denen durch Tänze und Gesang versucht wird, die Geister dazu zu bewegen, in das Schicksal der Menschen einzugreifen und Gutes zu tun, indem sie etwa einer Dorfgemeinschaft zu Reichtum verhel-

Foto: Koreanische Zentrale für Tourismus

fen. Auch Kunst und Musik wurden vom Schamanismus beeinflusst. Vor den Dörfern des alten Korea, aber auch vielen Orten des modernen Korea standen und stehen hölzerne Figuren, die den Totempfählen der Indianer entsprachen und böse Geister abwehren sollten.

Die Schamanen (Mudang) sind überwiegend Frauen, die eine spezielle, sehr farbenfrohe Tracht mit einer besonderen kapuzenähnlichen Kopfbedeckung tragen. Das schamanische Wissen wird an Blutsverwandte vererbt bzw. dadurch erworben, dass ein Geist Besitz von einem neuen Medium ergreift. Eine erfahrene Mudang geleitet diesen Geist dann mit einem speziellen *gut* in den Körper der Betroffenen, der damit zum „Herren des Körpers" wird und der frisch gebackenen Mudang die benötigten Kräfte für die Kommunikation mit den Geistern verleiht.

Konfuzianismus

Der wesentliche Inhalt der konfuzianischen Lehre ist die Verwirklichung einer humanen, mit der kosmischen Ordnung in Harmonie stehenden gesellschaftlichen Ordnung. Sie ist möglich durch die Beachtung der von Konfuzius (551-479 v. Chr.) definierten gesellschaftlichen und ethischen Bestimmungen, wozu insbesondere die Ahnenverehrung gehört – bis heute latentes Konfliktpotenzial im Verhältnis von Konfuzianern und Christen, die die Quasi-Vergöttlichung von Ahnen ablehnen.

Gemäß der konfuzianischen Sittenlehre zu leben setzt voraus, dass jeder Mensch den ihm zustehenden Platz in der Gesellschaft einnimmt und sich der Autorität übergeordneter Personen unterordnet. Geregelt wird das Zusammenleben durch einen strengen Verhaltenskodex, den sogenannten „Fünf Beziehungen": Vater-Sohn, Herrscher-Untertan, Ehemann-Ehefrau, Älterer Bruder-Jüngerer Bruder, Freund-Freund. Im Rahmen der konfuzianischen Gesellschaft, die die verschiedenen gesellschaftlichen Stufen nach ihren Aufgaben und Verpflichtungen gegenüber der Gesamtgesellschaft definiert, steht die Familie im Mittelpunkt der Gesellschaft. Familiensinn, Kindererziehung, höchste Wertschätzung von Lernen und Bildung, Anerkennung von Autorität, Achtung vor dem Alter und Beachtung dessen, was als *normal* zu bezeichnen ist, sind bis heute der sichtbare Ausdruck konfuzianischer Tugenden.

Erst 1995 wurde der Konfuzianismus in Südkorea offiziell als Religion anerkannt, er hat dort schätzungsweise 10 Millionen Anhänger.

Buddhismus

Was für ein Niedergang: von der Staatsreligion – noch bis 1392 – zur unbedeutenden Randerscheinung 1910. Dabei diente der Buddhismus seit seiner ersten Institutionalisierung als Staatsreligion im Königreich Goguryeo im Jahr 372 als verbindende Kraft beim Aufbau der koreanischen Nation. Mit der Reichseinigung und der Gründung von Groß Silla fand die Bevölkerung der vormals drei Königreiche über den gemeinsamen Glauben zusammen. Der Buddhismus beeinflusste nahezu alle koreanischen Entwicklungen von Kunst und Architektur, über Sprache und Buchdruck, bis hin zur Kultur und Alltagsfolklore.

Dank großzügiger Unterstützung der Herrscherhäuser stiegen Macht und Reichtum der buddhistischen Klöster ins Unermessliche. Doch Ausbeutung, Habgier und die Einmischung in die Politik sollten den Buddhismus letztlich seine Vormachtstellung kosten. General Yi Seong-gye, der Gründer der Joseon-Dynastie, ersetzte den Buddhismus durch den Neokonfuzianismus, ließ Hunderte Klöster abreißen und verbannte die verbliebenen Anlagen in die Unwegsamkeit der Berge. Selbst viele buddhistische Rituale, die in Konkurrenz zu den konfuzianischen Ritualen standen, wurden bei Strafe verboten.

Mit der Kolonisierung Koreas durch Japan Anfang des 20. Jahrhunderts wurde der 500 Jahre währende Bann aufgehoben, allerdings musste sich der koreanische Buddhismus der japanischen Spielart unterwerfen, nach der es z. B. keinen Zölibat der Priester geben durfte. Die nächsten Konflikte waren damit vorprogrammiert. Nach dem Ende der japanischen Besatzung setzten die unverheirateten Mönche des Jogye-Ordens alles daran, die japanisierten Mönche zu verdrängen. Dabei schreckte man auch nicht vor der Aufnahme zwielichtiger Gestalten zurück, die man als Schläger gegen die unliebsame Konkurrenz einsetzte. Am Ende schadete sich der Orden selbst am meisten. Die Anhänger wanderten in Scharen ab und bescherten den christlichen Kirchen, insbesondere den Protestanten, einen wahren Christianisierungsboom.

Im Südkorea des 21. Jh. ist eine Renaissance des Buddhismus und seiner Werte zu beobachten. Es gibt sechs buddhistische Hauptschulen und rund 50 weitere kleinere Sekten mit rund 20 000 Mönchen und Nonnen, die in gut 10 000 Tempeln leben. Die Sekten unterscheiden sich vor allem dadurch, dass sie die Bedeutung der buddhistischen Sutren unterschiedlich gewichten und abweichende Schwerpunkte im religiösen Leben setzen. Die größte Sekte ist die Jogye-jong, die etwa die Hälfte aller Tempel in Südkorea unterhält. Weitere wichtige Richtungen sind Taego-jong, Hwaeom-jong, Cheontae-jong und Bomun-jong, eine Sekte nur für Nonnen.

Die abgelegenen Seon-(Zen-)Tempel in den Bergen haben im modernen stressgeplagten Südkorea den Wunsch nach Rückzugsmöglichkeiten erkannt und bieten mit ihren Templestay-Programmen die Möglichkeit, zu meditieren und das Leben in einem buddhistischen Tempel kennenzulernen.

Rechts: Ein jahrtausendealtes Dolmen-Grab in Gochang, in der Provinz Jeollabuk-do.

Foto: Koreanische Zentrale für Tourismus

DIE GESCHICHTE DER KOREANISCHEN HALBINSEL

Vor 600 000 Jahren durchstreiften Humanoide die koreanische Halbinsel, doch die ersten Homo-Sapiens-Vertreter entdeckten sie erst vor 70 000 Jahren. Ansteigende Temperaturen in der Steinzeit führten nicht nur zum Verschwinden der Landbrücke nach Japan, sondern lösten auch Wanderungen tungusischer Völker aus dem fernen Altai-Gebirge und der Region um den Baikalsee aus. Eine erste Einwanderungswelle erreichte Korea ab 8000 v. Chr.

Um 3000 v. Chr. und ab 1800 v. Chr. drangen weitere tungusische Stämme aus der Mandschurei, dem südlichen Sibirien und der Mongolei bis nach Korea vor. Ihre Hinterlassenschaft ist die neolithische Jeulmun-Keramik mit ihren typischen Kamm- bzw. Zickzackmustern. Stammesführer der Bronzezeit ließen sich, ausgestattet mit Bronze- und Jadeschmuck in wuchtigen Dolmen-Gräbern bestatten, von denen viele noch erhalten sind.

Gojoseon

Die koreanische Geschichtsschreibung datiert die Entstehung ihrer Nation auf das Jahr 2333 v. Chr., als der Göttersohn Dangun das Reich Gojoseon (Alt-Joseon) gründete und 1500 Jahre regierte. Tatsächlich entwickelten sich einige umwallter Städte zu kleineren Stadtstaaten, deren Anführer als Dangun Wanggeom betitelt wurden. Gojoseon war der bedeutendste dieser Staaten, aber auch Buyeo am Sungari und Jin im Süden hatten einiges Gewicht.

Mit dem Untergang der Qin-Dynastie im benachbarten China kam es zu einer chinesischen Einwanderungswelle nach Gojoseon. Unter den Flüchtlingen war Wiman, der den König dank überlegener Kriegstechnik 194 v. Chr. vertreiben konnte und den ersten historisch belegten Staat, Wiman-Joseon, auf koreanischem Boden gründete. Allerdings handelte sich um einen chinesisch dominierten Staat, der schließlich in vier Kommandanturen des mächtigen chinesischen Han-Reichs aufging.

Drei Königreiche

Um die Zeitenwende – das Han-Reich war durch Nachfolgestreitigkeiten abgelenkt – begannen sich nach und nach drei selbständige Königreiche zu konstituieren. Im Südosten erwuchs aus dem ehemaligen Reich Jin 57 v. Chr. das Königreich Silla, das 18 v. Chr. das Königreich Baekje im Südwesten zum Nachbarn bekam. Im Norden konnte sich 37 v. Chr. das Königreich Goguryeo etablieren. Zwischen Silla und Baekje schob sich ab etwa 42 n. Chr. noch Gaya, eine Konföderation aus mehreren Stammesverbänden, die in erster Linie Kontakte nach Japan unterhielten und Mitte des 4. Jh. bis 562 in der japanischen Kolonie Mimana aufgingen.

Nach und nach wurden nun auch die noch verbliebenen chinesischen Enklaven unterworfen und den neu entstandenen Königreichen einverleibt. Damit war die Halbinsel zwar in mehrere sich permanent untereinander bekämpfende Reiche aufgeteilt, aber immerhin wieder vollständig unter koreanischer Kontrolle. Gesetze wurden nun erstmals mit chinesischen Schriftzeichen kodifiziert, Hochschulen nach chinesischem Vorbild errichtet, der Buddhismus breitete sich in allen drei Königreichen aus und avancierte bis Mitte des 6. Jh. in allen drei Königreichen zur Staatsreligion, während mit dem Konfuzianismus das ethische Fundament der erwachenden Nation geschaffen wurde.

Groß-Silla

Hatte die zu sehr mit sich selbst beschäftigte chinesische Han-Dynastie die Rückeroberung Koreas durch die Koreaner nicht verhindern können, so war die mächtige Tang-Dynastie aktive Geburtshelferin des ersten koreanischen Einheitsstaates. In der Absicht, die Halbinsel zu unterwerfen, hatte sich China mit Silla verbündet und half dem erstarkenden Königreich, seine Nachbarn Gaya (562), Baekje (660) und Goguryeo (668) zu annektieren. Nachdem seine Eroberungspläne scheiterten, akzeptierte der Chinesische Kaiser 735 das Reich Silla als tributpflichtigen Vasallen. Der Preis: Silla verlor große Teile seines Territoriums in der Mandschurei an China. Aber der Lohn waren fast 200 Jahre Frieden.

Nun machten sich die Könige in ihrer Hauptstadt Gyeongju im Südosten daran, jene Grundpfeiler der Gesellschaft aufzubauen, die bis heute die koreanische Identität prägen: 682 wurde zur Ausbildung hoher Beamter eine nationale konfuzianische Akademie gegründet und ein Prüfungssystem nach chinesischem Vorbild eingeführt. Damit wurde der Konfuzianismus zum philosophischen und strukturellen Rückgrat Sillas. Der Buddhismus avancierte zur Staatsreligion und hatte mit seinem Wertesystem auf alle Gesellschaftsschichten großen Einfluss. Tempelanlagen wurden gebaut, und mit der buddhistischen kam auch die weltliche Kunst zur Blüte.

Für die Aristokratie wurde das Golpumjedo, ein Kastensystem eingeführt, das strikt auf Vererbung beruhte und die Adligen nach ihrer verwandtschaftlichen Nähe zur Königsfamilie klassifizierte. Es gab die „Heiligen Knochen", welche die Familienmitglieder mit Thronanspruch umfasste und die „Wahren Knochen", die Verwandtschaft, die keinen Thronfolger, aber die Spitzen in Verwaltung und Militär stellte. Der weitere Adel wurde in sechs Ränge unterteilt, die Status, Ämter, Ehefrauen, ja selbst Farbe und Aussehen der Kleidung bestimmten.

Die ehemaligen Eliten von Baekje und Goguryeo wurden in der regionalen Verwaltung der neu geschaffenen Provinzen und Präfekturen eingesetzt und bekamen sogenannte Amtslehen zur Bewirtschaftung.

Rechts: Dieses Buddha-Relief in Golgulsa entstand im 6. Jh., als der Buddhismus zur Staatsreligion wurde.

Foto: Volkmar E. Janicke

Die Goryeo-Dynastie

Eifersüchteleien und Konflikte zwischen dem Standesadel und dem erstarkenden Feudaladel kombiniert mit Bauernaufständen führten ab 889 zum Zerfall Sillas. Zunächst konnten sich die beiden Staaten Hu Goguryeo (Späteres Goguryeo) und Hu Baekje (Späteres Baekje) abspalten. Ein Militärführer namens Wang Geon übernahm 918 die Macht in Hu Goguryeo und begründete unter dem Namen König Taejo (Großer Vorfahr, reg. 918-943) die Goryeo-Dynastie, von der sich auch der heutige Name des Landes Korea ableitet. Bis 935 konnte er Hu Baekje sowie die Reste von Silla erobern und das Land erneut einen. Die Hauptstadt Goryeos wurde nach Seongdo (Gaesong) – heute eine Freihandelszone in Nordkorea nahe der Grenze – verlegt.

König Taejo leitete umfassende Reformen ein. Das „Knochen-System" Golpumjedo wurde abgeschafft, wenngleich ein streng hierarchisch gegliedertes Kastensystem bestehen blieb.

Die gesamte Verwaltung setzte sich nun aus Bürokraten, die die konfuzianischen Beamtenexamina bestanden hatten, zusammen. Posten und zugehörige Lehen waren damit zumindest in der Anfangszeit nicht mehr vererbbar. Das Verwaltungspersonal kam nun aus allen Regionen der Halbinsel, was entscheidend dazu beitragen sollte, eine nationale Identität zu schaffen. Der Buddhismus wurde wieder Staatsreligion, was zu einer neuen Blüte buddhistischer Kunst führte.

Taejos Nachfolger waren weniger weise und erneut machten sich Thronzwistigkeiten, Verschwendungssucht, Korruption, Hofintrigen und Fehden zwischen Militärs und Zivilbeamten breit. Auch die buddhistischen Mönche wussten Macht und Einfluss zu nutzen und trugen das Ihre zur Vertiefung einer neuen sozialen Kluft bei. Nutznießer waren die tungusischen Kitan, die Anfang des 11. Jh. mehrfach in Goryeo einfielen. 1020 unterwarf sich Goryeo der Oberhoheit der Kitan, wurde aber ansonsten in Frieden gelassen.

1170 beendete ein Militärputsch der Choe-Familie (reg. bis 1258) die Zivilregierung. Die Militärdiktatur unter einem Marionettenkönig führte zu weiterem Niedergang, den die Mongolen im 13. Jh. nutzten, um über das Land herzufallen und es zu verwüsten. Zum Schutz gegen die Eindringlinge wurde u. a. eine 6000-bändige Fassung des Tripitaka (Kanon buddhistischer Schriften) in Auftrag gegeben, deren 81258 hölzerne Druckstöcke heute zum UNESCO-Welterbe zählen. Dennoch musste sich Goryeo 1260 dem mongolischen Groß-Khan unterwerfen und wurde wieder zum Vasallenstaat.

Trotz unruhiger Zeiten hatte das Land bis zur Eroberung durch die Mongolen eine Blüte erlebt, die im Goldenen Zeitalter der Keramikkunst mündete: Koreanischer Seladon (grün glasiertes Steinzeug) übertraf die besten Erzeugnisse Chinas, und 200 Jahre vor Gutenberg wurde 1234 der Buchdruck mit beweglichen Lettern erfunden.

Mit der Joseon-Dynastie ins 15. Jh.

Ein weiteres Mal sollte der Zerfall einer Dynastie in China die Unabhängigkeit Koreas ermöglichen. Zwar hatte man sich mit den mongolischen Herrschern arrangiert, aber der Untergang der Yuan-Dynastie animierte japanische Piraten dazu, ihr Unwesen an Koreas Küsten zu intensivieren. General Yi Seong-gye bekämpfte sie erfolgreich. Als er nordwärts gegen die Mongolen ziehen sollte, widersetzte er sich dem seiner Meinung nach sinnlosen Befehl und marschierte stattdessen in die Hauptstadt Gaesong, wo er den König absetzte und sich 1392 zum neuen König Taejo machte. In Anlehnung an das alte Reich Gojoseon nannte er sein Reich Joseon; neue Hauptstadt wurde Hanseong, das heutige Seoul.

Rechts: Das Namdaemun-Tor in Seoul, erbaut 1398 unter der Joseon-Dynastie und nach Brandstiftung 2008-12 restauriert.

Boden- und Verwaltungsreformen wurden durchgeführt und den Buddhisten nach 800 Jahren die Vormacht entzogen. Buddhistische Zeremonien am Hof wurden verboten, hunderte von Tempeln zerstört und der riesige Klosterbesitz samt Sklaven konfisziert. Damit verlor die einstige Staatsreligion ihre gesellschaftliche Stellung und politische Macht. Das Ansehen des Buddhismus sank auf das Niveau eines Aberglaubens für Ungebildete und Frauen. An seine Stelle trat der streng konservative Neo-Konfuzianismus.

König Sejong der Große (reg. 1418-1450), der als weisester und talentiertester König Koreas angesehen wird, leitete die Ära des „Konfuzianischen Humanismus" und ein Goldenes Zeitalter ein. Bedeutende wissenschaftliche Lexika wurden verfasst, die Jahreschroniken erweitert, Schulen gebaut, an Stelle von Standesprotektion trat mit erneuter Einführung des konfuzianischen Prüfungssystems die individuelle Leistung als Auswahlkriterium für Beamte. Auf sein Betreiben hin wurden Sonnenuhren, Wasseruhren, Himmelsgloben und astronomische Karten hergestellt, aber die vielleicht größte Errungenschaft war die Schaffung der koreanischen Schrift Hangeul, ein Meisterwerk der Logik, das von Experten bis heute für das bestformulierte Schriftsystem überhaupt gehalten wird.

Der Imjin-Krieg

Schuf der Konfuzianismus in den frühen Jahren Joseons einen stabilen Rahmen für 200 Jahre kontinuierlicher Entwicklung, so erstarrte er später zum hemmenden Formalismus. Splittergruppen des Yangban, der Aristokratie, stritten um Staatsposten; Selbstgefälligkeit, Cliquenwirtschaft und Haarspaltereien über Etikette und Riten ließen die geistige Schöpferkraft erlahmen. Der Vorrang der Literaten vor den Militärs führt zur Vernachlässigung der Armee, was Japan Tür und Tor öffnete.

Foto: Rob Luzecky (Dreamstime)

In Japan war es dem Shogun Toyotomi Hideyoshi (1536-1598) gelungen, das Reich zu einigen und den Bürgerkrieg zu beenden; doch die lokalen Daimyō waren rastlos und bildeten eine Gefahr für seine Herrschaft. Der Shogun beschloss deshalb, China zu erobern und das Land an die Fürsten zu verteilen. Korea verwehrte jedoch dem 160 000 Mann starken Heer der Japaner den Durchmarsch und wurde deshalb vom überlegenen Heer Hideyoshis angegriffen. Joseon wurde zum Schauplatz eines erbitterten Kriegs, dem hunderte Tempel, Paläste, Dörfer und viele Städte zum Opfer fielen. Erst nach sieben verheerenden Kriegsjahren konnte Japan 1598 mit Hilfe Chinas besiegt werden. Zurück blieb ein verwüstetes, seines Kulturerbes beraubtes, wirtschaftlich am Boden liegendes Land.

Das Einsiedlerreich

Als wären die japanischen Angriffe nicht Katastrophe genug gewesen, überfielen die an der Nordgrenze erstarkenden Mandschu das am Boden liegende Land zwischen 1627 und 1637 zweimal. Die Politik der ab 1644 über ganz China regierenden mandschurischen Qing-Dynastie gegenüber dem koreanischen Vasallen war dann aber von konfuzianischer Achtung geprägt, und die neuen Herrscher enthielten sich innenpolitischer Einmischung. So sollte die Halbinsel bis ins 19. Jh. eine Periode der Stabilität erleben.

Die traumatischen Erfahrungen der vergangenen Invasionen führten zu einer strikten Abschottungspolitik, nur die jährlichen Tributgesandtschaften an den chinesischen Kaiserhof und gelegentliche Abordnungen nach Japan waren erlaubt, ansonsten war der Bevölkerung jeder Kontakt zur Außenwelt bei Todesstrafe verboten. Intrigen, Machtkämpfe und Korruption aber blieben. Einzig die Könige Yeongjo (reg. 1724-1776) und Jeongjo (reg. 1776-1800) verschafften dem Einsiedlerreich eine Verschnaufpause, in der sich die Wirtschaft und eine kleine Mittelschicht entwickelte. Allerdings auch eine Ge-

33

Foto: Koreanische Zentrale für Tourismus

genbewegung zum Konfuzianismus: die Silhak-Bewegung (Praktische Wissenschaft), die unter liberalen Gelehrten im Beamtenstand aufkam und deren Ziel es war, Joseon in die Moderne zu führen. Die um ihre Macht fürchtende konservative Aristokratie erstickte jedoch jeden Gedanken an Fortschritt und versäumte es so, das Land auf kommende Bedrohungen vorzubereiten.

Japanische Kolonialzeit

Zu Beginn des 20. Jh. waren die sozialen Spannungen unerträglich geworden: Fast der gesamte Grundbesitz konzentrierte sich in den Händen zweier Clans, während die Landbevölkerung verarmte. Dies war der Nährboden für die Entstehung der Donghak (Östliche Lehre), einer religiös motivierten Reformbewegung, die buddhistische,

konfuzianische, schamanistische und andere Elemente kombinierte. Sie postulierte u. a. die Gleichheit der Menschen, forderte gleiche Chancen und die Unabhängigkeit von ausländischen Einflüssen. Damit waren in erster Linie die Japaner gemeint, die immer dreister versuchten, sich in Korea festzusetzen. Schon 1876 erzwang Japan von Joseon mit dem Vertrag von Ganghwa die Öffnung der Häfen von Incheon, Busan und Wonsan. Die Provokationen Japans sollten massiv weitergehen. Einen Aufstand der Anhänger der Donghak 1894 im ganzen Land nutzte Japan, um den chinesisch-japanischen Krieg anzuzetteln, den Japan 1895 für sich entschied.

In einem Akt der Verzweiflung ernannte sich König Gojong zum Kaiser, um ein Gegengewicht zum chinesischen und japanischen Kaiser zu bilden, aber es war zu spät. Im russischjapanischen Krieg schaltete Japan 1905 Russland als Anwärter auf Korea und die Mandschurei aus. Mit der Taft-Katsura-Vereinbarung, mit der die USA den japanischen Einfluss über Korea akzeptier-

Oben: Korea vor dem Wirtschaftswunder (Museum of Modern History of Korea; im Heyri Art Village). Rechts: Unabhängigkeitsdenkmal und -halle in Cheonan.

ten, wurde Korea 1905 zum Protektorat Japans. 1907 musste Kaiser Gojong die Macht seinem Sohn übergeben, der dann 1910 zur Abdankung gezwungen wurde – Korea hatte aufgehört, als eigener Staat zu existieren.

Zwangsassimilierung

Japan begann sofort, seine Autorität in seiner so neu geschaffenen japanischen Provinz „Chosen" zu sichern. Die Koreaner wurden zu Staatsbürgern zweiter Klasse degradiert, und die Kolonialregierung griff hart gegen jede Form von Widerstand durch. Allein in den ersten Jahren der japanischen Kolonialzeit sollen über 200 000 Menschen verhaftet und gefoltert worden sein. Am 1. März 1919 kam es anlässlich der Beerdigungsfeierlichkeiten von Kaiser Gojong erstmals zu einem – gewaltfreien – Aufstand gegen die japanische Besatzungsmacht. Der nationalistischen Opposition war es gelungen, an diesem Tag im Pagodenpark von Seoul eine von 33 Wortführern des antijapanischen Widerstands unterzeichnete Unabhängigkeitserklärung zu verlesen und im gesamten Land zu verbreiten. Zwei Millionen Menschen demonstrierten daraufhin überall im Land friedlich. Überrascht vom Ausmaß der Proteste schlug die japanische Polizei mit äußerster Brutalität zurück. Über 7500 Koreaner starben, rund 46 000 wurden verhaftet. Eine Folge des Aufstands war die Bildung einer provisorischen Exilregierung der Republik Korea unter Syngman Rhee am 11. April 1919 in Shanghai. Der 1. März gilt als Geburtsstunde des modernen Korea und wird als Gedenktag gefeiert.

Die Politik des japanischen Generalgouverneurs gegenüber den Koreanern wurde danach weniger repressiv, die Bildungspolitik verbessert, moderne Infrastruktur gebaut und die berüchtigte Militärpolizei Kempeitai durch reguläre Polizeikräfte ersetzt. Das Ziel, die Halbinsel auszubeuten, blieb jedoch. Im Süden wurden Landwirtschaft und

Foto: Koreanische Zentrale für Tourismus

Leichtindustrie angesiedelt, im Norden Chemie- und Schwerindustrie.

Ab 1937 verschärfte sich die Lage wieder. Von nun an versuchte die Kolonialregierung, die kulturelle Eigenständigkeit Koreas auszulöschen. Japanisch wurde zur Pflichtsprache und die Bevölkerung gezwungen, ihre Namen ins japanische zu ändern. Mit Ausbruch des chinesisch-japanischen Krieges 1937 wurde Korea bis an den Rand des Ruins ausgebeutet. Zehntausende Koreaner wurden in den japanischen Rüstungsbetrieben zur Zwangsarbeit verpflichtet und nach dem Angriff auf Pearl Harbour zum Militärdienst gezwungen, zehntausende junge Koreanerinnen als sogenannte Trostfrauen an die Fronten verschleppt, um den japanischen Soldaten als Prostituierte zu dienen – eine Schreckenszeit, die erst mit der Kapitulation Japans endete.

Spielball der Großmächte

Bereits 1943 hatten sich die alliierten Großmächte darauf verständigt, in den

Foto: Oliver Fülling

Nachkriegsjahren eine internationale Treuhandschaft für Korea einzurichten. Am Tag der Kapitulation Japans am 14. August 1945 stand zwar die russische Armee in Korea, nicht aber die der Amerikaner. Um sich ihren Einfluss auf der Halbinsel zu sichern, schlugen die USA Stalin vor, sich den Verantwortungsbereich zu teilen, womit dieser zur Überraschung der Amerikaner auch einverstanden war. Am 20. Dezember 1945 regelte der Moskauer Vertrag, der zur Entrüstung der Koreaner eine fünfjährige Treuhandschaft von Amerika, Russland, Großbritannien und China über ihr Territorium vorsah, das Nachkriegsschicksal Koreas. Erneut wurde die koreanische Unabhängigkeit und Freiheit durch das Eingreifen fremder Staaten beschnitten.

Doch es sollte noch schlimmer kommen. Da man sich nicht über die Bildung einer provisorischen ge-

samtkoreanischen Regierung einigen konnte, kam es zur faktischen Teilung des Landes. Die USA bildeten in ihrem südlichen Teil einen repräsentativen demokratischen Rat mit Syngman Rhee als Vorsitzendem und riefen am 15. August 1948 die Republik Korea (Daehan Minguk) aus, während Stalin im Norden einen provisorischen Volksausschuss mit Kim Il-sung an der Spitze einsetzte. Kim Il-sung proklamierte im Gegenzug am 9. September 1948 die Demokratische Volksrepublik Korea. Beide Koreas sahen sich als Vertretung des ganzen Landes und wollten es unter dem jeweils eigenen System vereinigen. Entsprechend suchten der Süden und der Norden die Eskalation, und es kam immer öfter zu Scharmützeln an der Demarkationslinie am 38. Breitengrad.

Krieg und Zerstörung

Insgesamt 48 Telegramme musste Kim Il-sung nach Moskau schicken, bis er Stalins Zustimmung zu einem Angriff auf Südkorea hatte. Im Morgengrauen

Oben: Geteiltes Land – die „Brücke der Freiheit" auf dem Weg zur Entmilitarisierten Zone (DMZ) an der Grenze zu Nordkorea.

des 25. Juni 1950 überschritten nordkoreanische Truppen die Demarkationslinie, eroberten in nur wenigen Tagen Seoul und bis September fast den gesamten restlichen Süden. Im Auftrag der UNO griff eine Allianz aus 16 Nationen in den Krieg ein und konnte die Nordkoreaner bis fast an die chinesische Grenze zurückdrängen. Das wiederum rief die Chinesen auf den Plan, die keine nordkoreanische Exilregierung auf ihrem Territorium dulden wollte. Mit über 300 000 chinesischen Soldaten begann eine Gegenoffensive, mit der die UN-Truppen in die Flucht geschlagen wurden. Erneut wurde Seoul vom Norden erobert, und es begann ein erbitterter Stellungskrieg, bis es schließlich am 38. Breitengrad zu einem Stillstand des Frontverlaufs kam. Auf Veranlassung der Sowjetunion begannen am 10. Juli 1951 die Friedensverhandlungen.

Am 27. Juli 1953 wurde in Panmunjeom eine Waffenstillstandsvereinbarung unterschrieben – einen Friedensvertrag gibt es bis heute nicht – und die Teilung in Nord- und Südkorea zementiert. Einmal mehr in seiner langen Geschichte lag das Land verwüstet am Boden, bis zu drei Millionen Menschen waren dem Krieg und den unzähligen Kriegsverbrechen beider Seiten zum Opfer gefallen. Von nun an sollte die gesamte Politik unter dem Trauma des Koreakrieges stehen. Wirtschaftsstrategie, Außenpolitik und Innenpolitik Südkoreas waren fortan stark durch die Bedrohung aus dem Norden beeinflusst.

Wechselnde Diktaturen

Syngman Rhee (1875-1965), erster Präsident Südkoreas und 1919 bereits Präsident der koreanischen Exilbewegung in Shanghai, hatte 1952 die Gunst des Krieges genutzt, um unter Berufung auf das Kriegsrecht seine Gegner und Oppositionelle zu verhaften und eine Verfassungsänderung durchzusetzen, die eine Direktwahl des Präsidenten und des Vizepräsidenten vorsah. Der

Schock des Koreakrieges und die massiven Repressionsmethoden seines Regimes bescherten dem völlig verarmten Süden eine trügerische Zeit der Ruhe. Vom Massenbetrieb ihrer Universitäten frustrierte und mangels Zukunftsaussichten zunehmend verbitterte und deprimierte Studenten sollten schließlich zu Speerspitze der Opposition werden.

Als bei den Wahlen im März 1960 Wahlfälschungen und Folterungen von Studenten publik wurden, kam es zu Massenprotesten, die den Sturz der Regierung herbeiführten. Rhee musste abdanken und ins Exil gehen. Die Erste Republik war somit beendet.

Die Ära Park Chung-hee …

Eine neue Verfassung läutete die Zweite Republik (1960-1961) ein. Die Kompetenzen des Präsidenten wurden beschnitten und die Rechte von Parlament und Kabinett gestärkt. Schon im Juli 1960 fanden Parlamentswahlen statt, allerdings gestaltete sich die Regierungsbildung schwierig und angesichts sich verschlimmernder sozialer Unruhen kam es schon im Mai 1961 zu einem Militärputsch unter Führung von General Park Chung-hee. Er verkündete einen Sechs-Punkte-Plan, wonach der Kommunismus bekämpft, die UN-Charta beachtet, die Freundschaft zu den USA vertieft, die Korruption ausgerottet, die Wirtschaft aufgebaut und die Wiedervereinigung angestrebt werden sollte. Außerdem versprach Park einen Rückzug des Militärs nach Erreichen dieser Punkte.

1963 wurde der Ausnahmezustand aufgehoben, aber Park hatte alle Vorbereitungen getroffen, seine Machtposition zu festigen. Sein mächtiger Geheimdienst, der KCIA, unterdrückte jegliche Opposition, mit der Demokratischen Republikanischen Partei hatte er einen parlamentarischen Arm der Militärherrschaft aufgebaut und mit der Verfassung der Dritten Republik, die ein ausgeprägtes Präsidialsystem

2

Geschichte und Kultur

vorsah, den Übergang zu der von den USA geforderten Zivilregierung vorbereitet. Dank der zersplitterten Opposition wurde Park, der sich offiziell aus der Armee zurückgezogen hatte, zum neuen Präsidenten gewählt. Seine kluge Wirtschaftspolitik – Abschottung gegen Importe, bis koreanische Industriekonglomerate wie Samsung global konkurrenzfähig waren – führte zu einem Wirtschaftswunder, was seine Popularität erhöhte. Für viele Koreaner repräsentierte er das neue Selbstvertrauen Südkoreas, sodass seine Wiederwahl 1967 nicht gefährdet war. 1971 hätte Park nicht mehr kandidieren dürfen, und so setzte er in einer Nacht- und Nebelaktion im September 1969 eine Verfassungsänderung durch, die eine erneute Kandidatur erlaubte.

… und die Knute der Yushin-Verfassung

Park Chung-hee wurde 1971 zwar erneut Präsident, aber sein Gegner Kim Dae Jung erhielt trotz aller Repressalien seitens des Regimes 45 % der Stimmen.

Das überraschend starke Abschneiden der Opposition sowie wachsende soziale Spannungen, die sich in Ausschreitungen, Streiks und Studentenprotesten manifestierten, führten schließlich zur diktatorischen Alleinherrschaft Parks. In einer streng geheim ausgearbeiteten Verfassungsänderung, der sogenannten Yushin-Verfassung (sozio-politische Reformen), die eine verkappte Militärdiktatur einleitete, sicherte sich Park die unbegrenzte Herrschaft. Die Bürgerrechte wurden beschnitten, Kritik an der Regierung und den USA unter Strafe gestellt und die Presse streng zensiert.

Alles hatte sich von nun an dem bedingungslosen Wirtschaftsaufbau unterzuordnen. Der Staat förderte massiv

Rechts: Der Nationalfriedhof des 18. Mai in Gwangju erinnert an die Opfer des Aufstands von 1980 gegen die Diktatur.

den Ausbau von großen Industriekonglomeraten, den sogenannten Jaebol, Arbeiter wurden rigoros ausgebeutet und jegliche Opposition kompromisslos unterdrückt. Trotz der enormen Wirtschaftaufschwungs war die nächste Krise damit vorprogrammiert, und im Sommer 1979 kam es erneut zu sozialen Unruhen. Doch die Entwicklung sollte eine ganz unerwartete Wendung nehmen: Bei einem Abendessen am 26. Oktober 1979 erschoss Geheimdienstchef Kim Jae-gyu den Präsidenten Park.

Unruhige Zeiten

Interimspräsident wurde zunächst der amtierende Premierminister Choi Kyu-ha, während der Kommandeur der National Security Force, Chun Doohwan, mit der Aufklärung des Mordes beauftragt wurde. Die Unruhen und Proteste gegen das Yushin-System wurden dennoch immer massiver. Im Mai 1980 kulminierten sie im Aufstand von Gwangju. Im ganzen Land kam es zu Demonstrationen gegen die Diktatur. Geheimdienst, Polizei und Militär reagierten mit brutaler Unterdrückung, die zu einer Eskalation der Gewalt und zur Ausrufung des Kriegsrechts führten. In Gwangju schlossen sich am 18. Mai selbst bislang unbeteiligte Bürger dem Aufstand an und es gelang ihnen, das Militär in die Flucht zu jagen und die Kontrolle über die Stadt zu erlangen.

Doch es war ein Pyrrhussieg. Schon am 27. Mai wurde der Aufstand von Gwangju mit Rückendeckung durch die USA grausam niedergeschlagen. 207 Zivilisten wurden getötet, über 3000 verletzt und hunderte verhaftet und teils zum Tode verurteilt, darunter Oppositionsführer Kim Dae-jung, der aber später begnadigt wurde. Der Aufstand von Gwangju gilt als Eckstein zur Verwirklichung der Demokratie in Korea. Allerdings hatte der Kommandeur der National Security Force Chun Doo- hwan die Unruhen genutzt, um einen Militärputsch, diesmal gegen die

Foto: Oliver Fülling

alte Garde Parks, vorzubereiten. Am 27. August 1980 ließ er sich zum 11. Präsidenten der Republik Korea ernennen.

Begünstigt durch die Zersplitterung und Radikalisierung der Parteien regierte nun wieder das Militär. Sofort wurde eine neue Verfassung erarbeitet, die die Fünfte Republik einleitete. Über 8000 Beamte, Manager und Journalisten verloren bei der anschließenden Säuberung ihre Stellung. Allerdings versprach Chun, sein Amt nach sieben Jahren seinem Nachfolger zu übergeben. In die Regierungszeit Chuns fiel der Höhepunkt des nordkoreanischen Staatsterrorismus gegen den Süden. Der dramatische Höhepunkt war das Attentat nordkoreanischer Agenten gegen Chun und sein Kabinett während einer Reise nach Myanmar. Mehrere Minister und Staatssekretäre wurden bei dem Bombenanschlag in Rangun getötet.

Innerhalb des Machtapparates war Chuns Position nie gefährdet, allerdings zweifelte das Volk immer lauter an der Legitimität seiner Herrschaft. Im Sommer 1987 eskalierte die Situation, als

Chun Doo-hwan den Ex-General und Vertrauten Roh Tae-woo zu seinem Nachfolger erkor. Die Nachfolgeregelung löste eine Protestwelle aus, der sich auch die Mittelklasse anschloss. Chun kapitulierte und verkündet am 1. Juli 1987 eine umfassende Demokratisierung, Abschaffung der Pressezensur, Freilassung der politischen Gefangenen und eine Direktwahl des Staatspräsidenten bis Ende 1987. Schon im Oktober war zwischen Opposition und Regierung eine neue Verfassung, die der bis heute bestehenden Sechsten Republik, ausgearbeitet worden.

Endlich Demokratie

Aus den Wahlen ging der geschickt taktierende Roh Tae-woo als Sieger hervor – der erste friedliche Machtwechsel in der Geschichte des jungen Staates –, und Südkorea stand endlich am Beginn einer nachhaltigen Demokratisierung, der man mit der Ausrichtung der Olympischen Spiele 1988 auch nach außen Ausdruck verlieh. Mit der Wahl

Kim Young-sams 1992 stand nach 1961 erstmals ein demokratisch gewählter Zivilist an der Spitze des Staates. Unter seiner Präsidentschaft wurde der Aufstand von Gwangju untersucht und aufbereitet. Chun Doo-hwan, Roh Tae-woo und viele andere Verantwortliche für die Massaker wurden verhaftet und verurteilt. Der Aufstand wurde neu bewertet und der 18. Mai zum nationalen Gedenktag erklärt. Kurze Zeit später wurde der einst zum Tode verurteilte Kim Daejung zum Präsidenten gewählt.

Südkorea war endgültig in der Demokratie angekommen, auch wenn viele der alten vertikalen Herrschaftsstrukturen bis heute weiterbestehen. Dazu gehört die Ansicht, wer in der Hierarchie ganz oben steht, hat immer Recht und nutzt das auch aus. Mit jeder Wahl hoffen die Koreaner daher auf einen perfekten Präsidenten, Konfuzianer und Demokrat, aber noch jeder hat die Machtstrukturen von der Spitze abwärts missbraucht, so dass sich viele Koreaner am Ende einer Amtsperiode enttäuscht von ihrem Staatsoberhaupt abwenden.

Konfliktreiche Nachbarschaft

Bis heute drückt die 1953 zementierte Teilung Koreas auf das Gemüt der Nation, und die rund 250 km lange und 4 km breite Demilitarisierte Zone (DMZ) stellt heute den bestbewachten Grenzstreifen der Welt dar. Eilt Südkorea seit 1987 wirtschaftlich und politisch von Erfolg zu Erfolg, so geriet Nordkorea mit dem Zerfall der Sowjetunion und dem Ende des Kalten Krieges zunehmend in Not. Immense Rüstungsausgaben und wegfallende Kredite, subventionierte Energie- und Nahrungsmittellieferungen ließen das planwirtschaftliche System Nordkoreas in den 1990er-Jahren zusammenbrechen. Einzig die totalitäre Indoktrination von Kindesbeinen an und der kostspielige, gigantische

Unterdrückungsapparat konnten den endgültigen Kollaps bisher verhindern. Um sein System zu retten, sah sich Nordkorea gezwungen, seine Politik gegenüber dem Süden neu auszurichten.

1990 bis 1992 kam es zu einer ersten Tauwetterperiode; 1991 erreichte man eine umfangreiche Neuregelung der bilateralen Beziehungen. Es sah u. a. Gewaltverzicht und Normalisierung der Beziehungen vor; die Entnuklearisierung der koreanischen Halbinsel wurde vereinbart. Als Südkorea aber die zugesicherten Inspektionen machen wollte, um sich von der friedlichen Nutzung der Kernenergie zu überzeugen, verweigerte Nordkorea diese – es hatte ein eigenes Kernwaffenprogramm begonnen; 1992 brach Nordkorea die Verhandlungen mit dem Süden ab.

Sonnenscheinpolitik

Mit seiner „Sonnenscheinpolitik" läutete Präsident Kim Dae-jung 1998 einen Wandel in der Nordkoreapolitik ein. Hatten die bisherigen Programme darauf abgezielt, Nordkorea im Zaum zu halten, so wollte man Nordkorea durch Austausch und wirtschaftliche Unterstützung zu einer Öffnung gegenüber dem Süden bewegen. Die Sonnenscheinpolitik basierte auf der Annahme, dass sich Nordkoreas Regime unter Kim Jong-il, dem Sohn und Nachfolger des 1994 verstorbenen Kim Il-sung, nicht in absehbarer Zeit auflösen würde. Politik und Wirtschaft wurden getrennt, sodass u. a. Begrenzungen südkoreanischer Investitionen in Nordkorea aufgehoben wurden. Neben humanitärer Hilfe in Form von Nahrungsmitteln und Landwirtschaftshilfe wurden nun auch Familienwiedervereinigungen ermutigt. Im Jahr 2000 erhielt Kim Dae Jung für seine Bemühungen den Friedensnobelpreis.

Kims Nachfolger Rho Moo-hyun knüpfte an die Politik seines Vorgängers an, modifizierte die Punkte aber und nannte das Programm „Politik für Frieden und Wohlstand". Vor allem die

---

Rechts: Südkorea freute sich über die Olympischen Winterspiele 2018 in Pyeongchang.

Foto: Koreanische Zentrale für Tourismus

Verbindung zwischen wirtschaftlichen Leistungen des Südens und den sicherheitspolitischen Gegenleistungen sollte stärker akzentuiert werden.

Kim Dae-jungs und auch Rho Moo-hyuns Versuche, Nordkorea mittels wirtschaftlicher und gesellschaftlicher Kontakte zur sukzessiven Öffnung und Vertrauensbildung zu bewegen, scheiterten daran, dass Nordkorea 2006 mit Kernwaffentests begann.

Provokationen

„In den innerkoreanischen Beziehungen sollten wir nicht vor Kritik zurückschrecken", verkündete der 2008 gewählte Lee Myung-bak, der sich im Wahlkampf für eine harte Linie gegenüber Pjöngjang ausgesprochen hatte. Er werde eine friedliche, atomwaffenfreie Ära auf der nordkoreanischen Halbinsel einläuten, kündigte Lee an. Doch dann versenkte Nordkorea im März 2010 ein südkoreanisches Kriegsschiff und beschoss im November eine südkoreanische Insel – einer der schwersten Angriffe auf das Nachbarland seit Ende des Korea-Kriegs 1953. Durch den Beschuss wurden vier Südkoreaner getötet. Wieder einmal wurde die Weltöffentlichkeit daran erinnert, dass die Demarkationslinie am 38. Breitengrad nicht nur eine Touristenattraktion ist – hier schwelt ein hochbrisanter Konflikt mit Atomkriegspotenzial; die USA haben noch immer rund 28 500 Soldaten in Südkorea stationiert.

2013 zog Park Geun-hye in den Präsidentenpalast in Seoul; sie verlor jedoch 2017 nach Korruptionsvorwürfen ihren Posten und wurde inhaftiert; der Linksliberale Moon Jae-in wurde Staatsoberhaupt. 2016 und 2017 gab es neue Provokationen aus dem Norden: Diktator Kim Jong-un ließ wieder Atomwaffen und Raketen testen.

2018 traf sich US-Präsident Trump mit Nordkoreas Diktator Kim Jong-un in Singapur, um die Denuklearisierung Koreas voranzubringen. Noch im selben Jahr wurde ein Gipfel-Friedensgespräch zwischen Süd- und Nordkorea in Pjöngjang zur atomaren Abrüstung geplant.

Blick vom Bongeun-Tempel in Gangnam auf das nächtliche Seoul

SEOUL UND GYEONGGI-DO

3 Seoul und Gyeonggi-do

GYEONGBOKGUNG
NATIONAL FOLK MUSEUM
CHANGDEOKGUNG
JONGMYO
NATIONALMUSEUM
HWASEONG

★★SEOUL

Modern, aufregend, schnell und dennoch voller Geheimnisse: Südkoreas Hauptstadt ★★**Seoul** ❶ (sprich: soul) ist eine grüne, immer wieder von Bergen unterbrochene Megacity mit eindrucksvollen Kulturdenkmälern, hippen Studentenvierteln wie dem beim Partyvolk beliebten Hongdae, malerischen Altstadtgassen im Bukchon-Viertel, Märkten und Einkaufszentren – das bedeutet Shopping-Gelegenheiten ohne Ende. Mit 25 Mio. Einwohnern im verstädterten Gebiet (rd. 11 Mio. im eigentlichen Stadtgebiet) ist dies eine der größten Metropolregionen der Welt.

Zuletzt im Koreakrieg 1951 fast völlig zerstört und entvölkert, hat sich die Stadt neu erfunden. Großereignisse wie die Olympischen Spiele 1988 und die Fußball WM 2002 wurden genutzt, um Seoul in eine Weltstadt zu verwandeln – mit Erfolg: 2010 durfte die an Kunstmuseen und Galerien reiche Stadt den Titel „World Design Capital" tragen.

Asiens dynamischste, mit *Gi*-Energie geladene Stadt schläft anscheinend nie, ist aber zugleich eine sehr sichere Metropole – die Lehren des Buddha und des Konfuzius haben Normen und Werte der Koreaner nachhaltig geprägt.

Links: Wachwechsel der „Königlichen Garde" am Deoksugung-Palast.

Gleichwohl ist das Christentum auf dem Vormarsch: 50 % der Seouler sind bereits Mitglied einer der vielen verschiedenen christlichen Kirchen.

Stadt der Zukunft

Seit 600 Jahren ist Seoul, das seinen heutigen Namen offiziell erst seit 1946 trägt, das politische, wirtschaftliche und kulturelle Zentrum Koreas (seit 1946 Südkoreas). Der Name bedeutet „Hauptstadt", und stets hat sich die Stadt nach Kräften bemüht, diese Rolle würdig auszufüllen.

Der amtliche Name lautet heute *Seoul Special City,* und als solche genießt sie den Status einer Provinz. Zusammengewachsen mit der Nachbarstadt Incheon und Teilen der Provinz Gyeonggi-do stellt dieses Ballungsgebiet die Hälfte der südkoreanischen Bevölkerung. Im Global Cities Index 2010 wird Seoul unter den zehn wichtigsten Weltstädten gelistet, Forbes führt die Stadt auf Platz sechs der wirtschaftlich potentesten Metropolen weltweit. Von hier aus überrollt die „Koreanische Welle" *(Hallyu)* mit populären TV-Seifenopern und den neuesten Seouler Poptrends *(K-Pop)* halb Asien bis hin nach Bali. Auf der *Seoul Motor Show* zeigen Koreas Autobauer dem Rest der Welt, was ihnen zum Thema E-Auto und Wasserstoffantrieb spannendes Neues einfällt.

» **Karte S. 46–47, Info S. 68–69**

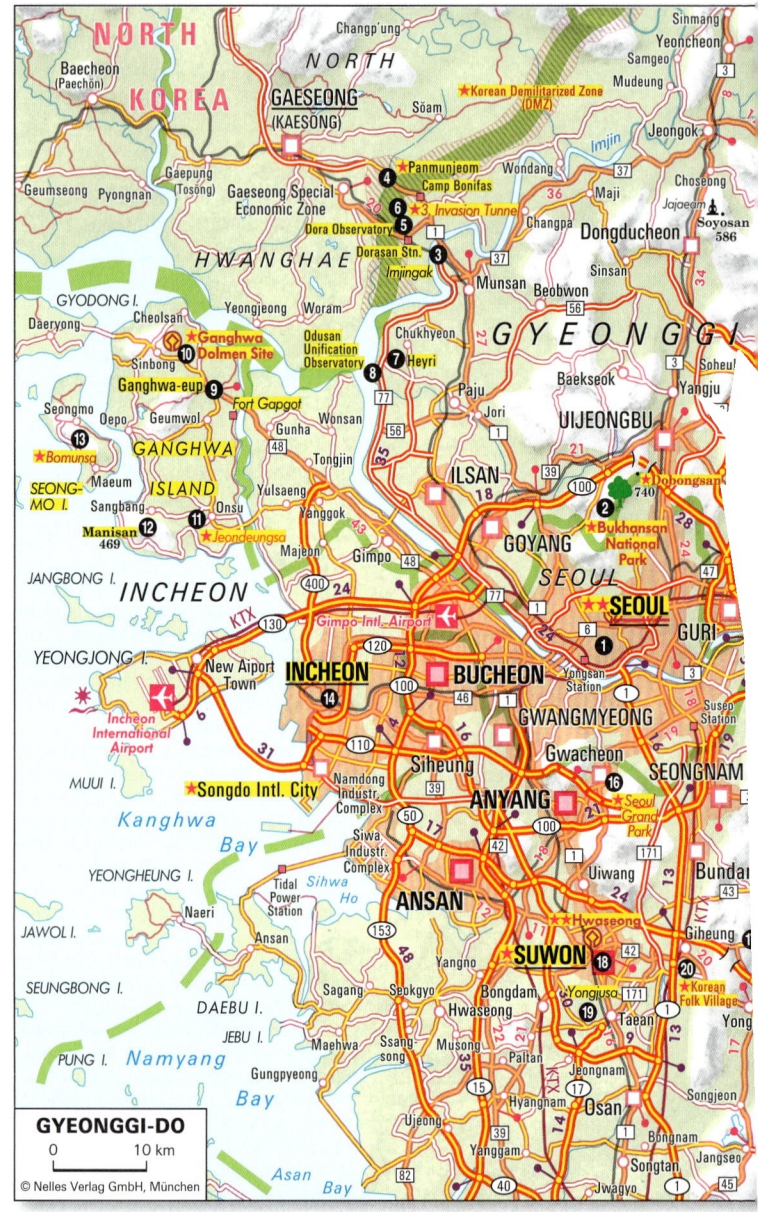

NORTH KOREA

Baecheon (Paechŏn)

Changp'ung

Sinmang

Yeoncheon

Samgeo

Mudeung

NORTH

GAESEONG (KAESŎNG)

Söam

★Korean Demilitarized Zone (DMZ)

Jeongok

Gaepung (Tosŏng)

Geumseong Pyongnan

Gaeseong Special Economic Zone

★Panmunjeom Camp Bonifas

Wondang

★3. Invasion Tunnel

Maji

Imjin

36

Choseong

Jojaeam

HWANGHAE

Dora Observatory

Changpa

Dongducheon

Soyosan 586

Dorasan Stn.

Imjingak

Munsan Beobwon

Sinsan

GYODONG I.

Yeongjeong Woram

Chukhyeon

GYEONGGI

Daeryong

Cheolsan

Odusan Unification Observatory

Paju

Baekseok

Soheul

Sinbong

★Ganghwa Dolmen Site

★Heyri

Jori

Yangju

Ganghwa-eup

★Fort Gapgot

Wonsan

UIJEONGBU

Seongmo Oepo Geumwol

Gunha

Ilsan

Dobongsan

★Bomunsa

GANGHWA ISLAND

48

Tongjin

39

740

SEONG- MO I.

Maeum

Sangbang

Onsu

Yulsaeng

Yanggok

GOYANG

Bukhansan National Park

47

Manisan 469

★Jeondeungsa

Majeon

Gimpo

SEOUL

Jangbong I.

INCHEON

Gimpo Intl. Airport

★★ SEOUL

GURI

Yeongjong I.

New Airport Town

Gimpo Intl. Airport

Yongsan Station

6

New Airport Town

INCHEON

BUCHEON

Susep Station

Incheon International Airport

GWANGMYEONG

Muui I.

Gwacheon

★Songdo Intl. City

Namdong Industr. Complex

Siheung

SEONGNAM

Kanghwa Bay

Siwa Industr. Complex

ANYANG

★Seoul Grand Park

Yeongheung I.

Tidal Power Station

Uiwang

Bundan

Jawol I.

Naeri

Ansan

ANSAN

Giheung

Seungbong I.

Daebu I.

Yangno Seokgyo

Bongdam

★★Hwaseong

★Korean Folk Village

Sagang

Hwaseong

SUWON

Yong

Jebu I.

Maehwa

Ssang-song

Musong

Paltan

Taean

Pung I. Namyang

Gungpyeong

Jeongnam

Songjeon

Bay

Ujeong

Hyangnam

Osan

Yanggam

Bongnam

Jangseo

Asan Bay

Songtan

Jwagyo

GYEONGGI-DO

0   10 km

© Nelles Verlag GmbH, München

46

Statistisch gesehen besitzt jeder Koreaner drei Handys (meist von Samsung oder LG) – dahinter verbirgt sich eine der modernsten technologischen Infrastrukturen überhaupt, mit den modernsten und schnellsten Internetverbindungen, die es jedem Einwohner ermöglichen, immer und überall im Internet unterwegs zu sein. Schnell unterwegs ist man auch im drittgrößten U-Bahnnetz der Welt oder den 350 km/h schnellen KTX-Zügen, dank derer man alle wichtigen Städte des Landes in kürzester Zeit erreicht, während der Flughafen in Incheon in Sachen Service und Effizienz international stets einen der ersten Plätze belegt.

Doch Seoul ist nicht nur ein Dienstleistungsparadies, sondern auch Standort von großartigen UNESCO-Welterbestätten wie dem Changdeok-Palast, Jongmyo und den Königlichen Gräbern, die belegen, dass die Stadt Zeit ihres Bestehens das politische und kulturelle Zentrum Koreas war.

Die Orientierung in Seoul ist trotz der Größe recht einfach. Die Hauptsehenswürdigkeiten, wie die Paläste, liegen in den Stadtteilen Jongno-gu, Jung-gu und Yongsan-gu, die zwischen den Gipfeln des Bugaksan im Norden, Inwangsan im Westen und dem Namsan im Süden das engere Stadtzentrum bilden, auf dem einst von der Stadtmauer umschlossenen Areal nördlich des Han-Flusses. Das Zentrum wird von acht großen Nord-Süd- und vier Ost-West-Magistralen durchzogen, entlang derer sich Hochhaus an Hochhaus reihen. Dahinter aber verzweigen sich kleinere Gassen voller kleiner Geschäfte. Hier kann man vieles zu Fuß erlaufen oder mit kurzen U-Bahnfahrten erreichen.

Am Rand der Innenstadt breiten sich einige interessante große Märkte wie der Dongdaemun- und Namdaemun-Markt, der große Gyeongdong-Heilkräutermarkt und der Janganpyeong-Antiquitätenmarkt aus und bilden den Übergang zu den vor allem südlich des Flusses schachbrettförmig angelegten

» **Karte S. 46–47, Info S. 68–69**
47

Neustadtbezirken. Dort befinden sich auch riesige Shopping Malls wie die CO-EX-Mall im Stadtteil Gangnam-gu. Die großen Kaufhäuser hingegen finden sich im Zentrum entlang der Hauptverkehrsachsen wie der Jongno-ga oder der Euljiro-ga, wo u. a. das Stammkaufhaus des Konzerns *Lotte* steht.

Für ihre Restaurant- und Kneipenvielfalt bekannte Gegenden sind Apgujeong-dong, wo sich die Reichen und Schönen treffen, die traditionelleren Viertel Insa-dong und Bukchon, das hippe Universitätsviertel Hongdae und Itaewon. Falls jemand Disneyland vermisst: Lotte World ist eine Art koreanisches Pendant dazu, mit dem weltgrößten Indoor-Vergnügungspark.

Geschichte: Gutes Fengshui

Das Becken des meist träge dahin strömenden Han-Flusses (*Hangang*) ist seit mindestens 3000 Jahren besiedelt, aber erst mit der Gründung des Königreichs Baekje im Jahr 18 v. Chr. entstand südlich vom Hangang mit der Festung Wirye-seong ein Machtzentrum. Das strategisch wichtige Gebiet im Han-Tal wechselte dann öfter seine Herrscher und seinen Namen – darunter Hanyang, Hanju, Namgyeong und Hanseong.

In der Zeit von Groß-Silla, als Seoul nur noch ein kleines Dorf war, hatte es Prophezeiungen über eine neue Hauptstadt an den Ufern des Han gegeben. Während der Goryeo-Dynastie, im 11.-14. Jh., entstanden hier dann zwar Paläste wie der (noch erhaltene) Changgyeonggung; das Machtzentrum lag jedoch in Kaesong, 60 km nordwestlich. Damals kursierten Visionen von einer blühenden, langlebigen „Pflaumenbaumstadt", und mit der Ausrufung Yi Seong-gyes zum König Taejo von Joseon sollten sie sich erfüllen: Das neue Herrscherhaus Yi schrieb sich mit demselben chinesischen Schriftzeichen

wie die Pflaumenblüte, und 1394 ließ der König am Fuß des Bugaksan streng nach chinesisch-geomantischen Regeln die 16 km lange Stadtmauer, seine Paläste und den Ahnenschrein erbauen. Der Verlauf der Stadtmauer war nach chinesischem Muster im Geviert angelegt, im Norden abgeschirmt und nach Süden zum Han-Fluss hin geöffnet: Die schroffen Gipfel des Bukhansan im Norden bildeten einen Schutzwall gegen Dämonen, im Süden schuf der Bogen des Han-Flusses eine Glück bringende Barriere.

Das gute Fengshui bescherte der Stadt von nun an eine stete Entwicklung. Trotz seiner Zerstörung durch die Japaner im 16., die Mandschu im 17. Jh. und den Koreakrieg 1950 schaffte es Koreas Hauptstadt jedes Mal, aus Ruinen neu zu entstehen und sich zu noch größerer Blüte zu entfalten.

JONGNO-GU

★Palast des glänzenden Glücks (*Gyeonghuigung*)

Der 1617 auf dem Areal einer ehemaligen königlichen Villa erbaute ★**Palast des glänzenden Glücks** ① (*Gyeonghuigung*) steht etwas abseits und und diente einst als zweitrangiger Palast, in dem man sich in Zeiten von Not oder Aufruhr zurückzog. In seiner Blütezeit zwischen dem 17. und 19. Jh. umfasste das Areal in der Nähe des damaligen Westtors dann über 100 Gebäude. 1829 nach einem Brand wieder aufgebaut, zerstörten ihn die japanischen Kolonialherren so stark, dass bisher erst ein Drittel rekonstruiert werden konnte. Jeden Mittwoch und Samstag zwischen 14 und 15 Uhr findet vor der Haupthalle eine **Taekwondo-Vorführung** von Mitgliedern des Kukkiwon World Taekwondo Headquarters statt. Interessenten können sich im Anschluss über Kursangebote in Seoul informieren. Auf dem ehemaligen Palastareal stehen heute auch eine moderne Wechselausstel-

---

Rechts: Heungnyemun, das zweite monumentale Palasttor des Gyeongbokgung.

Foto: Oliver Fülling

lungshalle als **Zweigstelle** des **Seoul Museum of Art** und das **Seoul Museum of History** zur Stadtgeschichte.

★★Palast der strahlenden Glückseligkeit (*Gyeongbokgung*)

Zwei Jahre nach Gründung der Joseon-Dynastie rief König Taejo 1394 die berühmtesten Geomanten seiner Zeit zusammen. Sie sollten die günstigste Lage für seinen neuen ★★**Palast der strahlenden Glückseligkeit ② (*Gyeongbokgung*)** bestimmen. Fast 200 Jahre lang diente er dann als Regierungssitz und königliche Residenz und wuchs unter der Regierungszeit von König Sejong (reg. 1418-1450) auf rund 500 Gebäude an. Während der Invasionen der Japaner ab 1592 wurde der Palast vermutlich von königlichen Leibeigenen angezündet, die damit die Archive, in denen die Akten über ihren Status als Sklaven aufbewahrt wurden, vernichten wollten. Erst über 270 Jahre später ließ König Gojong den Gyeongbok-Palast mit 330 Gebäuden wieder aufbau-

en. 1872 zog er ein, aber dem Projekt sollte kein Glück beschieden sein. Zum einen zerrüttete es die Staatsfinanzen und dann wurde 1895 auch noch Königin Myeongseon im Palast ermordet. Aus Furcht um sein eigenes Leben floh König Gojong in die russische Gesandtschaft, und nur 23 Jahre nach seiner Fertigstellung sollte der gewaltige Komplex erneut verwaisen. Ab 1910 rissen die Japaner zahlreiche Hallen ab, um ein Gebäude für ihre Kolonialregierung zu errichten. 1990 fiel die Entscheidung, das Regierungsgebäude des japanischen Generalgouverneurs abzureißen und die Palastanlage zu rekonstruieren.

Man betritt den Komplex durch das 2010 fertiggestellte, dreiteilige steinerne südliche **Tor der Verwandlung im Licht (*Gwanghwamun*)**. Hinter dem Haupttor überquert man einen weitläufigen Platz bis zum zweiten Tor **Heungnyemun**, vor dem täglich außer Dienstag zwischen 10 und 16 Uhr stündlich **Wachwechsel** von Soldaten in Uniformen der Joseon-Dynastie stattfinden. Noch ein weiteres Tor, das *Geunjeong-*

SEOUL

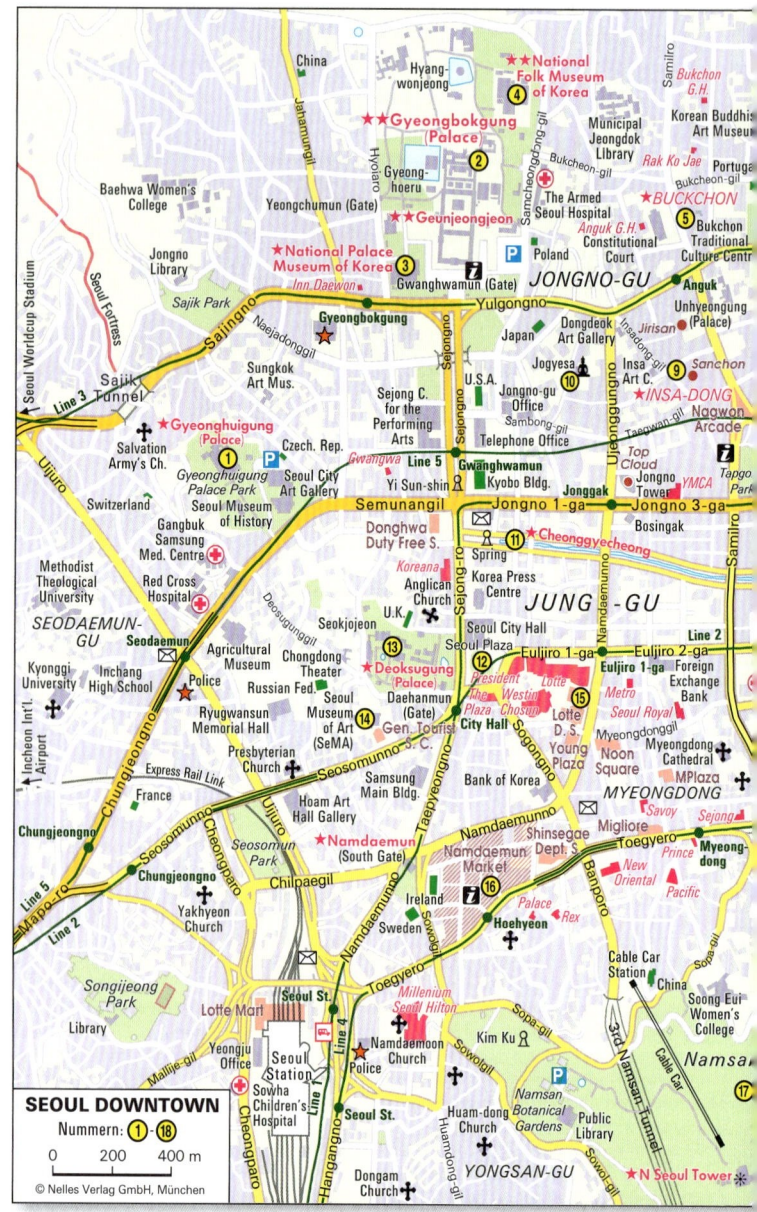

★★National Folk Museum of Korea (4)
★★Gyeongbokgung (Palace) (2)
★★Geunjeongjeon
★National Palace Museum of Korea (3)
★Gyeonghuigung (Palace) (1)
★Gyeonghuigung Palace Park
★Cheonggyecheon (11)
★Deoksugung (Palace) (12)
★Namdaemun (South Gate)
★N Seoul Tower ✷
★BUCKCHON (5)
★INSA-DONG
Bukchon Traditional Culture Centre (5)
Nagwon Arcade

China
Hyang-wonjeong
Municipal Jeongdok Library
Korean Buddhist Art Museum
Samilro
Bukchon G.H.
Rak Ko Jae
Portuga
Baehwa Women's College
Yeongchumun (Gate)
Gyeong-hoeru
Samcheongno
The Armed Seoul Hospital
Bukcheon-gil
Anguk G.H.
Bukcheon-gil
Anguk
Jongno Library
Sungkok Art Mus.
Gwanghwamun (Gate)
Poland
Constitutional Court
Unhyeongung (Palace)
JONGNO-GU
Jirisan
Insadong-gil
Sanchon
Sajik Park
Gyeongbokgung
Naejadonggil
Yulgongno
Dongdeok Art Gallery
Japan
Jogyesa (10)
Jongno-gu Office
Insa Art C. (9)
Taewan-gil
Seoul Worldcup Stadium
Seoul Fortress
Line 3
Sajik Tunnel
U.S.A.
Sambong-gil
Top Cloud
Jongno Tower
YMCA
Tapgo Park
Salvation Army's Ch.
Seoul City Art Gallery
Czech. Rep.
Gwangwha Line 5
Gwanghwamun
Telephone Office
Sejong C. for the Performing Arts
Kyobo Bldg.
Jonggak
Jongno 3-ga
Switzerland
Seoul Museum of History
Yi Sun-shin
Semunangil
Jongno 1-ga
Bosingak
Gangbuk Samsung Med. Centre
Donghwa Duty Free S.
Spring
Koreana
Anglican Church
Korea Press Centre
JUNG-GU
Samilro
Methodist Theological University
Red Cross Hospital
U.K.
Seoul City Hall
Line 2
SEODAEMUN-GU
Deosugunggil
Seokjojeon
Chongdong Theater
Seoul Plaza
Euljiro 1-ga
Euljiro 2-ga
Kyonggi University
Seodaemun
Agricultural Museum
Russian Fed.
Daehanmun (Gate)
President
The Westin Plaza Chosun
Lotte
(15)
Euljiro 1-ga
Foreign Exchange Bank
Inchang High School
Police
Seoul Museum of Art (SeMA)
Gen. Tourist City Hall
Lotte D.S.
Metro
Seoul Royal
Incheon Int'l. Airport
Ryugwansun Memorial Hall
S. C.
Young Plaza
Noon Square
Myeongdong Cathedral
Myeongdonggil
MPlaza
Express Rail Link
Presbyterian Church
Seosomunno
Taepyeongno
Samsung Main Bldg.
Bank of Korea
MYEONGDONG
Savoy
France
Hoam Art Hall Gallery
Namdaemunno
Shinsegae Dept. S
Migliore
Sejong
Chungjeongno
Seosomunno
Seosomun Park
★Namdaemun (South Gate)
Namdaemun Market
Toegyero
Prince
Myeong-dong
Line 5
Chungjeongno
Chilpaegil
Ireland
Palace
Rex
New Oriental
Pacific
Mapo
Line 2
Yakhyeon Church
Sweden
Heehyeon
Cable Car Station
China
Songjeong Park
Millenium Seoul Hilton
Sopa-gil
Soong Eui Women's College
Library
Lotte Mart
Seoul St.
Line 4
Kim Ku
3rd Namsan Tunnel
Cable Car
Namsa
Yeongju Office
Seoul Station
Sowha Children's Hospital
Seoul St.
Namdaemoon Church
Police
Namsan Botanical Gardens
Public Library
(17)
Sowha Children's Hospital
Hanggangno
Huam-dong Church
Soma
Namsan
Dongam Church
YONGSAN-GU
Huamdong-gil
Sowol-gil
★N Seoul Tower ✷

SEOUL DOWNTOWN
Nummern: (1)-(18)
0   200   400 m
© Nelles Verlag GmbH, München

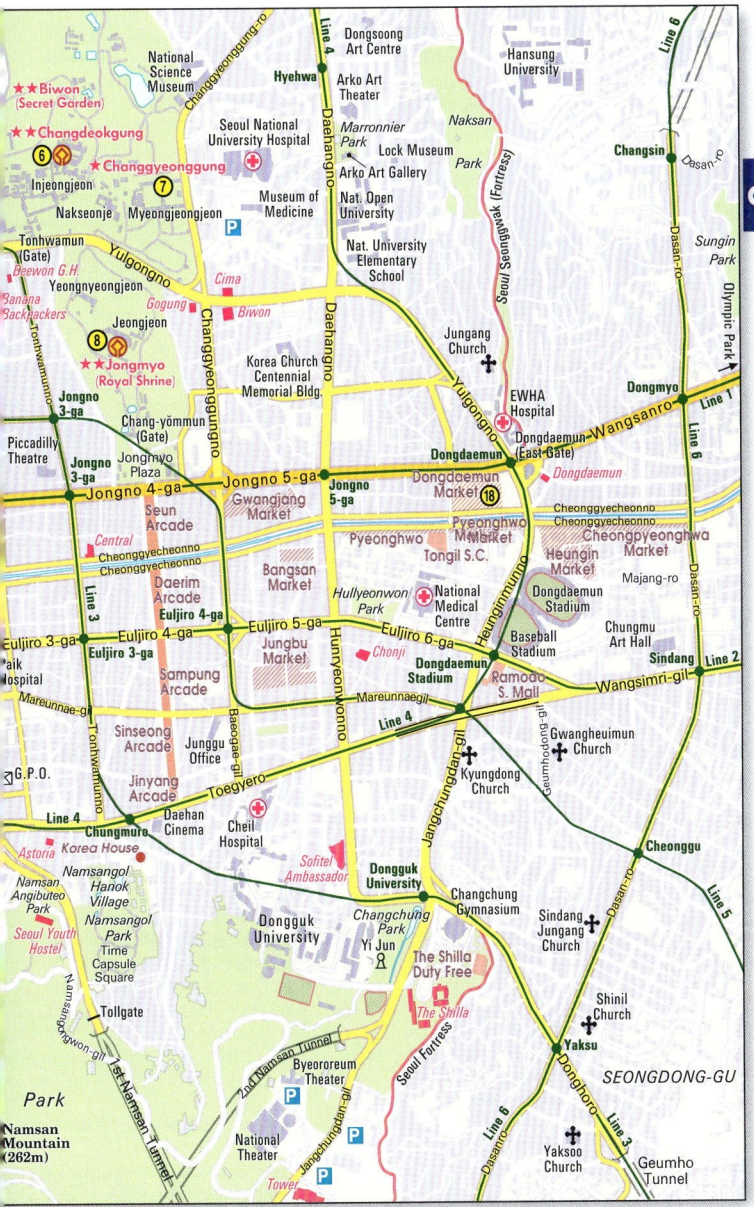

National Science Museum
Dongsoong Art Centre
Hansung University
Hyehwa
Line 4
Arko Art Theater
Naksan
Park
Marronnier Park
Lock Museum
Seoul National University Hospital
Arko Art Gallery
Changsin
Dasan-ro
★★Biwon (Secret Garden)
★★Changdeokgung
★Changgyeonggung
Injeongjeon
Museum of Medicine
Nat. Open University
Changgyeonggung-ro
Daehangno
Sungin Park
Nakseonje
Myeongjeongjeon
Nat. University Elementary School
Seoul Seonggwak (Fortress)
Olympic Park →
Tonhwamun (Gate)
Yulgongno
Beewon G.H.
Yeongnyeongjeon
Cima
Jungang Church
Line 6
Banana Backpackers
Gogung
Biwon
Dongmyo
Tonhwamunno
Jeongjeon
EWHA Hospital
Yulgongno
Line 1
Dongdaemun-Wangsanro
★★Jongmyo (Royal Shrine)
Korea Church Centennial Memorial Bldg.
Dongdaemun (East Gate)
Dongdaemun
Line 6
Jongno 3-ga
Chang-yŏmmun (Gate)
Dongdaemun Market
Dasan-ro
Piccadilly Theatre
Jongno Plaza
Jongno 5-ga
Cheonggyecheonno
Jongno 3-ga
Jongno 4-ga
Jongno 5-ga
Pyeonghwa Market
Cheongpyeonghwa Market
Central
Gwangjang Market
Pyeonghwa
Tongil S.C.
Heungin Market
Majang-ro
Seun Arcade
Cheonggyecheonno
Cheonggyecheonno
National Medical Centre
Dongdaemun Stadium
Chungmu Art Hall
Line 3
Daerim Arcade
Bangsan Market
Hullyeonwon Park
Euljiro 4-ga
Euljiro 5-ga
Euljiro 6-ga
Baseball Stadium
Sindang
Line 2
Euljiro 3-ga
Euljiro 4-ga
Jungbu Market
Chonji
Dongdaemun Stadium
Ramoco S. Mall
Wangsimri-gil
aik Hospital
Euljiro 3-ga
Sampung Arcade
Hunyeonwonno
Mareunnaegil
Line 4
Mareunnae-gil
Tonhwamunno
Baogae-gil
Toegyero
Gwangheuimun Church
Geumhodong-gil
G.P.O.
Sinseong Arcade
Junggu Office
Kyungdong Church
Jinyang Arcade
Daehan Cinema
Line 4
Chungmuro
Cheil Hospital
Cheonggu
Line 5
Astoria
Korea House
Sofitel Ambassador
Dongguk University
Dasan-ro
Namsan Angibuteo Park
Namsangol Hanok Village
Changchung Gymnasium
Sindang Jungang Church
Seoul Youth Hostel
Dongguk University
Namsangol Park
Changchung Park
Yi Jun
The Shilla Duty Free
Time Capsule Square
Shinil Church
Namsangwon-gil
Tollgate
The Shilla
Yaksu
1st Namsan Tunnel
2nd Namsan Tunnel
SEONGDONG-GU
Donghoro
Line 6
Park
Byeororeum Theater
Seoul Fortress
Namsan Mountain (262m)
Jangchungdan-gil
National Theater
Yaksoo Church
Line 3
Dasan-ro
Tower
Geumho Tunnel

Foto: Gregory Johnston (Dreamstime)

mun, muss man durchschreiten und steht dann innerhalb eines ummauerten Areals vor der prunkvollen ★★**Halle der Regierung in Ehrerbietung (Geunjeongjeon)**. In der 1860 wiederaufgebauten Thronhalle verwaltete der Herrscher das Mandat des Himmels. Das gestaffelte Dach und die doppelte Steinterrasse zeigen den hohen Rang des Gebäudes. Das Innere der Thronhalle besticht durch seine Proportionen und prächtig bemalte Gebälkschnitzereien. Auf dem Thron, unter einem geschnitzten Baldachin – dem Sinnbild des Himmelsgewölbes – empfing der Herrscher die Würdenträger des Reichs. Zwischen 1398 und 1567 wurden hier sieben Könige gekrönt.

Hinter der Halle tritt man durch ein weiteres Tor in den nächsten Hof mit drei rekonstruierten Gebäuden. Die zentrale **Halle der gedankenvollen Regierung (Sajeongjeon)** diente dem König als Sitz für seine politischen Tagesgeschäfte, während die **Tausend-Frühling-Halle (Manchunjeon)** östlich und **Tausend-Herbst-Halle (Cheonchujeon)** westlich als Büros für die hohen Regierungsbeamten dienten.

Gleich hinter den Verwaltungsgebäuden gelangt man durch ein weiteres Tor zur **Halle des Wohlergehens (Gangnyeongjeon)**, dem Privatquartier des Königs, gefolgt von der ★**Halle der Berührung von Himmel und Erde (Gyotaejeon)**, dem Wohnbereich des Königin, der über einen eigenen kleinen **Garten (Amisan)** in koreanischem Stil verfügt, da die Königin sich nicht außerhalb des Palastes zeigen durfte.

Östlich des zentralen Palastbereichs kann man zwei weitere Gebäudeeinheiten besuchen: den **Witwensitz der Königin (Jagyeongjeon)** und südlich davon die **Östliche Halle (Donggung)**, die Residenz des Kronprinzen.

Westlich des Hauptpalastes lohnt noch ein Abstecher zum **Pavillon der glücklichen Begegnungen (Gyeonghoeru)**, einer Fest- und Bankettenhalle an einem quadratischen Lotosteich, die den Palastgarten und Vergnügungsbereich einleitete. Gleich südlich der Banketthalle schließt sich die **Halle zur Kultivierung der Regierung (Sujeongjeon)** an. Sie wurde auf der Stätte errichtet, an der das koreanische Alphabet Hangeul entwickelt wurde und diente offiziellen Zwecken.

Im nördlichen Palastbereich befinden sich noch einige weitere Gebäudegruppen, darunter der pittoreske **Pavillon des weitduftenden Wohlgeruchs (Hyangwonjeong)** auf einem kleinen Inselchen und der **Palast der Himmlischen Reinheit (Geoncheonggung)**, ein weiterer Wohnbereich der königlichen Familie – hier wurde Königin Myeongseon ermordet.

★National Palace Museum of Korea

Das ★**National Palace Museum of Korea** ③ steht in der Südwestecke des

Oben: Der „Pavillon des weitduftenden Wohlgeruchs" im Gyeongbokgung. Rechts: Unterwegs in den Gassen des Bukchon.

Foto: Koreanische Zentrale für Tourismus

Gyeongbok-Palastes und birgt einen Schatz von über 40 000 Relikten und Zeugnissen aus der Joseon-Dynastie. Das Museum ist in fünf Abteilungen gegliedert, die den königlichen Symbolen und Annalen, Ahnenriten, der Palastarchitektur, den Wissenschaften der Joseon-Zeit und dem höfischen Leben gewidmet sind.

★★National Folk Museum of Korea

Die Ostseite des Gyeongbok-Palastes, erkennbar an der weithin sichtbaren **Pagode**, wird vom faszinierenden ★★**National Folk Museum of Korea** ④ eingenommen. Selbst wer wenig Zeit hat, sollte den Besuch einplanen, bekommt man hier doch einen sehr guten Einblick in das Leben der Koreaner in den verschiedenen Epochen. Mehr als 4000 Exponate, Fotos, Modelle und Filme zeigen die Welt des Ackerbaus, kunstgewerblichen Hausrats, Kochkunst, Holzarchitektur, des Wohnens, schamanistischer Feste, Bekleidung, Musik, Spiele, Bildung und Medizin.

★Bukchon

Die koreanische Gesellschaft der Joseon-Dynastie war streng hierarchisch strukturiert, und auch die Wohnviertel spiegelten die gesellschaftliche Trennung wider. Während die Wohngebiete der gewöhnlichen Bürger aus dem Stadtbild verschwunden sind, wurde das zwischen Gyeongbok- und Changdeok-Palast gelegene Wohnviertel der *Gahoe*-Oberklasse als **Gahoedong** unter Denkmalschutz gestellt. Bekannter ist es unter dem Namen ★**Bukchon** ⑤ (Nord-Dorf). Hier sind in den schmalen Gassen noch rund 900 **Hanok**, die typischen traditionellen Wohnhäuser Koreas aus Stein, Holz, Erde und Reispapier erhalten. Einige sind zu besichtigen oder bieten Kurse für Kunsthandwerk an. In etlichen *Hanok* sind kleine Geschäfte und Restaurants untergebracht. Mittendrin liegt das **Bukchon Traditional Culture Centre**, ein wunderschön restauriertes Gebäude, wo man nähere Informationen zum alten Baustil und zum Viertel bekommt.

Foto: Oliver Fülling

★★Palast der blühenden Tugend (*Changdeokgung*) und ★★Geheimer Garten (*Biwon*)

Der 1405 als Wohnpalast der königlichen Familie östlich des Gyeongbokgung-Palasts erbaute ★★**Palast der blühenden Tugend ⑥ (*Changdeokgung*)** ist die am besten im Originalzustand erhaltene königliche Palastanlage der Stadt und UNESCO-Welterbe. Der Komplex wurde während der japanischen Invasionen im 16. Jh. zerstört, aber zwischen 1598 und 1610 wiederaufgebaut und diente dann bis 1872 als Hauptpalast der Joseon-Könige; nach der Verlegung des Regierungssitzes an seinen Ursprungsort, den Gyeongbokgung, begann die Anlage zu verfallen. 1907, nach der Abdankung Kaiser Gojongs, zog sein Sohn Kaiser Sunjeong ein. Er durfte auch nach seiner Abdankung 1910 bis zu seinem Tod 1926 hier

wohnen bleiben. Seine Witwe Kaiserin Yun behielt den Palast der blühenden Tugend als Wohnsitz bis zu ihrem Tod 1966. 1970 verstarb hier der letzte Kronprinz und 1989 die japanischstämmige Kronprinzessin Bangja (Uimin) sowie Prinzessin Deokhye, die letzte direkte Nachfahrin der Yi-Familie.

Man betritt die Anlage durch das **Tor der machtvollen Verwandlung (*Donghwamun*)**. 1412 erbaut, ist es das älteste original erhaltene Palasttor der Stadt. Vor dem Tor kann man Dienstag bis Sonntag von 10.30 bis 11.30 und von 14 bis 15 Uhr den farbenfrohen **Wachwechseln** in Uniformen der Joseon-Dynastie zuschauen. Im Innenbereich fällt auf, dass der Palastkomplex weniger streng angelegt ist als der Gyeongbok-Palast. Zwar reihen sich auch hier alle Gebäude entlang einer Nord-Südachse auf, aber die einzelnen Gebäudegruppen sind freier über das Areal verteilt und passen sich dem hügeligen Gelände besser an und fügen sich harmonisch in die Landschaft ein. Deshalb residierten viele Könige lieber

Oben: Die „Halle der wohlwollenden Regierung" war die Thronhalle des Changdeokgung. Rechts: Hanbok, die traditionelle Festtracht.

hier als im gestrengen Hauptpalast. Der Weg führt zunächst auf die Palastbezirke **Gwolnaegaksa** und **Seonwonjeon** mit den Verwaltungsgebäuden zu und biegt dann scharf nach Osten, um über die 1411 erbaute **Brücke des Verbotenen Bachs** *(Geumcheongyo)* und durch ein Tor in einen langgezogenen Zeremonialhof zu führen. An dessen Nordseite tritt man durch ein weiteres Tor direkt auf den Vorplatz der **Halle der wohlwollenden Regierung** *(Injeongjeon)*, die als Thronhalle diente. Die Pflaumenblütenmuster am Dachfirst wurden erst 1897 hinzugefügt, um den nunmehr kaiserlichen Status des Reichs auszudrücken. 1908 kamen einige moderne Elemente hinzu, wie Vorhänge und elektrisches Licht.

Östlich der Thronhalle erreicht man die **Halle der Verbreitung der Regierung** *(Seonjeongjeon)*, die der König für seine Alltagsgeschäfte und kleinere Empfänge nutzte. Die seltenen blauglasierten Ziegel waren ausschließlich der königlichen Familie vorbehalten. Nach Osten schließen sich die Privatgemächer des Königs an, die **Huijeong-Halle** *(Huijeongdang)*. Ihr Dach weist eine Besonderheit auf, die auf den ersten Blick kaum auffällt: Es zieren keine Drachenfiguren – der König als Personifizierung des Drachens, eines Schutzsymbols, benötigte ja selbst keinen Drachen zu seinem Schutz. Nördlich schließt die **Daejo-Halle** *(Daejojeon)* mit den Gemächern der Herrschergattin an, wo die letzte koreanische Kaiserin wohnte, bis sie 1966 starb. Hier bekommt man einen Eindruck vom Haushalt der untergegangenen Dynastie.

Ganz im Osten des Palastes, eingebettet in einen zauberhaften Garten, breitet sich der **Zufluchtsort der Freude und Güte** *(Nakseonjae)* aus, der Witwensitz der Königinnen aus dem 19. Jahrhundert. König Heonjong (reg. 1834-49) hatte ihn als Wohnsitz für seine Konkubine Kim anlegen lassen. Bis 1989 lebten hier die letzten Angehörigen der Königsfamilie.

Foto: B. Trenkel (iStockphoto)

Der rund 20 ha große ★★**Geheime Garten** *(Biwon)*, auch Rückwärtiger Garten *(Huwon)* genannt, umfasst gut 60 % des Gesamtareals des Changdeokgung-Palasts. Er ist über einen gesonderten Zugang östlich vom Nakseonjae erreichbar und nur im Rahmen einer Führung zu besuchen. Der Park erstreckt sich mit seinen Teichen, Bachläufen und Brücken über vier Täler. Im Jahr 1405 angelegt, kamen 1623 rund 40 Gebäude, Pavillons, Landhäuser und Lauben dazu, darunter der zeitweilige Sommersitz **Haus der glücklichen Ereignisse** *(Yeonggyeongdang)* und die **Yeonghwa-Laube** *(Yeonghwadang)*, in der die Könige den konfuzianischen Beamtenexamina beiwohnten.

Die Anlage entspricht der Idealvorstellung eines Landschaftsgartens der neokonfuzianischen Gesellschaft der Joseon-Dynastie, die Muße und Vergnügen mit Malerei, Poesie und Kalligrafie in freier Natur verband; dem offiziellen Charakter des Königsgartens trugen die Prüfungen des Adels in diesen – mit dem Erlangen der höchsten Staatsäm-

» **Stadtplan S. 50-51, Info S. 68-69**   55

Foto: Oliver Fülling

ter verbunden – drei Schönen Künsten Rechnung. Der Garten war zur Erholung für die königliche Familie gedacht, aber er diente den Königen auch für militärische Übungen und Wettkämpfe im Bogenschießen.

★Palast der wunderbaren Segnungen (Changgyeonggung)

Ursprünglich ein 1104 erbauter Sommerpalast des Goryeo-Königs Sukjong, bezog König Taejo, als Seoul 1394 seine neue Hauptstadt wurde, die Hallen, um dort die Fertigstellung des Gyeongbok-Palasts abzuwarten. Er taufte ihn in ★**Palast der Wunderbaren Segnungen** ⑦ *(Changgyeonggung)* um, aber schon bald nach seinem Auszug verfiel die Anlage. 1485 restauriert, wurde sie von den Japanern 1592 geschleift. 1616 begann man mit dem Wiederaufbau, der bis 1830 dauerte. Während der japanischen Kolonialzeit diente er als Zoo

und Botanischer Garten. Erst 1986 war der ursprüngliche Zustand halbwegs wieder hergestellt, und die Anlage durfte sich wieder Palast *(gung)* nennen. Man betritt ihn durch das prächtige, 1484 erbaute **Tor der großen Veränderung** *(Honghwamun)*. Dahinter läuft der Weg über die 1483 erbaute **Jadebachbrücke** *(Okcheongyo)*, die vermutlich älteste Brücke der Stadt, direkt auf die 1484 errichtete **Halle der strahlenden Regierung** *(Myeongjeongjeon)*, die älteste erhaltene Thronhalle in Korea, zu. Im Nordteil der Anlage kann man das eindrucksvolle, 1909 erbaute **Botanische Glashaus** bewundern, das heute für Vorführungen traditioneller Musik genutzt wird.

★★Königlicher Ahnenschrein (Jongmyo)

Der ★★**Königliche Ahnenschrein** ⑧ *(Jongmyo)* zählt zum UNESCO-Welterbe, mitsamt den früher fünf Mal und heute einmal jährlich am ersten Sonntag im Mai durchgeführten ★**Ahnenriten** *(Jongmyo Daeje)* mit Musik, Gesang und Tanz. Die Anlage ist nur im Rahmen einer Führung zu besichtigen.

Seit seiner Fertigstellung 1395 diente der Schrein zur Aufbewahrung der königlichen Ahnentafeln. 1592 zerstört, wurde die Anlage zwischen 1601 und 1608 wieder aufgebaut und war dann mit 101 m Länge das vermutlich längste Holzgebäude der Welt – heute noch ist es das längste traditionelle Koreas. Der Komplex ist in zwei Bereiche aufgeteilt. Im ersten Abschnitt passiert man einige Nebenhallen, die zur Aufbewahrung von Ritualgeräten, Bereitung von Opferspeisen und für die rituellen Reinigungen dienten. Die Wege dorthin sind dreistufig angelegt. Die erhöhte Mitte war der Seele des verstorbenen Königs vorbehalten, während der König rechts und der Kronprinz links liefen. In der langgestreckten **Haupthalle** *(Jeongjeon)* sind in 19 Abteilungen die Ahnentafeln jener 19 Könige eingeschreint,

Oben: Im 101 m langen Königlichen Ahnenschrein. Rechts: „Brautsänfte" beim Lotoslaternenfest.

Foto: Koreanische Zentrale für Tourismus

deren Sohn die Nachfolge antrat. Außerdem bergen sie die Ahnentafeln von 30 Königinnen. In einem Nebenschrein gegenüber der Haupthalle werden 83 Ahnentafeln verdienter Beamter der Joseon-Dynastie aufbewahrt. Im Areal nebenan erhebt sich die weniger lange **Halle des ewigen Friedens (Yeongnyeongjeon)**, in der 15 Tafeln jener Herrscher stehen, die keinen regierenden Erben zeugten, oder denen die Königstitel posthum verliehen wurden.

★Insa-Viertel (*Insa-dong*)

Das ★**Insa-Viertel** ⑨ *(Insa-dong)* ist das touristische Herz der Stadt. Durchschnitten wird Insa-dong von Nord nach Süd von der zentralen Verkehrsachse **Insadong-gil**, einer schmalen, teils gepflasterten Straße, die unzählige Souvenirshops, Galerien und Boutiquen säumen. Auch die vielen Seitengassen quellen von Läden und Restaurants über; wer hier in Ruhe bummeln möchte, sollte vor 11 Uhr kommen, wenn die Besucherströme noch nicht eingesetzt haben. Jeden Samstag ab 14 Uhr bis Sonntagabend findet hier zusätzlich ein **Flohmarkt** statt.

Jogye-Tempel (*Jogyesa*)

Westlich des Insa-Viertels kündigt sich durch Devotionaliengeschäfte Seouls größter buddhistischer Tempel an: der **Jogye-Tempel** ⑩ *(Jogyesa)*. Sein schön ornamentierter **Daeungjeon-Schrein** beherbergt drei große Buddhas. Der erst 1910 gegründete Tempel ist das Hauptquartier der Jogye-Sekte, der mit über 3000 Tempeln wichtigsten buddhistischen Sekte Südkoreas. Als führende Lehrrichtung verbindet sie den meditativen Zen-Buddhismus mit der früher bedeutenderen Avatamsaka-Richtung. Zu Buddhas Geburtstag am 8. Tag des 4. Mondes endet hier die farbenfrohe ★**Lotuslaternenparade** vom Dongdaemun-Stadion.

Gegenüber lässt sich im **Templestay Office** ein Aufenthalte in einem der buddhistischen Klöster Südkoreas arrangieren.

JUNG-GU

★Cheonggye-Fluss (*Cheonggyecheong*)

Spaziert man vom Jogye-Tempel die Ujeonggung-ro nach Süden, passiert man den historischen **Glockenpavillon Bosingak**, der 1914 an seinen heutigen Standort verlegt wurde. Das alte Bauwerk bildet einen eigentümlichen Kontrast zum ultramodernen **Jongno Tower** gleich gegenüber. Wenige Schritte weiter nach Süden gelangt man zum noch bis 2003 völlig zubetonierten ★**Cheonggye-Fluss** ⑪ (*Cheonggyecheong*), einem wiederbelebten 5,8 km langen Flusslauf, der heute mit Parks, Wegen, Springbrunnen und kleinen Plätzen eine wahre Großstadtoase ist; v. a. am Abend, wenn der Cheonggyecheong und seine Spazierwege effektvoll illuminiert sind, strömen die Seou-

ler hierher. Den Beginn des Wasserlaufs im Westen markiert **Spring**, ein 21 m hohes, spitz zulaufendes Kunstwerk in Schneckenform der Pop-Art-Künstler Coosje van Bruggen und Claes Oldenburg (2006).

Hier beginnt der zentralste Stadtbezirk: **Jung-gu**.

Seoul Plaza und Seoul City Hall

Die große ovale, begrünte **Seoul Plaza** ⑫ gibt Seoul eine urbane Mitte, die von Demonstranten für Proteste, aber auch für Festivals und zur Erholung genutzt wird; im Winter mutiert sie zur vielbesuchten Eislaufbahn. Die **City Hall** daneben, das alte Rathaus, ein Art-Déco-Gebäude von 1926, wird von seinem topmodernen Anbau überragt.

★Palast der Tugend und Langlebigkeit (*Deoksugung*)

Der ★**Palast der Tugend und Langlebigkeit** ⑬ (*Deoksugung*) wurde Mitte des 15. Jh. als Residenz für Prinz

Oben: Bosingak und Jongno Tower – Tradition und Moderne. Rechts: Sommerabend am wiederbelebten Cheonggye-Fluss.

Foto: Koreanische Zentrale für Tourismus

Wolsan, den älteren Bruder des Königs Seongjong erbaut. Als einziges Gebäudeensemble überstand er die Verwüstungen durch die Japaner 1592 und diente bis zum Wiederaufbau des Changdeok-Palasts für 15 Jahre als königliche Residenz. Nach der Ermordung der antijapanisch eingestellten Königin Myeongseon 1895 zog König Gojong 1897 in den Deoksugung und erkor ihn mit seiner Proklamation zum Kaiser zum offiziellen Hauptpalast. Nach der erzwungenen Abdankung lebte Gojong hier zwar bis zu seinem Tod 1919, musste aber miterleben, wie die Japaner die Anlage sukzessive demontierten.

Man betritt die Anlage über das **Große Han-Tor** *(Daehanmun)*, das von der Südseite hierher verlegt wurde. Jeweils Dienstag bis Sonntag um 11, 14 und 15.30 Uhr findet vor dem Tor ein bunter **Wachwechsel** der königlichen Garde in Originaluniformen statt. Hinter dem Tor passiert man als erstes die **Halle des vollkommenen Friedens** *(Hamnyeongjeon)*, wo Kaiser Gojong bis zu seinem Tod 1919 lebte. Der Be-

reich weiter westlich birgt die **Halle der mittleren Harmonie** *(Junghwajeon)*, die Thronhalle, die 1904 abbrannte und 1906 wiederaufgebaut wurde. Damit ist sie die neueste Thronhalle aller fünf Paläste. Hinter der Halle erhebt sich die **Alte königliche Halle** *(Seogeodang)*, das einzige verbliebene zweistöckige Residenzgebäude der Joseon-Dynastie.

Westlich der Halle steht das einzige moderne Bauwerk, die 1909 erbaute neoklassizistische **Seokjo-Halle** *(Seokjojeon)*, die für kurze Zeit als königliche Residenz diente und heute, zusammen, mit dem 1938 erbauten Westflügel einen Zweig des **Nationalmuseums für zeitgenössische Kunst** beherbergt.

Seoul Museum of Art

In Sichtweite zum Deoksu-Palast ist das **Seoul Museum of Art** ⑭ (SeMA) im 1920 errichteten Gebäude des ehemaligen Obersten Gerichtshofes untergebracht. Der Schwerpunkt liegt auf großen Ausstellungen international renommierter Künstler.

» **Stadtplan S. 50-51, Info S. 68-69**   59

Foto: Oliver Fülling

Shopping in Myeongdong

Der Bezirk Jung-gu war seit je das Stadtzentrum. Aus dem frühen 20. Jh. sind im Viertel **Myeongdong** noch historische Gebäude wie das Stammhaus der **Bank of Korea** und die neugotische **Myeongdong Cathedral** erhalten.

Myeongdong ist das Einzelhandelszentrum Südkoreas schlechthin, mit zwei Millionen Besuchern pro Tag ein beliebtes Einkaufsziel für asiatische Touristen. Ein berühmtes Einkaufsparadies ist **Lotte Department Store** 🏷️ im Herzen von Myeongdongs Mode-Areal. Alle wichtigen Fashion-Labels sind hier vertreten, und in der obersten Etage lockt ein einladender Food Court mit einer bunten Palette asiatischer Snacks.

Weitere bekannte Shoppingtempel hier sind **Shinsegae** – in den 1930ern das erste Haus am Platz –, **Migliore**, **M Plaza** und **Noon Square**. Zudem war-

ten einige Karaoke-Bars auf sangesfreudige koreanische Gäste.

★Namdaemun-Tor und Namdaemun-Markt

Seouls mächtiges, auf das Jahr 1398 zurückgehendes und 2012 nach Brandstiftung restauriertes ★**Namdaemun-Tor** (Großes Südtor; Bild S. 33) dominiert längst nicht mehr die Stadtmauer, sondern einen Kreisverkehr. Daneben breitet sich der unglaublich verzweigte **Namdaemun-Markt** 🏷️ *(Namdaemun Sijang)* aus. Schon in der Joeseon-Dynastie war dies einer der wichtigsten Märkte der Stadt, heute ist er mit über 10 000 Geschäften und Marktständen, die sämtliche Produkte des täglichen Bedarfs verkaufen, der zweitgrößte des Landes; früh am Morgen ist das geschäftige Treiben am interessantesten.

Namsan-Park

Geht man vom Namdaemun-Markt die Banporo nach Süden, erreicht man

---

Oben: Der Namdaemun-Markt ist der zweitgrößte Südkoreas: Rechts: Heilkräuter ohne Ende – auf dem Gyeongdong-Markt.

Foto: Oliver Fülling

den **Namsan-Park** ⑰ und die **Seilbahn**, die auf den Gipfel des **Südbergs (Namsan)** zum ★**N Seoul Tower** fährt. Von diesem Fernsehturm – vom **Observatorium** oder vom **Drehrestaurant** in 133 m Höhe – genießt man an smogfreien Tagen einen fantastischen Panoramablick über die Stadt, abends erlebt man ein funkelndes Lichtermeer. Der weitläufige Park, der größte in Seoul, bietet neben Spazierwegen Attraktionen wie den **Botanischen Garten** und das **Namsangol Hanok Village** mit fünf einst von Adligen bewohnten traditionellen *Hanok*, die aus verschiedenen Teilen Seouls hierher versetzt wurden.

Dongdaemun-Markt

Die östliche Entsprechung zum Namdaemun-Tor, das **Osttor (Dongdaemun)**, ziert heute eine Kreuzung. Westlich davon erstreckt sich mit dem **Dongdaemun-Markt** ⑱ der größte Markt Südkoreas, mit enormem Angebot: von Seide über Designermode, Hanbok-Trachten, Turnschuhe und Notebooks bis zum Sessel, in 26 Einkaufspassagen – Feilschen ist angesagt. Auch an Imbissständen mangelt es nicht. Viele der 30 000 Läden, darunter zahlreiche Großhändler, sind ab 10.30 vormittags bis 5 Uhr morgens offen. Nach Mitternacht ist am meisten los – ursprünglich war dies ein reiner Nachtmarkt.

★Gyeongdong-Heilkräutermarkt

Der ★**Gyeongdong-Heilkräutermarkt** ⑲ im Bezirk Dongdaemun-gu ist einer der größten Umschlagplätze für Ginseng und pflanzliche Medizin in Korea, mit hunderten Geschäften und Ständen für Naturheilmittel und Gewürze; in seinem Umfeld haben sich Heilpraktiker angesiedelt. Außerdem gibt es hier Agrarprodukte und Fisch.

Janganpyeong-Antiquitätenmarkt

Hunderte von Geschäften mit Antiquitäten und Curios finden sich auf dem **Janganpyeong-Antiquitätenmarkt** ⑳ (U5: Dapsimni).

SEOUL

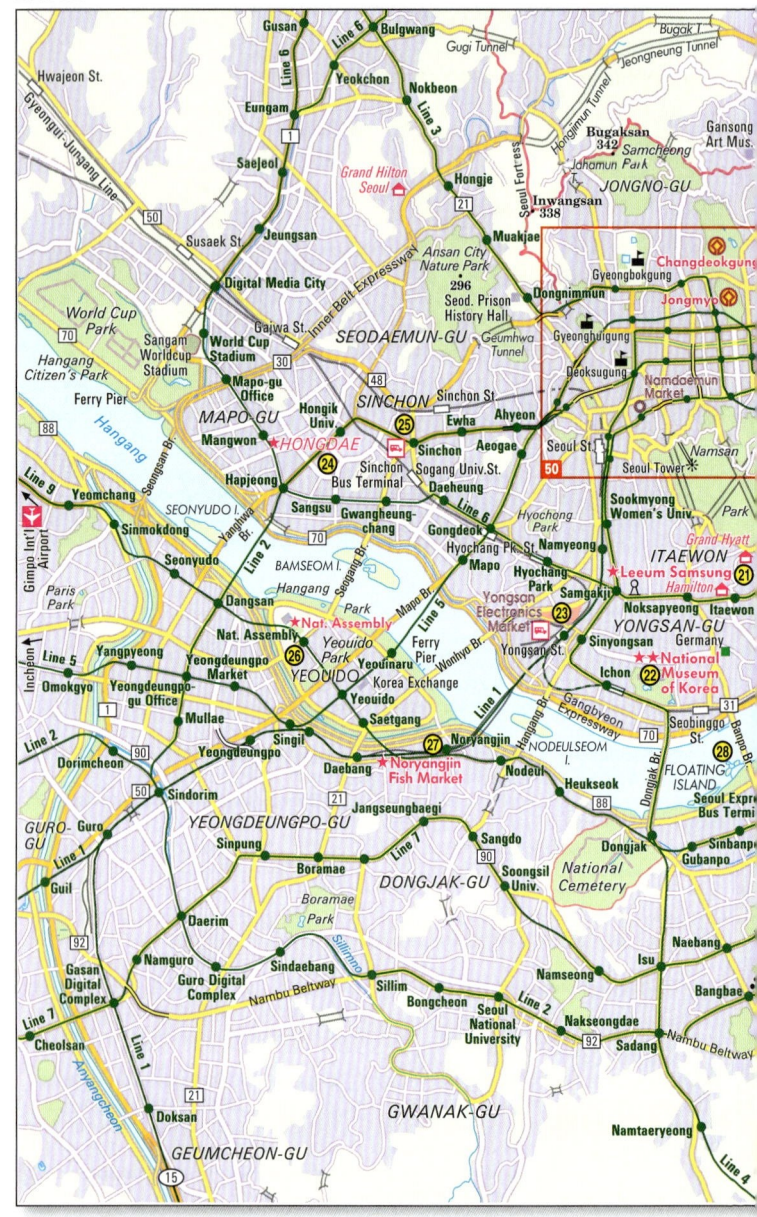

Seoul und Gyeonggi-do

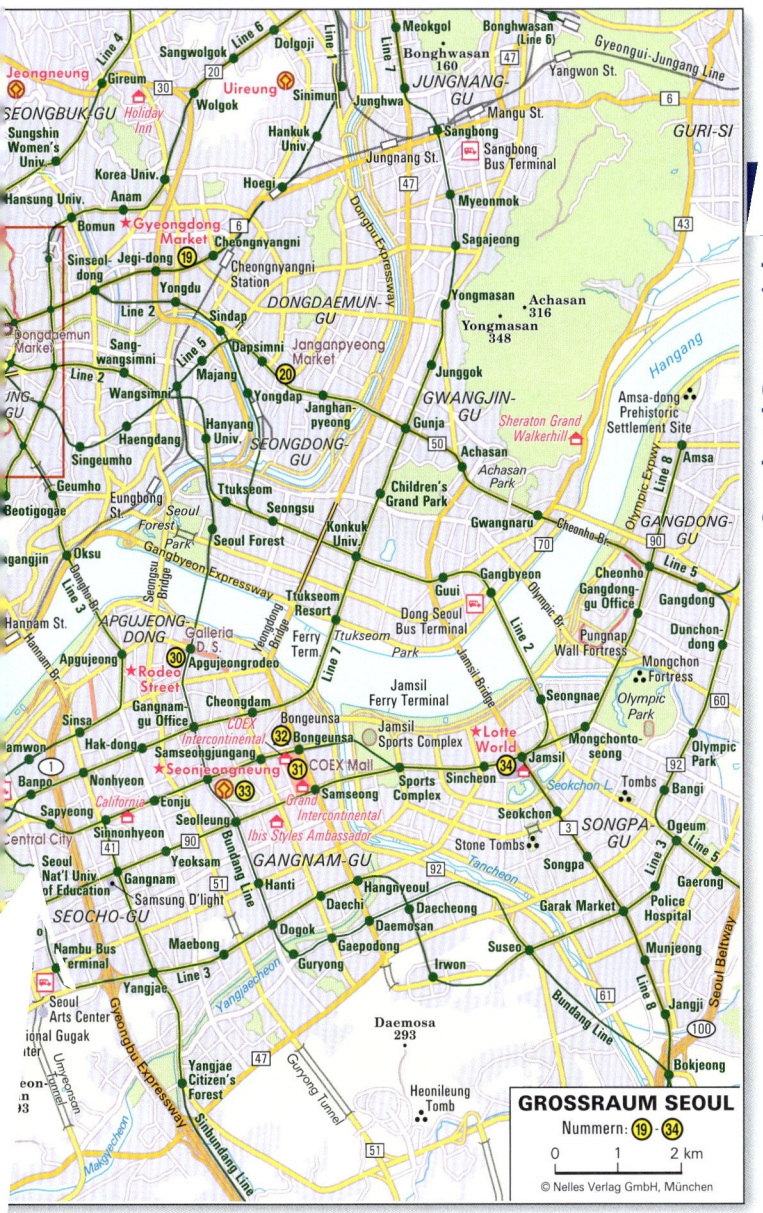

Jeongneung · Gireum · Sangwolgok · Line 6 · Dolgoji · Line 1 · Line 7 · Meokgol · Bonghwasan (Line 6)

Gyeongui-Jungang Line

30 · Uireung · Sinimun · Bonghwasan 160 · JUNGNANG-GU · 47 · Yangwon St. · 6

SEONGBUK-GU · Holiday Inn · Wolgok · 20 · Junghwa · Mangu St. · GURI-SI

Sungshin Women's Univ. · Hankuk Univ. · Sangbong · Sangbong Bus Terminal · 43

Korea Univ. · Anam · Hoegi · Jungnang St. · 47 · Myeonmok

Hansung Univ. · Bomun · ★Gyeongdong Market · 6 · Cheongnyangni · Dongbu Expressway · Sagajeong

Sinseol-dong · Jegi-dong · 19 · Cheongnyangni Station · DONGDAEMUN-GU · Yongmasan · Achasan 316 · Yongmasan 348

Dongdaemun Market · Yongdu · Line 2 · Sindap

JUNG-GU · Line 2 · Sang-wangsimni · Line 5 · Dapsimni · 20 · Janganpyeong Market · Hangang

Wangsimni · Majang · Yongdap · Janghan-pyeong · Junggok · GWANGJIN-GU · Amsa-dong Prehistoric Settlement Site

Haengdang · Hanyang Univ. · Gunja · ★Sheraton Grand Walkerhill · Amsa

Singeumho · SEONGDONG-GU · Achasan · Olympic Line 8

Geumho · Eungbong St. · Ttukseom · Seongsu · Achasan Park · Olympic Expw · GANGDONG-GU

Beotigogae · Seoul Forest Park · Seoul Forest · Konkuk Univ. · Gwangnaru · Cheonho Br. · 90 · Line 5

gangjin · Oksu · Gangbyeon Expressway · Ttukseom Resort · Gwangbyeon · Cheonho · Gangdong

Hannam St. · Seongsu Bridge · Yeongdong Bridge · Ferry Term. · Guui · Dong Seoul Bus Terminal · Olympic Br. · Gangdong-gu Office · Dunchon-dong

APGUJEONG-DONG · Galleria D.S. · Line 7 · Ttukseom Park · Jamsil Bridge · Line 2 · Pungnap Wall Fortress · Mongchon Fortress

Apgujeong · ★Rodeo Street · 30 · Apgujeongrodeo · Jamsil Ferry Terminal · Seongnae · Olympic Park · 60

Gangnam-gu Office · Cheongdam · Bongeunsa · Jamsil Sports Complex · ★Lotte World · Mongchonto-seong · Olympic Park · 92

Sinsa · COEX Intercontinental · 32 · Bongeunsa · 34 · Jamsil · Bangi

amwon · Hak-dong · Samseongjungang · 31 · COEX Mall · Sports Complex · Sincheon · Seokchon L. · Tombs

1 · Banpo · Nonhyeon · ★Seonjeongneung · Samseong Intercontinental · Seokchon · Seokchon Stone Tombs · 3 · SONGPA-GU · Ogeum · Line 5

California · Eonju · 33 · Grand Intercontinental · Ibis Styles Ambassador · Tancheon · Songpa · Gaerong

Sapyeong · Sinnonhyeon · Seolleung · GANGNAM-GU · Stone Tombs · Garak Market · Police Hospital

Central City · 41 · 90 · Yeoksam · Hanti · Hangnyeoul · 92 · Munjeong · Seoul Beltway

Seoul Nat'l Univ of Education · Gangnam · 51 · Samsung D'light · Daechi · Daecheong · Daemosan · Jangji · 100

SEOCHO-GU · Dogok · Gaepodong · Suseo · Line 8

Nambu Bus erminal · Maebong · Guryong · Irwon · Bundang Line · Bokjeong

Yangjae · Line 3 · Yangjaecheon · 61

Seoul Arts Center · ional Gugak · ter · Umyeonsan Tunnel · Daemosa 293

on 3 · Yangjae Citizen's Forest · 47 · Guryong Tunnel · Heonilleung Tomb · 51

Gyeongbu Expressway · Makgyecheon · Sinbundang Line

GROSSRAUM SEOUL
Nummern: 19 34

0 · 1 · 2 km

© Nelles Verlag GmbH, München

Foto: Koreanische Zentrale für Tourismus

ITAEWON

★Leeum Samsung Museum of Art

Der Stadtteil **Itaewon**, im alten Seoul das Wohnviertel der Beamten, wird heute auch das „Globale Dorf" von Seoul genannt, da sich hier die meisten Ausländer niedergelassen haben; über 2000 Geschäfte, zahlreiche **Jazzclubs**, **Restaurants** und **Cafés**, ausgerichtet auf diese Zielgruppe, laden zum Schauen und Verweilen ein, aber die herausragende Sehenswürdigkeit hier ist das ★**Leeum Samsung Museum of Art** 21. Drei Architekten durften den Museumskomplex gestalten. Mario Botta zeichnete für das **Museum 1** verantwortlich, das eine exquisite Auswahl traditioneller Kunst – Kalligrafie, Malerei, Keramik – zeigt. Jean Nouvel entwarf das **Museum 2**, wo moderne koreanische und internationale Kunstwerke ausgestellt werden, während der niederländische Architekt Rem Koolhaas das **Museum 3** für Sonderausstellungen baute.

YONGSAN-GU

★★National Museum of Korea

Mit mehr als 300 000 Exponaten, von denen im Wechsel 15 000 ausgestellt werden, ist das ★★**National Museum of Korea** 22 im Stadtteil Yongsan-gu eines der meistbesuchten Museen der Welt (Eintritt frei) und ein spannendes Fenster in die koreanische Geschichte.

Über die 155 m lange und 25 m breite **Straße der Geschichte**, mit einer prächtigen 13-stöckigen Marmorpagode als Blickfang, geht es durch die **Archäologische Galerie** mit Exponaten aus der Frühgeschichte Koreas über die **Historische Galerie** zur **Galerie der Schönen Künste** mit Werken traditioneller koreanischer Kunst und dann zur **Galerie der Schenkungen**, die von Privatsammlern gespendete Kunstwerke ausstellt. Eine weitere Galerie der Schö-

Oben: Unterwegs im „ Globalen Dorf" Itaewon. Rechts: Die „Straße der Geschichte" im Nationalmuseum.

nen Künste präsentiert koreanisches **Kunsthandwerk**, Seladone, Porzellan und Buddhas. In der **Galerie der Asiatischen Kunst** bekommt man einen Überblick über die Kunst anderer asiatischer Länder.

Yongsan-Elektronikmarkt und l'Park Mall

Shoppen ist eines der Hauptfreizeitvergnügen der Koreaner. Und auch Yongsan bietet reichlich Gelegenheit, vor allem im Bereich Elektronik: Der **Yongsan-Elektronikmarkt** ㉓ soll der größte Asiens sein. In 20 Gebäuden drängen sich an die 5000 Geschäfte, in denen vom Smartphone bis zum Super PC alles zu haben ist. Feilschen ist Pflicht.

Nahebei, in der **l'Park Mall**, bekommt man zudem all das, was der Elektronikmarkt nicht bietet: Mode, Supermarkt und vieles mehr.

MAPO- GU/ SEODAEMUN-GU

Szeneviertel ★Hongdae und Sinchon

★**Hongdae** ㉔ bedeutet „Gebiet an der **Hongik-Universität**", und das steht für eine junge, trendige, lebensfrohe Umgebung rund um eine von Koreas bedeutendsten Kunsthochschulen. Allabendlich strömen junge Koreaner in hunderte von Bars und Clubs, um das Neueste an Techno, Hiphop und House oder einfach nur Rock zu hören – Seoul gilt als Hauptstadt des Underground Rock. Am letzten Freitag jedes Monats ist **Club Day**, dann kommt man zwischen 20 und 6 Uhr mit einem Eintritt in 13 teilnehmende Clubs. Auch Einkaufserlebnisse werden zuhauf geboten. Vom März bis November findet jeden Samstag auf dem Spielplatz vor dem Haupteingang der Universität ein großer **Flohmarkt** statt.

Von der Hongik-Universität reihen sich Richtung Innenstadt im ebenfalls angesagten Viertel **Sinchon** ㉕ weitere

Foto: Koreanische Zentrale für Tourismus

Hochschulen auf, wie die Yonsei-. Ewha- und Sogang-Universität. Somit geht das bunte Treiben hier übergangslos weiter.

Fast alle Geschäfte, Cafés, Restaurants und Kneipen hier haben sich auf das studentische Publikum eingestellt, und ein Schelm, wer Böses dabei denkt, dass die **Fashion Street** mit ihren unzähligen Kleiderläden ausgerechnet vor dem Haupttor der **Ewha-Frauenuniversität** beginnt.

YEOUIDO

Insel Yeouido

Die **Insel Yeouido** ㉖ im Han-Fluss ist das Finanzgesicht der Stadt: Hier stehen die stolzen Neubauten der Banken, die Firmensitze mächtiger Investmentfirmen und die koreanische **Börse**. Das Wahrzeichen der Insel ist jedoch das wuchtige Gebäude der ★**Nationalversammlung**, mit seiner mächtigen Kuppel das größte Parlamentsgebäude Asiens. Durchschnitten wird die Insel vom **Yeouido-Park**, der auf den

Foto: Massimo Borchi /Schapowalow

Hangang-Uferpark zuläuft, von wo **Ausflugsschiffe** ostwärts bis Jamsil fahren. Die zu Parks umgestalteten Ufer des Han-Flusses säumen neue **Radwege**, und so lassen sich Insel und Han-Südufer auch gut per Zweirad erkunden (http://german.visitkorea.or.kr/ger/SI/SI_GE_3_8_1.jsp).

Einmal hier, kann man auch den ★**Noryangjin-Fischmarkt** ㉗ besuchen: Im Angebot ist alles, was das Meer an Spezialitäten hergibt – und in **Garküchen** kann man davon kosten.

SEOCHO-GU

Floating Island *(Sebit Dungdungseom)*

Floating Island ㉘ *(Sebit Dungdungseom)* nahe der Banpo-Brücke besteht aus drei künstlichen Inseln im Han-Fluss mit originell gestalteten,

nachts farbig beleuchteten Gebäuden. Eine Insel soll als Kongresszentrum, eine für Theater und Musik und eine wasserbasierten Vergnügungen dienen.

In der Nähe, an der U-Bahnstation Express Bus Terminal, lädt die **Central City** ㉙ zum Shoppen ein. Zahllose Geschäfte, Restaurants sowie Multiplex-Kinos bieten genügend Abwechslung, um hier den Tag zu verbummeln.

GANGNAM-GU

Apgujeong und COEX-Mall

Die von der Upper Class bevorzugten Viertel **Apgujeong** und **Cheongdam** im modernen „In-Stadtteil" **Gangnam-gu** bieten Einkaufen, Essen gehen und „Clubbing" auf hohem Niveau für die Reichen und Schönen – mit *Gangnam Style* hat der Rapper Psy einen Welthit gelandet. Wer es sich leisten kann, shoppt in der **Apgujeong-ro** – z. B. im luxuriösen **Galleria Department Store** oder bei **Gucci** – oder in deren Einkaufs-Nebenstraße ★**Rodeo Street** ㉚.

Oben: Jung und dynamisch ist die Szene im „In-Stadtteil" Gangnam. Rechts: Das Märchenschloss auf Magic Island, im Vergnügungspark Lotte World.

3

Wer per Ausflugsschiff oder Rad am Fluss entlang bis Jamsil gefahren ist, für den bietet sich ein Abstecher zur **COEX-Mall** ㉛ an, einem der größten unterirdischen Einkaufszentren der Welt, samt **Aquarium** und **Multiplexkino**. Davor prangen zwei überdimensionale gekreuzte Hände: die **Gangnam-Style-Skulptur**. Daneben ragt 228 m hoch der vierstufige **Trade Tower** des **World Trade Center Seoul** auf.

Gegenüber dem Trade Center fällt der Blick auf das von Daniel Libeskind entworfene Bürohaus **Tangente** und weiter westlich, bei der **U-Bahnstation Gangnam** (dem Nabel von Gangnam) auf die Glas-Türme der **Samsung-Zentrale**. In deren Untergeschoss locken **Samsung D'light**, das koreanische Pendant zu den Apple Stores, und viele weitere Luxusgeschäfte. Den ganzen **Gangnam-ro Boulevard** säumen spiegelnde Fassaden.

Foto: Volkmar E. Janicke

Bongeunsa und ★Seonjeongneung

Wer der Konsumwelt den Rücken kehren möchte, sollte den nördlich benachbarten **Bongeun-Tempel** ㉜ *(Bongeunsa)* aufsuchen. Er war in der Joseon-Ära der größte Tempel Seouls, erbaut auf einem seit 794 bestehenden Tempelgelände. 1498 erhielt er seine heutige Form und avancierte zu einem Zentrum des Zen-Buddhismus.

Das ★**Seonjeong-Königsgrab** ㉝ *(Seonjeongneung)*, 1000 m südwestlich in einem schönen Park mit Bänken, zählt seit 2009 zum UNESCO-Welterbe. Unter den drei Grabhügeln ruhen König Seongjong (1469–1494), seine Gattin Jeonghyeon und König Jungjong (1506–1544) aus der Joseon-Ära.

Weitere 18 zwischen 1408 und 1966 angelegte königliche Gräber der Joseon-Dynastie finden sich in und um Seoul. Jedes Grab verfügt über eine Zeremonienhalle, hinter der man über einen von Wächterfiguren flankierten Seelenweg zum Grabhügel kommt. Ihn bewachen steinerne Schafe und Tiger.

SONGPA-GU

★Lotte World

★**Lotte World** ㉞ im Stadtteil Songpa-Gu ist ein Publikumsmagnet: Der „weltgrößte überdachte Vergnügungspark" bietet im Allwetter-Hallenbereich **Adventure** u. a. Achterbahn, Geisterbahn *(Pharaoh's Fury)*, eine Kombination aus Achter- und Geisterbahn *(Comet Express)*, Piratenschiffschaukel, Eislaufbahn und Wasserfahrten. Im Freien lockt **Magic Island** im künstlichen See: mit Märchenschloss, Achterbahnen, Freifallturm *Gyro Drop*, der Megaschaukel *Gyro Swing* und anderen Fahrgeschäften. 200 Darsteller inszenieren die **World Carnival Parade** (14 Uhr und 19.30 Uhr), ein großes Spektakel mit Musik, Gesang und Tanz. Um 21.30 erstrahlen die Beamer der **Lasershow**.

Dazu gesellen sich das **Lotte Hotel**, das Einkaufszentrum **Lotte Department Store**, ein **Volkskundemuseum**, **3-D-Kino** und das **Charlotte Theater** für weltbekannte Musicals wie *Cats*.

» Stadtplan S. 62-63, Info S. 68-69

SEOUL (☎ 02)

TOURIST INFORMATION CENTER: **Gwanghwamun**, 215 Sejongno 1-ga, Jongno-gu, Tel. 735 8688, tgl. 9-22 Uhr, U5: Gwanghwamun, Exit 6.
Insa-dong, Insadong-gil, Insa-dong, Tel. 734 0222, tgl. 10-22 Uhr, U3: Anguk, Exit 6.
Namdaemun-Markt, 49 Namchang-dong, Jung-gu, Tel. 752 1913, tgl. 9-18 Uhr, U4: Hoehyeon, Exit 5.
Itaewon, 127 Itaewon-dong, Yongsan-gu, Tel. 3785 0942, tgl. 9-22 Uhr, U6: Itaewon. Weitere Zentren u. Infos: www.visitseoul.net.

FLUGZEUG: Der **Incheon International Airport** liegt 52 km westlich von Seoul. Von hier fährt der AREX (Airport Express) via Hongik University zur Seoul Station; Busse fahren in alle Stadtteile.
Der **Gimpo International Airport** liegt 18 km westlich der Stadt; ins Zentrum fahren der AREX, die U5 und U9.
BAHN: Ab **Seoul Station** (U1, U4) fahren die meisten Züge (so der schnelle KTX nach Busan u. Mokpo); nach Chungcheongnam-do, Jeollabuk-do, Jeollanam-do auch ab **Yongsan Station** (U1, Jungang Line); Züge ins östliche Gyeonggi-do und nach Gangwon-do auch ab **Cheongnyangni Station** (U1).
BUS: Vom **Seoul Express Bus Terminal** (U3, 7, 9) fahren Busse in alle Landesteile, vom daneben liegenden **Central City Bus Terminal** in den Südwesten und Süden. Weitere Busbahnhöfe: **Dong-Seoul Bus Terminal** (U2, Gangbyeon) für Busse nach Osten u. Südosten, **Sinchon Bus Terminal** (U2, Sinchon, Exit 7) für Busse nach Ganghwa-do.
U-BAHN: Seoul hat 9 Linien plus 5 Linien in die Umgebung. Am einfachsten kauft man an einem Automaten eine T-Money-Karte, die man an allen Stationen aufladen kann. Der Grundbetrag wird vor der Fahrt, Zuzahlungen bei Verlassen der Station abgebucht.
TAXI: Taxis kosten 2400 Won für die ersten 2 km und dann 100 Won je 144 m.

PALÄSTE: **Palast der str. Glückseligkeit (Gyeongbokgung)**, Di gesch., März-Okt. 9-18, Nov.-Feb. 9-17 Uhr, U3: Gyeongbokgung, Exit 5, www.royalpalace.go.kr
Palast der blühenden Tugend (Changdeokgung) und **Geheimer Garten** (*Biwon*, nur mit Führung), Mo geschl., Apr.-Okt. Di-So 9-18.30, Nov. und März Di-So 9-17.30, Dez.-Feb. Di-So 9-17 Uhr, U3: Anguk, Exit 3, www.cdg.go.kr.
Palast der Wunderbaren Segnungen (Changgyeonggung), Dienstag geschl., Apr.-Okt. Mi-Mo 9-18.30 Uhr, Nov. und März Mi-Mo 9-17.30 Uhr, Dez.-Feb. Mi-Mo 9-17 Uhr, U4: Hyewa, Exit 4, http://cgg.cha.go.kr.
Palast der Tugend u. Langlebigkeit (Deoksugung), Montag geschl. Di-So 9-21 Uhr, U 1, 2: City Hall, Exit 2, www.deoksugung.go.kr.
Palast des strahlenden Glücks (Gyeonghuigung), Montag geschl., Di-Fr 9-18 , Sa-So 10-18 Uhr, U 5: Seodaemun, Exit 4.
TEMPEL UND SCHREINE: **Ahnenschrein (Jongmyo)**, Di geschl., Mi-Mo 10, 12, 14, 16 Uhr engl. Führung, U1, 3, 5: Jongno 3-ga, Exit 11, 8, http://jm.cha .go.kr.
Jogyesa, tgl. 4-21 Uhr, U3: Anguk, Exit 6, www.jogyesa.kr.
Bongeun-Tempel (Bongeunsa), tgl. 4-21 Uhr, U2: Samseong, Exit 6 oder U 7 Cheongdam, Exit 2.
MUSEEN: **National Museum of Korea**, Mo geschl., Di, Do, Fr 9-18 Uhr, Mi, Sa 9-21 Uhr, So 9-19 Uhr, U1, 4, Jungang Line: Ichon, Exit 2, www.museum.go.kr, Eintritt frei.
Seoul Museum of Art, Di-So 10-18 Uhr, U 5: Seodaemun, Exit 4, www.seoulmoa.org.
Seoul Museum of History, Di-Fr 9-21 Uhr, Sa-So 9-19 Uhr, U 5: Seodaemun, Exit 4, www.museum.seoul.kr.
National Palace Museum of Korea, Di-Fr 9-18 Uhr, Sa-So 9-19 Uhr, U3: Gyeongbokgung, Exit 5, www.gogung.go.kr.
National Folk Museum of Korea, März-Okt. Mi-Mo 9-18 Uhr, Nov.-Feb. Mi-Mo 9-17 Uhr, U3: Gyeongbokgung, Exit 5, www.nfm.go.kr.
Seoul Metropolitan Museum of Art (*SeMA*), Apr.-Okt. Di-Fr 10-20 Uhr, Sa-So 10-19 Uhr, Nov-März Di-Fr 10-20 Uhr, Sa-So 10-18, Uhr, U 1, 2: City Hall, Exit 2, www.seoulmoa.org.
Namsangol Hanok Village, Mai-Sep. Mi-Mo 9-20 Uhr, Okt.-Apr. Mi-Mo 9-18 Uhr, U3, 4: Chungmuro, Exit 4.
Leeum Samsung Museum of Art, Di-So 10.30-18 Uhr, U6: Hangangjin, Exit 1, http://leeum.samsungfoundation.org.

PARKS UND GÄRTEN: **Namsan-Park**, tgl. 24 Std., U 4: Myeong-dong, Exit 3.

Botanischer Garten, Mai-Sep. tgl. 9-18 Uhr, Okt.-Apr. tgl. 9-17 Uhr, U 4: Hoehyeon, Exit 4.

Seonjeong-Königsgrab *(Seonjeongneung)*, März-Okt. Di-So 6-21 Uhr, Nov.-Feb. Di-So 6.30-21 Uhr, U2: Seolleung, Exit 8.

🍴 *RESTAURANTS*: Kulinarisch interessante Gegenden sind **Insa-dong**, **Bukchon**, das Univiertel **Hongdae** und **Itaewon**. Für Freunde preiswerter asiatischer Küche ideal sind die **Foodcourts** der Einkaufszentren, mit verschiedensten Garküchen.

Top Cloud, koreanische und internationale Menüs, tolle Aussicht, tgl. 12-14.30 und 18-22 Uhr, 33rd/Fl, Jongno-Tower, Tel. 2230 3000, U1: Jonggak, Exit 3, www.topcloud. co.kr.

Jirisan, berühmt für authentische koreanische Hausmannskost, Insadong 3-gil, Insa-dong, Tel. 723 7213, U3: Anguk, Exit 6.

Korea House, leckere koreanische Menüs mit Musik- und Tanzvorführungen um 19 und 20.50 Uhr, 80-2, Pildong 2-ga, Jung-gu, Tel. 2266 9101, U3, 4: Chungmuro, Exit 3, www.koreahouse.or.kr.

Sanchon, buddhistische vegetarische Küche mit Musikdarbietungen um 20.15 Uhr, 14 Gwanhun-dong, Jongno-gu, Tel. 735 0312, U3: Anguk, Exit 6, www.sanchon.com.

🍸 **Ausgehviertel** mit Bars, Kneipen und Clubs sind: **Itaewon** (mit teils etwas zwielichtigen Bars; U6: Itaewon); die Univiertel **Hongdae** (U2: Hongik University; rund um die Hongik-Uni) und **Sinchon** (U2: Sinchon); die Umgebung des U-Bahnhofs **Gangnam** (U2: Gangnam); und **Apgujeong-dong** (U3: Apgujeon).

Rotlichtbezirke sind Cheongnyangni 588, Yongsan Station und Mia-ri.

M2 The Club, drei Barbereiche, riesige Tanzfläche, cooles Publikum, einer der besten Clubs in Hongdae, 121-210 Ohoo B/D, 367-11 Seogyodong, Mapu-gu, www.ohoo. net/m²/, So-Do 21-5, Fr-Sa 19-6 Uhr, U2: Hongik University, Exit 5.

Club Volume, Party, hippes Publikum, so tanzt Seoul ins Wochenende, Itaewon, Banporo, tgl. 21-6 Uhr, U6: Itaewon, Exit 6.

Oi, Seouls fantasievollste Bar, gestaltet frei nach Alice im Wunderland, So-Do 14-3 Uhr, Fr-Sa 14-5 Uhr, U2: Hongik University, Exit 5.

🎭 **Nanta Theater**, witzige Percussion-Performance von „Köchen", international bekannt, ein Muss; Spielorte: **Myeong Dong**: Unesco Building 3F, 50-14, Myeong Dong 2 Ga, Jung Gu; **Hongdae**: Yellow Stone Bldg. B2&B3, 357-5, Seokyo-dong, Mapo-Gu; **Gangbuk Jeong Dong**: Kyunghyang Shinmun Bldg. 1F, 22, Jeong-dong, Jung-gu. http://nanta.i-pmc.co.kr

Seoul Arts Center, Nationalballett, Modern Dance, Oper, Musical, Theater, 2406 Nambu-Sunhwan-ro, Seocho-gu, Tel. 580 1300, U3: Nambu Bus Terminal, Exit 5, www.sac.or.kr.

National Gugak Center, klass. koreanische Musik, 700 Seocho-dong, Seocho-gu, Tel. 580 330, U3: Nambu Bus Terminal, Exit 5, www.gugak. go.kr.

Chongdong Theater, traditionelle Darstellende Künste, 43 Jeongdong-gil, Jung-gu, Tel. 751 1500, U1, 2: City Hall, Exit 1, www.chongdong.com.

National Theater (National Dance Company, National Drama Company und Nationalorchester), San 14-67, Jangchungdan-gil 59, Jung-gu, Tel. 2280 4114, U3: Dongguk University, Exit 6, www.ntok.go.kr.

🎡 **Lotte World**, Mo-Do 9.30-22 Uhr, Fr-So 09.30-23 Uhr, U2, 8: Jamsil, Exit 3, www.lotteworld.com.

Lotoslaternen-Festival zu Buddhas Geburtstag Anfang Mai, 100 000 Lotoslaternen erleuchten den Stadtteil Jongno, Höhepunkt: der Laternenumzug, Infos: www.llf.or.kr.

Seoul Lantern Festival: Mitte November treiben fantasievolle Leuchtfiguren auf dem Cheonggyecheon.

HI Seoul Festival, größtes Festival der Stadt im Mai mit Musik, Zirkus, Events usw., Infos: www. hiseoulfest.org.

🛍️ **Janganpyeong Antiquitätenmarkt**, tgl. 9-19 Uhr, U5: Dapsimni, Exit 2.

Yangnyeong-Heilkräutermarkt, größter Heilkräutermarkt Südkoreas, Mo-Sa 9-19 Uhr, U1: Jegi-dong, Exit 2.

Lotte Department Store, Großkaufhaus mit gutem Food Court, Sogangdang, Jung-gu, tgl. 10.30-20 Uhr, U2: Euljiro-1-ga, Exit 8.

COEX Mall, riesige unterirdische Shopping Mall, 159 Samseong dong, Gangnam-gu, U 2: Samseong, Exit 6, www.coex.co.kr.

Foto: Koreanische Zentrale für Tourismus

NÖRDLICHES GYEONGGI-DO

★Bukhansan-Nationalpark

Gleich im Norden Seouls breiten sich die granitenen Gipfel des Bukhansan aus. Diese wilde und dennoch gut erschlossene Gebirgsregion sorgt nicht nur für das gute Fengshui der Stadt, sondern beschert ihr auch eine hohe Lebensqualität, denn der ★**Bukhansan-Nationalpark ❷** lässt sich bequem mit der U-Bahn erreichen. Ein anderer Name dafür ist **Drei-Hörner-Berg (Samgaksan)**, da der Gebirgszug von den drei Gipfeln Baegundae (836 m), Insubong (810 m) und Mangyeonbong (799 m) geprägt wird.

Eine der beliebtesten Wanderrouten im südlichen Teil des Nationalparks ist der 3,4 km lange und etwa zwei Stunden in Anspruch nehmende ★**Bukhansanseong-Trail**, der vom ehemaligen **Westtor** *(Daeseomun)* zum Gipfel des **Baegundae** führt und am **Bori-Tempel** *(Borisa)* vorbeiführt. Unterwegs bieten sich großartige Ausblicke auf die **Nordhan-Bergfestung** *(Bukhansanseong)*, die König Sukjong 1711 hatte anlegen lassen, nachdem man den Fähigkeiten der Berge zur Dämonenabwehr nicht mehr recht traute. Die Festungsmauer zieht sich 8 km lang über sieben Gipfel der Bergregion und wurde von acht Haupttoren und mehreren Nebentoren unterbrochen. Ein Arm verband die Festung direkt mit der Stadtmauer.

Wer längere und anspruchsvollere Wanderungen unternehmen möchte, kann mit der U-Bahn bis in den Nordteil des Parks fahren, wo die wilden Landschaften rund um den ★**Dobongsan** (740 m, auch Wondobong genannt) einfache bis schwierige Routen jeder Couleur bieten.

Links: Umzug in historischen Kostümen beim Hwaseong-Kulturfestival in Suwon.

★Entmilitarisierte Zone (DMZ)

Über 60 Jahre ist es her, dass Nordkorea in Südkorea einmarschiert ist, um es gewaltsam wiederzuvereinigen. 1953 wurde im Rahmen des Waffenstillstandsabkommens die rund 241 km lange und 4 km breite ★**Entmilitarisierte Zone** *(DMZ, Demilitarized Zone)* geschaffen. Die Zone, die für Krieg und Frieden, Teilung und Wiedervereinigung steht, ist nicht nur ein Refugium für seltene Tiere und Pflanzen, sie bietet auch einen beklemmenden Blick in die Welt des Kalten Krieges, der hier noch immer schwelt. Wer nicht nur die Randgebiete wie **Imjingak** und den **Invasionstunnel** besuchen möchte, sondern auch die **Joint Security Area** (JSA) in **Panmunjeon**, muss sich einer organisierten Tour anschließen.

Imjingak

Auf allen DMZ-Touren wird man zunächst die Parkanlage **Imjingak ❸** am Südufer des Imjin-Flusses anfahren. Dies ist der am nördlichsten gelegene Ort, den man ohne Sondergenehmigung besuchen darf. Außer dem kleinen Rummelplatz steht hier alles unter dem Motto der leidvollen Trennung beider Koreas. So kann man das von einer Bombe im Koreakrieg getroffene, rostige Wrack des Zuges „**Eisernes Pferd, das laufen möchte**" umrunden. Es wurde als Symbol für die unterbrochene Eisenbahnverbindung zwischen Nord- und Südkorea an seinem Unglücksort belassen.

Bewegend ist der Besuch der **Brücke der Freiheit**, auf der im Jahr 1953 über 13 000 Kriegsgefangene nach Südkorea in die Freiheit entlassen wurden. Bis 1998 war dies der einzige Zugang nach Panmunjeom. Ein **Gedenkaltar** erinnert schließlich noch an die gewaltsame Trennung von Millionen koreanischer Familien, die oft bis heute keinen Kontakt mehr zueinander haben dürfen.

Seoul und Gyeonggi-do **3**

» Karte S. 46-47, Info S. 85

Foto: Tatiana Grozetskaya (Dreamstime)

★Panmunjeom

Nach einer Einführung im schwer bewachten **Camp Bonifas** fährt man mit Militärbussen hinein in die Entmilitarisierte Zone. Inmitten der Gemeinsamen Sicherheitszone (Joint Security Area, JSA), umgeben von Wachtürmen beider Koreas, stehen die geschichtsträchtigen blauen **Baracken** von ★**Panmunjeom** ❹, in denen 1953 der Waffenstillstand unterzeichnet wurde. Der **38. Breitengrad** läuft mitten durch die Baracken, markiert durch exakt platzierte Mikrofone auf den Tischen. Dies ist der einzige Ort, an dem Gespräche zwischen Nord- und Südkorea stattfinden. Interessanterweise darf man Panmunjeom als westlicher Besucher auch von Nordkorea aus besuchen.

Nur 400 m von der Demarkationslinie und 1 km von Panmunjeom ragt

ein gigantischer **Flaggenmast** auf. Er befindet sich auf nordkoreanischem Territorium, in Sichtweite von dem streng bewachten **Dorf der Freiheit *(Daesong-dong)***, der mit rund 250 Einwohnern einzigen Siedlung innerhalb der DMZ, die deshalb steuerbefreit ist.

Dora-Observatorium

Der nächste Stop der Tour ist das **Dora-Observatorium** ❺ auf dem Dorasan, das Blicke nach Nordkorea erlaubt. Mit einem Fernglas kann man bis zur Sonderwirtschaftszone Gaesong, der fünftgrößten Stadt Nordkoreas schauen, wo es südkoreanischen Unternehmen erlaubt ist zu investieren. Am Fuß des Bergs glänzt die moderne **Dorasan Station**, der letzte Bahnhof auf südkoreanischem Boden – dieser Geisterbahnhof existiert für den Fall, dass es einmal zur Wiedervereinigung und Bahnverkehr mit Pjöngjang kommt. Am Fahrkartenschalter bekommt man bislang aber nur Eintrittskarten für die verwaisten Bahnsteige.

Oben: Der Bukhansan-Nationalpark, Erholungsgebiet der Seouler. Rechts: Die Baracken von Panmunjeom am 38. Breitengrad symbolisieren das seit 1953 geteilte Korea.

Foto: Thomas Stankiewicz

★Dritter Invasionstunnel

Schon 1974 fand man durch einen Zufall den ersten von bislang vier bekannten Tunneln, die Nordkorea für militärische Infiltrationen nach Südkorea nutzen wollte. 1978 wurde der ★**Dritte Invasionstunnel** ❻ gefunden. Getarnt als Kohlemine, ist er insgesamt 1635 m lang, 2 m breit und 2 m hoch. Ein 358 m langes Teilstück, das man mit einer **Tunnelbahn** erreicht, ist für Besucher zugänglich.

Heyri Art Village

Etwa 10 km südlich der Entmilitarisierten Zone empfiehlt sich ein Abstecher in den Ort **Heyri** ❼, was „Dorf der Literatur und Weisheit" bedeutet – Heyri sollte ein Dorf des Buches und mit dem nahen Druckereizentrum Paju verknüpft werden. Heute hat sich der Ort in ein **Künstlerzentrum** mit rund 370 Einwohnern – die meisten Schriftsteller, Künstler und andere kreative Zeitgenossen – verwandelt und bildet

einen eindrucksvollen Kontrast zu der ziemlich bedrückenden Atmosphäre der Grenzregion.

Außergewöhnliche Architektur, allgegenwärtige Skulpturen und kleine Museen wie das gut gemachte ★**Museum of Modern History of Korea**, Cafés und Boutiquen lohnen den Besuch.

Odusan Unification Observatory

Auf dem Weg von Heyri nach Süden passiert man das **Odusan Unification Observatory** ❽, das auf dem 140 m hohen Berg Odusan steht. Von hier hat man nicht nur eine schöne Aussicht auf die beiden Flüsse Hangang und Imjingang, sondern auch freien Blick auf Nordkorea, das hier nur 460 m entfernt jenseits des Zusammenflusses beginnt. Dieses Gebiet bildet die schmalste Stelle der Waffenstillstandlinie, ist schwer bewacht und entlang der gesamten Flussufer bis hin nach Seoul eingezäunt, nachdem nordkoreanische Soldaten versucht hatten, sich unter Wasser nach Südkorea treiben zu lassen.

Ganghwa-do

Die Insel **Ganghwa-do** diente im Lauf der Geschichte immer wieder als Fluchtburg für die koreanischen Könige. Als die Mongolen die Halbinsel überrannten, floh König Gojong auf das Eiland. Ganghwa-do blieb der einzige Flecken des Landes, den die Reiterhorden nicht einnahmen, und so etablierte der König hier seine kleine Hauptstadt und ließ die Insel mit Festungsmauern sichern. Erst 1270 kam es zu einer Einigung mit dem Mongolenreich, und der König konnte wieder in seine Hauptstadt Songdo, das heutige Gaesong in Nordkorea, ziehen. 1636 floh der Hof vor den Mandschu auf die Insel, doch diesmal wurde sie erobert, und die Eindringlinge nahmen den gesamten Hofstaat als Geisel, bis Joseon die Oberhoheit Chinas anerkannte. Im 19. Jh. versuchten erst Franzosen, dann Amerikaner und schließlich Japaner, über diese Insel militärisch in das Einsiedlerreich einzudringen.

Ganghwa-eup

Der Hauptort der Insel und der beste Ausgangspunkt für Besichtigungen ist **Ganghwa-eup ❾**. Im Ort selbst sind auf einer Anhöhe noch die Reste des Palastes, der 1232 und 1636 als **Königspalast (Goryeongungji)** gedient hatte, zu sehen. 1866 zerstörte die französische Marine die Anlage und große Teile der einst 18 km langen Stadtmauer bei einem Angriff. Teile der alten Befestigung wurden ab 1974 restauriert, so die Mauerabschnitte am **Süd-**, **West-**, **Nord-** und **Osttor**.

Östlich der Stadt gelangt man zum alten **Fort Gapgot (Gapgot Dondae)**, das als Teil der Verteidigungsanlagen der Insel den Fährübergang kontrollierte. Neben acht Kanonen besichtigt man hier die **Ganghwa History Hall**, in der

unter anderem eine große **Bronzeglocke** ausgestellt ist, die einst im Palast hing und das Öffnen und Schließen der Stadttore ankündigte.

★Ganghwa-Dolmen (Ganghwa Jiseongmyo)

Auf Ganghwa gibt es noch 120 Dolmen; sie zählen zum UNESCO-Welterbe. Die größte dieser bronzezeitlichen Grabanlagen ist die ★**Ganghwa-Dolmenstätte ❿ (Ganghwa Jiseongmyo)** nordwestlich von Ganghwa-eup. Die Stützsteine dieses mächtigen Grabs, das ein schöner **Park** umgibt, haben eine Höhe von 2,5 m, während der Deckstein eine Länge von 6,4 m und eine Breite von 5,2 m aufweist.

★Tempel der vererbten Lampe (Jeondeungsa)

Im Süden der Insel kann man dem ältesten noch bestehenden Kloster Koreas, dem ★**Tempel der vererbten Lampe ⓫ (Jeondeungsa)** einen Besuch abstatten und sogar an einem **Templestay-Programm** teilnehmen. Der ungewöhnliche Name rührt von einer Jadelampe her, die Königin Jeonghwa 1299 dem Tempel vermacht hatte. Die Gründung dieses reizvollen, innerhalb eines eindrucksvollen, rund 1,5 km langen Festungsrings gelegenen Tempels soll auf den Mönch Ado, der im Königreich Goguryeo den Buddhismus eingeführt hatte, und das Jahr 381 zurückgehen. Die heutigen Gebäude entstanden 1615-1621. Seine Berühmtheit verdankt der Tempel dem hier zwischen 1235 und 1251 geschaffenen und verwahrten buddhistischen Kanon, der berühmten *Tripitaka Koreana*. Die 81 258 hölzernen Druckstöcke versteckte man später im Haein-Tempel (*Haeinsa*, s. S. 180) in der Provinz Gyeongsangnam-do, wo sie bis heute lagern. 120 **Druckstöcke**, der Inhalt einer vollständigen Sutra, sind allerdings noch immer in der Haupthalle zu bewundern.

Rechts: Festlich mit Papierlaternen geschmückt – der Bomun-Tempel auf der Insel Seongmo-do.

Foto: Koreanische Zentrale für Tourismus

3 Seoul und Gyeonggi-do

Manisan

Östlich des Jeondeungsa erhebt sich der 469 m hohe **Manisan** ⑫: der höchste Berg der Insel und der heiligste Berg Koreas. Rund eine Stunde benötigt man für die mehr als 900 Stufen zum Gipfel. Oben wird man belohnt mit einer fantastischen **Aussicht** und dem Blick auf den **Himmelsaltar** *(Chamseongdan)*, eine Steinaufschichtung mit Ringmauer. Den Altar soll 2333 v. Chr. Dangun, der Gründer des Königreichs Gojoseon, errichtet haben, um hier seinen Ahnen zu opfern.

Bis heute feiert man an diesem Ort alljährlich am 3. Oktober den „Tag der Öffnung des Himmels", Südkoreas Nationalfeiertag zur Staatsgründung Gojoseons durch Dangun.

★Bomun-Tempel
(Bomunsa)

Der herrlich gelegene ★**Bomun-Tempel** ⑬ *(Bomunsa)* steht auf der Ganghwa-do vorgelagerten **Insel Se-**

ongmo-do, die man nach einer zehnminütigen Fährfahrt vom Fährhafen Oepo-ri erreicht. Die an einem Berghang stehende, 635 gegründete Tempelanlage ist der **Göttin der Barmherzigkeit** *(Gwanseeum Bosal)* geweiht, der weiblichen Form des Bodhisattva Avalokiteshvara, deren Skulptur in der **Avalokiteshvara-Halle** *(Wontong-jeon)* zu sehen ist. Sie wird vor allem von Frauen angebetet, die sich von ihr die Geburt eines Sohnes erhoffen.

Die ★**Haupthalle** befindet sich unter einem mächtigen Felssturz in einer Höhle und ist über einen malerischen Zugang bei alten Wacholder- und Ginkgo-Bäumen durch drei Arkaden zu erreichen. Eine weitere Halle birgt einen (in Südkorea seltenen) **Schlafenden Buddha**: eine liegende, den Buddha beim Eingehen ins Nirvana zeigende Skulptur. Serpentinen führen schließlich hinauf zum **Augenbrauen-Buddha**, der in eine gekrümmte Felswand gemeißelt wurde. Das grobe Relief ist 10 m hoch und 4 m breit und blickt schützend auf das Gelbe Meer.

» **Karte S. 46-47, Info S. 85**
75

GYEONGGI-DO

CHINATOWN

Station
Paeru
Incheon
Paradise
Moebungil
Gate
MacArthur
Jayu-Park
Walls
Konfuzius
Border
Stairway
Gate
Jung-gu
District Hall
Museum of
Modern
Construction
*Harbor
Park*

0   200 m

INCHEON METROPOLITAN CITY

Incheon
Asian Games
Stadium

Gyeongmyeongno

SEO-GU

Seoul

*Baekma
Park*

*Hobong
Park*

*Baegun
Park*

YEONGJONG-DO

Pier

Ferry

Outer Harbour

D O N G - G U

Dongincheon

Dongincheon

Line 1

Dowon

Rose Motel

Jemulpo

Dohwa

Juan

*Subong
Park*

Incheon City Hall

Dongam

Ganseok

Arts Center

WOLMI-DO
Ferry Terminal

*Wolmi-do
Park*

Incheon

★*CHINATOWN*

*Inner
Harbour*

JUNG-GU

Ferry
Terminal

*South

Harbour*

Intercity
Bus Terminal

NAM-GU

Injuro

Express
Bus Terminal

Munhak
Sports
Complex

Jeju

Incheon Intl. Airport

*YELLOW

SEA*

★*Incheon Bridge*

Munhak

Songdo

Line K4

Munhaksan
•213 ▲

Fortress

Seonhak

Incheon Metropolitan
City Museum

Incheon Landing Operation
Memorial Hall

*Ramada
Songdo*

Yeonsu

Sinyeonsu

Woninjae

Namdong
Induspark

International
Business District

Line J1

Central Park

★*Northeast Asia
Trade Tower*

★*SONGDO
NEW CITY*

Univ. of Incheon

Campus Town

Technopark

BIT Zone

Dongchun

Y E O N S O - G U

Dongmak

Hogupo

INCHEON ⑭

0   1   2 km

© Nelles Verlag GmbH, München

76

Incheon

Die meisten Korea-Besucher landen zwar auf dem **Incheon International Airport**, sehen die Skyline der 2,7 Millionen-Stadt **Incheon ⑭** aber nur aus der Ferne. Dabei tut die Stadtverwaltung viel, um sich vom übermächtigen Nachbarn Seoul abzusetzen und die Stadt für Besucher interessanter zu machen. Besonders die bunte, lebhafte Chinatown ist einen Besuch wert. Bekanntheit erlangte schon im 19. Jh. als Einfallstor nach Korea Bekanntheit: Hier betraten 1883 die ersten Ausländer das bis dato abgeschottete Land. 1950 diente Incheon General MacArthur's UNO-Truppen als Hintertür zur Rückeroberung Südkoreas. Heute verfügt die viertgrößte Stadt Südkoreas über einen der größten Häfen des Landes, der aus dem ersten, 1883 angelegten Kai hervorgegangen ist, über den größten Flughafen und den wichtigsten Hafen für Passagierfähren nach China.

Stadtbesichtigung

Ein guter Startpunkt für die Besichtigung des alten Stadtzentrums ist der **Jayu-(Freiheits-)Park ①**. Er wurde bereits 1888, fünf Jahre nachdem die ersten Ausländer durch Incheon spazierten, eröffnet – der erste im westlichen Stil angelegte Park Koreas. Von der höchsten Stelle blickt man auf die Altstadt, die dem Hafen vorgelagerte Halbinsel Wolmi-do, die Insel Yeongjong-do in der Ferne und den Flughafen. 1982 wurde im westlichen Parkbereich ein **Monument** zur Erinnerung an 100 Jahre koreanisch-amerikanische Beziehungen aufgestellt. Bereits seit 1957 steht im südlichen Teil des Parks eine **Statue von General MacArthur**. Man kann von der Statue den Stufen bergab folgen und zur **Jung-gu District Hall ②**, dem 1883 erbauten alten japanischen Konsulat gehen. In der südlichen Parallelstraße passiert man drei in den 1890er Jahren erbaute **japanische**

Bankgebäude aus der Zeit, als Korea ausländische Handelsfirmen ins Land lassen musste. Im mittleren der drei Bauwerke, der alten 18. Bank, beleuchtet heute das interessante **Museum of Modern Construction ③** die frühe westliche Architektur und die Entwicklung dieses Viertels. Von hier läuft man ein Stück nach Westen bis zur Kreuzung, wo man rechts abbiegt. Man steigt nun die von Granitlaternen flankierten Treppen des **Border Stairway ④** hinauf, die früher das **Japanische Viertel** auf der rechten von **★Chinatown** auf der linken Seite trennten. Oben trifft man auf eine **Konfuzius-Skulptur ⑤**, an der man links abbiegt und zwischen zwei **Mauern ⑥**, auf denen bunte Bilder die Geschichte der Hafenregion illustrieren, entlang geht. Am Ende der Straße erreicht man das **Paeru ⑦**, ein prachtvolles Schmucktor, das den Zugang zur alten, wiederbelebten Chinatown markiert, wo viele **chinesische Lokale** und Shops locken.

Die **Meerespromenade** der Halbinsel **Wolmi-do ⑧** dominieren gut besuchte **Sushi-** und **Seafood-Lokale**, von denen man den Sonnenuntergang beobachten kann. Als Kulturstraße zieht sie aber auch viele Straßenkünstler an und dient oft als Bühne für Theater- und Tanzvorführungen..

★Songdo New City

Incheons neuer Stadtteil **★Songdo New City** (*Songdo International Business District*) – mit der Flughafeninsel Yeongjong-do durch die spektakuläre Schrägseilbrücke **★Incheon Bridge ⑨** direkt verbunden – ist ein Symbol für Südkoreas Zukunft; hier soll „nachhaltig", nach ökologischen Standards, gebaut werden, mit grünem Central Park, Radwegen, E-Auto-Ladestationen und pneumatischer Abfallentsorgung. Das Bauland hat man dem Meer abgerungen. Hier sind Hochhäuser geplant. Bereits eröffnet wurde der markante Wolkenkratzer **★Northeast Asia Trade**

Tower ⑩ – 305 m hoch, mit Aussichtsdeck im 65. Stock.

Einen Blick in die Vergangenheit ermöglicht in Songdo die **Incheon Landing Operation Memorial Hall** ⑪, in der es eine Ausstellung zum Koreakrieg gibt. Gleich nebenan steht das **Incheon Metropolitan City Museum** ⑫, das über eine hervorragende Sammlung von Seladon verfügt und interessante archäologische Funde und historische Artefakte aus der Region zeigt.

8 km südlich von Songdo, an der künstlichen Sihwa-Lagune bei Ansan, ging 2011 das mit 254 MW weltgrößte **Gezeitenkraftwerk** ans Netz, das jährlich 315 000 t CO_2-Emissionen einsparen soll. In 22 m Tiefe produzieren Turbinen Strom für 500 000 Menschen. Der Tidenhub beträgt hier fast 8 m.

Oben: Der Northeast Asia Trade Tower überragt Incheons schnell wachsenden neuen Stadtteil Songdo New City.

SÜDLICHES GYEONGGI-DO

★Namhan-Sanseong-Provinzpark

Rund 25 km südöstlich der Innenstadt von Seoul diente die **Süd-Han-Bergfestung** *(Namhan Sanseong)* in der Frühzeit Koreas als Bollwerk gegen Eindringlinge in das Han-Tal (UNESCO-Welterbe). Rund um die alte Festung erstreckt sich der 36 km² große ★**Namhan-Sanseong-Provinzpark** ⑮, eine dicht bewaldete Bergregion. Man kann die Befestigungsanlage in zwei bis drei Stunden auf Wegen auf oder neben der Mauer umrunden, wobei der Teil zwischen Süd- und Nordtor am besten ausgebaut ist. Wanderwege führen aber auch kreuz und quer durch das Parkareal, vorbei an schamanistischen Heiligtümern, buddhistischen Einsiedeleien, kleinen Klöstern, Pavillons und Inschriftenstelen.

König Injo (reg. 1623-1649) ließ das Fort auf dem Gipfel zum Schutz der südlichen Zugänge zur Hauptstadt bauen. Die Mauer der Zitadelle war 8 km lang mit vier Haupt- und 17 Nebentoren. Beim Mandschu-Einfall 1636 verschanzte sich König Injo mit 14 000 Soldaten und 2000 Gefolgsleuten in der Festung, die zwar nicht erobert, aber doch nach 45 Tagen ausgehungert werden konnte. Mit Anerkennung der chinesischen Oberhoheit über Korea begann die Anlage zu verfallen. Heute sind alle Tore wieder rekonstruiert und vor allem das **Südtor** ist ein eindrucksvolles Beispiel der Architektur der Joseon-Ära. Auf halbem Wege zwischen Süd- und Westtor passiert man den **Ausguck des Befehlshabers der Verteidigung *(Sueojang-dae)***, von dem König Injo das riesige Heerlager der Mandschus am Han-Fluss beobachtete. Im Volksmund wurde der Ausguck später nur noch „Halle des Nicht-Vergessens" genannt, in Gedenken an die erlittene Schmach der Niederlage.

★Seoul Grand Park

Der ★**Seoul Grand Park** ⑯ ist tatsächlich groß, und abwechslungsreich: Um den weitläufigen ★**Zoo** herum, der auch **Delfin- und Seelöwenshows** bietet, gruppieren sich der Botanische Garten, der Vergnügungspark **Seoul Land** und das National Museum of Contemporary Art. Heute kann man auf dem Gelände über 3400 Tiere von 360 Arten bewundern, vom Karakal bis zur Giraffe, zudem unzählige Krabbeltierchen in einem gut gemachten **Insektarium**. Im ★**Botanischen Garten** gedeihen unter Glas 2500 seltene Pflanzenarten.

Auch Wandern ist möglich, ein 7,4 km langer **Wanderweg** führt durch die Hügel rund um den Zoo.

Wer moderne Kunst schätzt, kommt im **National Museum of Contemporary Art** auf seine Kosten: Auf drei Etagen bekommt man hier einen Eindruck von zeitgenössischem Kunstschaffen; „The more, the better" heißt eine 22 m hohe Installation aus 1003 Monitoren des weltbekannten koreanischen Videokünstlers Nam June Paik.

Everland

1975 eröffnet, ist **Everland** ⑰ der größte in privatem Besitz befindliche Themenpark Südkoreas und der viertgrößte der Welt. Er ist im Stil Disneylands in verschiedene Bereiche mit zahlreichen, für Nervenkitzel sorgenden Attraktionen, einem kleinen **Zoo** und einem **Safaripark** aufgeteilt. Angeschlossen, aber über einen separaten Zugang zu erreichen, ist die **Caribbean Bay**, ein spektakulärer Wasserpark mit Schwimmbädern, Wasserrutschen und diversen weiteren Attraktionen. Abends gibt es Paraden und Feuerwerk.

Vom Haupteingang fahren parkeigene Busse zum ebenfalls zu Everland gehörenden ★**Hoam Art Museum**, das die größte und exquisiteste private Kunstsammlung Koreas ausstellt. Es enthält 2000 Stücke aus der Privatsammlung von Lee Byung-chull, dem Gründer der Samsung-Gruppe, sowie weitere 13 000 Malereien, Keramiken, Skulpturen und Kunsthandwerksgegenstände aus allen Dynastien. Dem Museum vorgelagert ist der bezaubernde ★★**Hee Won-Garten**, der im klassischen koreanischen Stil angelegt eine Alternative zu dem lärmigen Vergnügungspark zu seinen Füßen bietet.

★Suwon

★**Suwon** ⑱, die Hauptstadt der Provinz Gyeonggi, ist die eindrucksvollste Festungsstadt Südkoreas. Erst 1949 erhielt Suwon den Status einer Stadt und 1967 zog die Verwaltung der Provinz Gyeonggi hierher um. Heute ist Suwon mit über einer Millionen Einwohnern die achtgrößte Stadt Südkoreas.

Der Name Suwon bedeutet Wasserquelle, da die Tiefebene um die Stadt jahrhundertlang für ihre Süßwasserquellen berühmt war. Der Gründung Suwons liegt allerdings eine düstere Geschichte zugrunde. Die Tochter des schon lange regierenden und im Alter senil werdenden Königs Yeongjo (reg.

3

Seoul und Gyeonggi-do

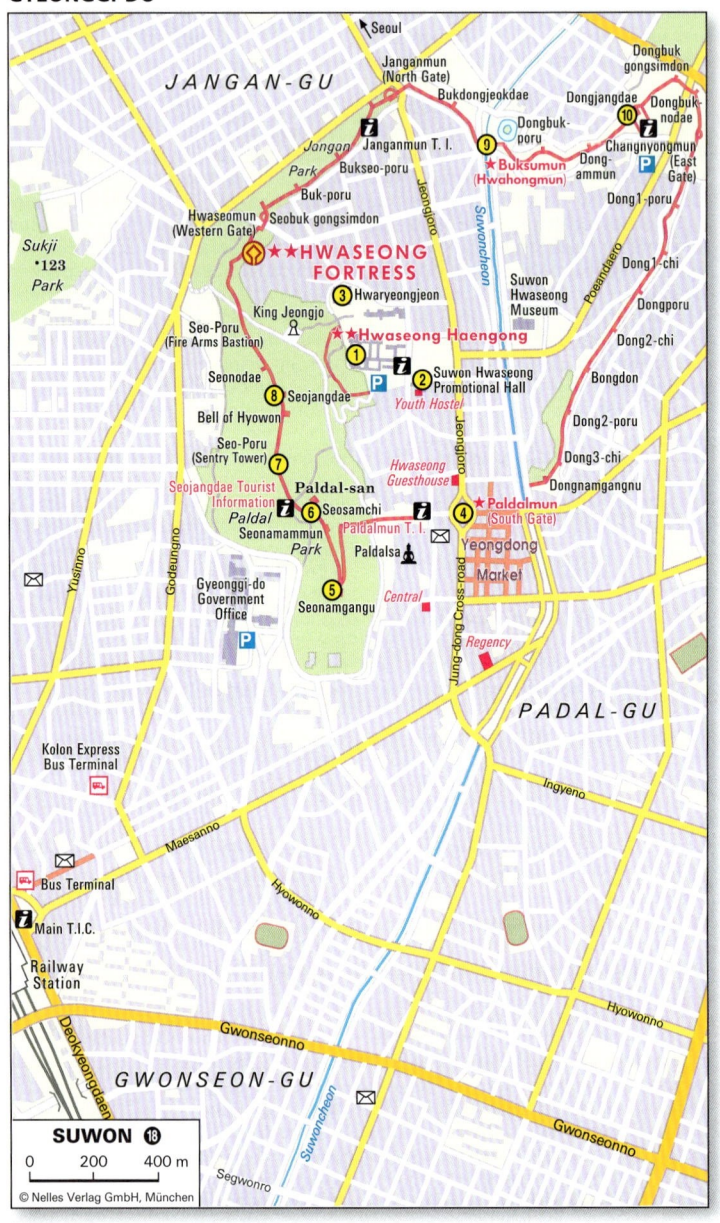

JANGAN-GU

↑ Seoul

Janganmun
(North Gate)

Bukdongjeokdae

Dongbuk
gongsimdon

Dongjangdae

Dongbuk-
nodae

Dongbuk-
poru

🛈 Janganmun T. I.

Jangan
Park

Bukseo-poru

Buk-poru

★ Buksumun
(Hwahongmun)

Dong-
ammun

Changnyongmun
(East
Gate)

Hwaseomun
(Western Gate)

Seobuk gongsimdon

★★HWASEONG
FORTRESS

Sukji
•123
Park

King Jeongjo

③ Hwaryeongjeon

Seo-Poru
(Fire Arms Bastion)

Dong1-poru

Suwon
Hwaseong
Museum

Dong1-chi

Dongporu

★ Hwaseong Haengong

Seonodae

⑧ Seojangdae

② Suwon Hwaseong
Promotional Hall
Youth Hostel

Dong2-chi

Bongdon

Bell of Hyowon

Dong2-poru

Seo-Poru
(Sentry Tower)

⑦

Hwaseong
Guesthouse

Dong3-chi

Paldal-san

Dongnamgangnu

Seojangdae Tourist
Information 🛈

⑥ Seosamchi

★ Paldalmun
(South Gate)

④

Paldal
Seonamammun
Park

Paldalmun T. I.

Yeongdong
Market

Paldalsa 🛕

Gyeonggi-do
Government
Office

⑤ Seonamgangu

Central

Regency

PADAL-GU

Kolon Express
Bus Terminal

Ingyeno

Maesanno

Hyowonno

✉ Bus Terminal

🛈 Main T.I.C.

Railway
Station

Gwonseonno

GWONSEON-GU

✉

Gwonseonno

Segwonro

Hyowonno

Gwonseonno

SUWON ⑱

0   200   400 m

© Nelles Verlag GmbH, München

1724-1776) hatte ein Komplott gegen ihren Bruder, den Kronprinzen Sado, geschmiedet, um ihren Mann an seiner Statt auf den Thron zu bringen. Der König tappte in die Falle und zwang seinen Sohn im August 1762 in eine Reiskiste zu steigen, in der er nach acht Tagen elendig verdurstete. Nach dem Tod Yeongjos wurde allerdings Sados Sohn zum König Jeongjo (reg. 1776-1800) gekrönt. Er rehabilitierte seinen ermordeten Vater, ließ ihn exhumieren und mit allen königlichen Ehren bestatten. Er wählte dann die an Quellen reiche Ebene östlich des Paldalsan zur Errichtung der Königsgräber, des Yongju-Klosters und seiner Residenzstadt, die er zwischen 1794 und 1796 mit gewaltigen Bastionen ummanteln ließ. Doch noch bevor der endgültige Umzug beginnen konnte, starb Jeongjo, und so verblieb die Regierung in Seoul.

Foto: Oliver Fülling

★★HWASEONG

★★Hwaseong-Palast
(Hwaseong Haengong)

Am östlichen Fuß des Paldalsan breitet sich der Königspalast ★★**Hwaseong Haengong** ① aus, der 1789 als provisorischer Wohnsitz errichtet und zwischen 1794-1796 zum Königspalast mit 33 Gebäuden ausgebaut wurde. Hier hielt sich König Jeongjo auf, wenn er zu den konfuzianischen Riten zu Ehren seines Vaters nach Suwon kam. Die Japaner zerstörten die Anlage während der Kolonialzeit, im Zuge der Auslöschung der koreanischen kulturellen Identität. Glücklicherweise blieben die Originalpläne erhalten, und ab 1996 begann man mit dem Wiederaufbau des Palastes. Seit 2003 ist er vollendet und bietet nun einen schönen Eindruck von der Architektur der Joseon-Zeit. In den einzelnen Gebäudetrakten gibt es **Ausstellungen** zum höfischen Leben.

Oben: Gerätschaften der Palastküche im Hwaseong Haengong.

Von Dienstag bis Sonntag findet um 11 Uhr vor dem Haupteingang **Sinpungnu** eine Vorführung der ★**24 Martial Arts** statt. König Jeongjo hatte den Auftrag erteilt, diese 24 Kampftechniken in einem Handbuch zusammenzutragen. Die königliche Garde trainierte sie dann ab 1790. Jeden Sonntag um 14 Uhr findet zusätzlich ein farbenfroher ★**Wachwechsel** in den Uniformen der alten Palastwachen statt.

Auf der Südseite des großen Vorplatzes gibt eine Ausstellung in der **Suwon Hwaseong Promotional Hall** ② einen Überblick über die Rekonstruktion der Palastanlage. An der nördlichen Flanke des Palastes kann man den **Ahnenschrein** ③ *(Hwaryeongjeon)* besuchen. In diesem 1801 erbauten Schrein wurde nicht wie sonst üblich eine Ahnentafel des Verstorbenen aufbewahrt, sondern ein Bild des verstorbenen Königs Jeongjo. Mit dieser Geste wollte dessen Sohn und Nachfolger König Sunjo (reg. 1800-1834) alle seine Nachfolger an die herausragenden konfuzianischen Tugenden seines Vaters erinnern.

» **Stadtplan S. 80, Info S. 85**

Foto: Oliver Fülling

★★Hwaseong-Mauerring

Mit dem Ausbau Suwons zur neuen Hauptstadt wurde der Paldalsan mit einem mächtigen, fast 6 km langen und 9 m hohen **Mauerring** bewehrt, dem **★★Hwaseong**, und es entstand ein Meisterwerk der Festungsarchitektur, das 1997 sogar UNESCO-Welterbe-Staus erhielt.

Das prächtige ★**Südtor** ④ *(Paldalmun)* markiert das heutige Stadtzentrum Suwons. 1794 erbaut, überstand es nicht nur die japanische Kolonialzeit sondern auch den Koreakrieg. Vom Tor führt ein Weg nach Osten zu einer langgezogenen Treppe, die entlang der Innenseite der Mauer auf den Paldalsan hinaufführt. Unterbrochen wird die Mauer auf diesem Abschnitt unter anderem von dem sich wie ein Bollwerk nach Südwesten schiebenden Beobachtungsposten **Seonamgangu**

⑤ und kurz darauf dem „geheimen" Tor **Seosamchi** ⑥. Die insgesamt zehn **Geheimen Tore** waren so angelegt, dass sie erst zu sehen waren, wenn man unmittelbar davor stand. So dienten sie als unauffällige Beobachtungsposten und als geheime Versorgungswege.

Weitere typische Bauwerke entlang des Mauerrings sind die fünf sogenannten *Poru*, wie das **Seo-Poru** ⑦ kurz hinter dem Geheimen Tor, kanonenbestückte Bastionen mit Schießscharten. Oben auf dem Gipfel passiert man den **Seojangdae** ⑧, den westlichen Kommandoposten, der das Tal überblickt.

Ihm gegenüber, jenseits der Talsenke, befindet sich der östliche Kommandoposten. Auf dem Weg dorthin passiert man an der Nordseite der Mauer das ★**Buksumun** ⑨ (bzw. *Hwahongmun*). Dieses außergewöhnliche siebenbogige Wassertor überspannt den Suwon-Fluss und erlaubte zwar den Durchfluss des Suwoncheon, hielt aber zugleich Eindringlinge ab. Man kann weiter bis zum östlichen Kommandoposten **Dongjangdae** ⑩ gehen und dort in

Oben: Blick auf den ehemaligen Hwaseong-Königspalast. Rechts: Eine Vorführung der „24 Martial Arts".

82   » Stadtplan S. 80, Info S. 85

Foto: Oliver Fülling

die **Touristenbahn** zum Südtor steigen. Oder man umrundet auch den Rest der Mauer. Für die gesamte Mauer benötigt man etwa 2 Stunden, wer nur vom Südtor bis zum östlichen Kommandoposten läuft, etwa 1 Stunde.

Drachenjuwel-Tempel *(Yongjusa)*

Der **Drachenjuwel-Tempel** ⑲ *(Yongjusa)* im Süden Suwons erinnert an einen konfuzianischen Tempelkomplex; er diente König Jeongjo, um für die Seele seines Vaters zu opfern. Der Bau geht auf einen Traum des Königs zurück: Auf der Suche nach einer segenverheißenden Begräbnisstätte für seinen Vater übernachtete er in einer Klosterruine nahe der späteren Begräbnisstätte. Dort träumte der von einem schillernden Drachen, der eine rotgoldene Glückskugel im Maul hielt. Nach diesem Omen des Himmels ließ der König 1790 den Tempel neu aufbauen und Tempel des Drachenjuwels taufen. Im Glockenpavillon hängt noch immer eine 854 gegossene **Glocke**, eine von

drei erhaltenen Glocken aus der Goryeo-Dynastie in Korea.

Rund 20 Minuten Fußweg vom Tempel kann man die **Grabstätten** *(Yunggeonneung)* von König Jeongjo und seines Vater Kronprinz Sado besuchen – ein gutes Bespiel der späten Grabarchitektur der Joseon-Dynastie.

★Korean Folk Village

Etwa 10 km östlich von Suwon erstreckt sich das ★**Korean Folk Village** ⑳. In diesem **Freilichtmuseum** kann man 250 originale und liebevoll rekonstruierte Gebäude in traditionellen Bauweisen aus allen Teilen des Landes bewundern. Außerdem wird hier versucht, die Lebenswelt zur Zeit der Joseon-Dynastie wieder zu inszenieren: So gibt es einen buddhistischen **Tempel**, eine konfuzianische **Schule**, eine chinesische **Apotheke** und das Büro des Provinzgouverneurs zu sehen; Handwerker und „Hausfrauen" in farbenfrohen Trachten stellen Keramiken, Schnitzereien, Lackwaren etc. her und

Foto: Koreanische Zentrale für Tourismus

schäften überquillt. Hier lohnt ein Besuch des **Haegang Ceramics Museum**, das einen Überblick über die Keramik ab der Goryeo-Dynastie und die Porzellanherstellung gibt. Nebenan befindet sich **Haegang Yo**, eines der bekanntesten Studios für Keramik und Seladon in Korea. Ein weiteres sehenswertes Studio ist **Hanguk Pottery**, mit einer Riesenauswahl an Keramik und Seladon.

Yeoju

Noch einmal 30 Kilometer weiter östlich liegt **Yeoju ㉒**, eine an sich uninteressante Stadt, die jedoch zwei wichtige Sehenswürdigkeiten in der Umgebung bietet: Zum Einen liegt hier König Sejong der Große begraben, und mit dem Shilleuk-Tempel gibt es eine altehrwürdige Tempelanlage zu sehen.

König Sejong (reg. 1418-1450) wurde ursprünglich in einer Grabstätte nahe Seoul beigesetzt. 20 Jahre später bestimmten Geomanten einen neuen Ort nahe der Heimatstadt seiner Mutter und ließen seine Gebeine sowie die seiner Gemahlin Königin Shim zum neuen Standort **Yeong-neung**, 2 km westlich von Yeoju, überführen. Rund 500 m weiter befindet sich das **Grab von König Hyojong** (reg. 1649-1659), der lange Jahre als Geisel am chinesischen Kaiserhof lebte.

Zwei Kilometer östlich von Yeoju lohnt der **Shilleuk-Tempel (Shilleuksa)**, einer der bedeutendsten Tempel der Provinz, einen Abstecher. Seine Gründung geht auf das Jahr 580 zurück. 1197 erweitert, diente der Shilleuk-Sa ab dem 15. Jh. als Wirkungsstätte berühmter Mönchsgelehrter und Gebetstempel für die Riten des in der Nähe begrabenen König Sejong. Die interessanteste Halle ist die **Gerichts- und Höllenhalle (Myeongbujeon)** mit dem Bodhisattva Ksitigarbha, Herr über die Unterwelt, umringt von den zehn Richterkönigen der Hölle. Auf dem Hügel östlich des Tempels steht eine – in Korea seltene – **Ziegelpagode**.

leben den Alltag des alten Korea für die Besucher vor. Den ganzen Tag über gibt es **Folkloreveranstaltungen**.

Icheon

Östlich von Suwon liegt die von Bergen umgebene Stadt **Icheon ㉑**, die seit alters vor allem für ihre Keramik-Herstellung und Töpferei berühmt ist. Zudem war es eine von drei Städten in Korea, in denen das berühmte Seladon hergestellt wurde. Alle zwei Jahre von Ende April bis Mitte Mai, und zwar immer in den ungeraden Jahren, findet die **★World Ceramics Biennale** mit Ausstellern aus aller Welt statt. Zentrum der Biennale ist das **World Ceramic Centre** im **★Seolbong-Park**, in dem ganzjährig zahlreiche Keramik-Skulpturen ausgestellt werden.

4 km nördlich von Icheon sollte man das **Icheon Ceramic Village** besuchen, dessen Hauptstraße von Porzellangeschäften

Oben: Solche Reisschalen zeugen von der uralten Töpfertradition Icheons.

» Karte S. 46-47, Info S. 85

BUKHANSAN-NATIONALPARK (☎ 02)

i http://bukhan.knps.or.kr; **Dobong Park Information Center**, Tel. 909 0497, tgl. 7.30-18 Uhr.

Zum Westtor mit Bus 704 ab Seoul Station oder Bus 34, 704 ab U-Bahnstation Gupabal, Exit 1 der Linie 3. Zum Dobongsan mit der U1 bis Dobongsan.

ENTMILITARISIERTE ZONE (DMZ)

i Touren können beim **Panmunjom Travel Center** gebucht werden, Lotte Hotel, 6th/Fl, Sogangdong, Jung-gu, Tel. 771 5593, U2: Euljiro-1-ga, Exit 8, www.panmunjomtour.com.

GANGHWA-DO (☎ 032)

i **Tourist Information Center** im Bus-Terminal von Ganghwa-eup, tgl. 9-18 Uhr, Tel. 032-930 3515, www.ganghwa.incheon.kr.

Ab Sinchon Bus Terminal in Seoul zwischen 5.40-23 Uhr alle 10 Min. ein Bus (1,5 Std.).

INCHEON (☎ 032)

i **Tourist Information Center**, an der Station Incheon Station der U1 aus Seoul, Sep.-Juni 9-18 Uhr, Juli-Aug. 10-20 Uhr, Tel. 777 1330, tgl. 9-18 Uhr; Wolmido-Promenade, Tel. 765 4169; im Bus-Terminal, tgl. 10-18 Uhr; http://english.visitincheon.org.

U1 aus Seoul bis Incheon Station.

Museum of Modern Construction, tgl. 9-18 Uhr, Bukseongdong1-ga Jung-gu.
Incheon Landing Operation Memorial Hall, März-Okt. Di-So 9-18 Uhr, Nov.-Feb. 9-17.30 Uhr, 525 Ongnyeon-dong Yeonsu-gu. **Incheon Metropolitan City Museum**, Di-So 9-18 Uhr, 525 Ongnyeon-dong Yeonsu-gu.

Die größte Auswahl an Restaurants bietet die **Chinatown** mit dutzenden China-Restaurants; besonders edel: das **Mandabok**. Entlang der **Wolmi-do-Promenade** gibt es gute Fischrestaurants wie z. B. das **Wolmi-do Hoejip**.

NAMHAN-SANSEONG-PROVINZPARK

i www.namhansansung.or.kr

U8 aus Seoul bis Sanseong, Exit 2 und weiter mit Bus 9 bis zur Endstation.

SEOUL GRAND PARK

i http://grandpark.seoul.go.kr, www.moca.go.kr

U 4 aus Seoul bis Seoul Grand Park.

Zoo / Botanischer Garten, März.-Okt. tgl. 9-19 Uhr, Nov.-Feb. tgl. 9-18 Uhr
National Museum of Contemporary Art, März.-Okt. Di-So 10-18 Uhr, Nov.-Feb. Di-So 10-17 Uhr

EVERLAND

i www.everland.com, Sep.-Juni tgl. 9.30-22 Uhr, Juli-Aug. tgl. 9.30-23 Uhr.

U2 aus Seoul bis Gangnam, Exit 6 und weiter mit Bus 5002.

SUWON (☎ 031)

i www.suwon.ne.kr, **Tourist Information Center**, aus dem Bahnhof kommend gleich links, März.-Okt. Tgl. 9-18 Uhr, Nov.-Feb. tgl. 9-17 Uhr.

U1 aus Seoul bis Suwon und weiter mit Bus 11, 13, 36 oder 39 bis Hwaesong Haengong, Bus 46 bis Yongjusa, Sonderbus bis Korean Folk Village

Hwaseong Haengong, tgl. 9-17 Uhr. **Hwaseong**, tgl. 24 Std.
Tempel des Drachenjuwels (*Yongjusa*), tgl. 4-21 Uhr.
Korean Folk Village, Dez.-Feb. 9-17, März u. Nov. 9-17.30, Apr. u. Okt. 9-18, Juni-Sep. 9-18.30 Uhr, www.koreanfolk.co.kr.

ICHEON (☎ 031)

Busse ab Seoul Express Bus Terminal.

YEOJU (☎ 031)

i **Tourist Information Center** am Shilleuk-sa, tgl. 9-18 Uhr, Tel. 031-887 2868.
Busse ab Seoul Express Bus Terminal.

Spaß im Schlamm beim Mud Festival in Boryeong

Foto: Koreanische Zentrale für Tourismus

CHUNGCHEONGNAM-DO UND CHUNGCHEONGBUK-DO

GYERYONGSAN

GONGJU

BUYEO

BEOPJUSA

4

Chungcheongnam-do und Chungcheongbuk-do

CHUNGCHEONGNAM-DO UND CHUNGCHEONGBUK-DO

Ein altes Königreich

Die beiden Provinzen Chungcheong-nam-do und Chungcheongbuk-do, kurz „Chungnam" und „Chungbuk" genannt, bilden zwischen dem Gelben Meer im Westen, der Provinz Gyeonggi im Norden und der Provinz Jeollabuk-do im Süden das sogenannte Zentralgebiet Südkoreas. Zusammen bieten sie eine kontrastreiche Landschaft aus rauen Gebirgszügen, Ebenen mit Reisfeldern, grünen Tälern und Stauseen. Ausläufer des Charyeong-Gebirges durchziehen das zentrale Gebiet und laufen südlich von Boryeong an der Küste aus, während das Sobaek-Gebirge den Süden und Südosten beider Provinzen prägt. Zwischen den beiden Gebirgszügen fließt der Geumgang, Südkoreas zweitlängster Fluss, der die Südgrenze Chungcheongnam-dos markiert, bis er dann ins Gelbe Meer mündet.

Die Reize Chungcheongnam-dos liegen vor allem in seinen Bademöglichkeiten und der alten Kultur aus der Zeit, als sich hier das Zentrum des alten Königreichs Baekje mit seinen Hauptstädten Ungjin (Gongju) und Sabi (Buyeo) befand. Mit dem Gyeryongsan-Nationalpark gibt es aber auch eine malerische Gebirgsregion mit reizvollen Wanderwegen.

Die Binnenprovinz Chungcheong-buk-do war ebenfalls Teil des Königreichs Baekje und bildete im Norden die flexible Grenze zum Reich Goguryeo. Hier lebten bereits vor 40 000 Jahren Menschen. 1106 wurde die Region als Chungcheong-do zu einer administrativen Einheit; erst 1895 wurde das Gebiet zweigeteilt und Chungbuk so zur einzigen vom Meer abgeschnittenen Provinz des Landes. Die meisten Koreaner begreifen aber beide Provinzen noch immer als Einheit.

Die Bewohner gelten als erfrischend direkt und ehrlich, authentisch und freundlich, aber auch als überaus bodenständig. Daneben haben die beiden Regionen zahlreiche adlige Gelehrte und Staatsdiener hervorgebracht, die sich dank ihres offenen Wesens oft auch kritisch äußerten. So kamen von den 33 Unterzeichnern der Koreanischen Unabhängigkeitserklärung 1919 allein sechs aus Chungcheongbuk-do und auch UN-Generalsekretär Ban Ki-Moon wurde hier geboren. Und buddhistische Mönche druckten hier – 78 Jahre vor Gutenberg! – erstmals mit beweglichen Lettern Bücher.

Links: Der Geumgang bei Gongju im Abendlicht.

» Karte S. 90-91, Info S. 109-111

89

CHUNGCHEONGNAM-DO UND CHUNGCHEONGBUK-DO

CHUNGCHEONGNAM-DO

Daejeon

Der historische Name der Provinzhauptstadt **Daejeon** ❶ lautete *Hanbat*, Großes Feld, und viel mehr als eine Ebene aus Reisfeldern war die heute mit fast 1,5 Millionen Einwohnern fünftgrößte Stadt Südkoreas bis 1910 auch nicht. 1905 bekam das Dorf einen kleinen Bahnhof, aber erst 1932 bauten die Japaner ein schachbrettförmiges Straßennetz davor und verlegten die Provinzregierung von Gongju nach Daejeon. Der eigentliche Boom begann in den 1970er-Jahren, als Wissenschaftsinstitute und Industriebetriebe eröffne-

ten. 1989 bekam die Stadt als „Special City" den Status einer Provinz, wobei sie, eingezwängt zwischen Chungcheongnam-do und Chungcheongbuk-do, zugleich als Provinzhauptstadt von Chungcheongnam-do fungiert. 1993 fand hier die EXPO statt. 1995 wurde das Stadtgebiet erneut ausgeweitet und seitdem darf sich Daejeon „Metropolitan City" nennen. Nach Seoul glänzt sie mit den zweithöchsten Wachstumsraten in Südkorea, auch dank ihrer vielen Universitäten.

Stadtbesichtigung

Daejeon ist eine moderne Stadt ohne großartige Sehenswürdigkeiten. Be-

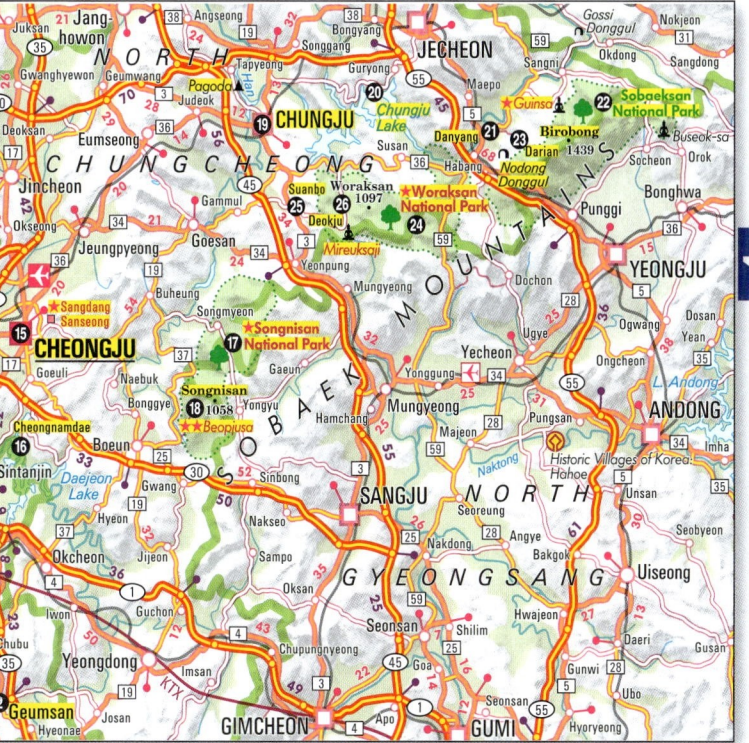

Chungcheongnam-do und Chungcheongbuk-do **4**

sonders stolz sind die Einwohner auf die **Thermalquellen von Yuseong** ① im Westen der Stadt, die mit bis zu 56° C aus dem Boden sprudeln. Bereits die Könige von Baekje sollen sich in dem heilenden Wasser entspannt haben. 1915 wurde das erste öffentliche Badehaus gebaut, und heute werben die Vielzahl von Hotels und Badehäusern um Kunden, die sich in dem über 60 Mineralien enthaltenden Wasser etwas Gutes tun möchten. Eine der bekanntesten Anlagen ist das **Yousung Spa**, das Innen- und Außenbecken sowie künstliche Wasserfälle bietet.

Wer sich lieber aktiv betätigen möchte, kann zum **Bomunsan** ② im Süden Daejeons fahren. Die bewaldeten Hügel dieses weitläufigen Naherholungsgebiets werden von Wanderwegen durchzogen, die zu einer **Aussichtsplattform** führen. Von oben genießt man bei klarer Sicht einen schönen Blick auf die Stadt. Neben den **Ruinen** einer Zitadelle aus der Baekje-Zeit gibt es auch noch einige kleine buddhistische **Tempel** zu sehen.

Wer sich für Technik interessiert, sollte das **National Science Museum** ③ in der **Daedok Innopolis** (vormals *Science Town* – ein Hitech-Forschungsstandort mit dutzenden Instituten) im Norden der Stadt besuchen. Im ersten Abschnitt des Museums gibt es eine Dauerausstellung zur Entstehung des Universums sowie zur Naturgeschichte der koreani-

» **Stadtplan S. 92, Info S. 109-111**

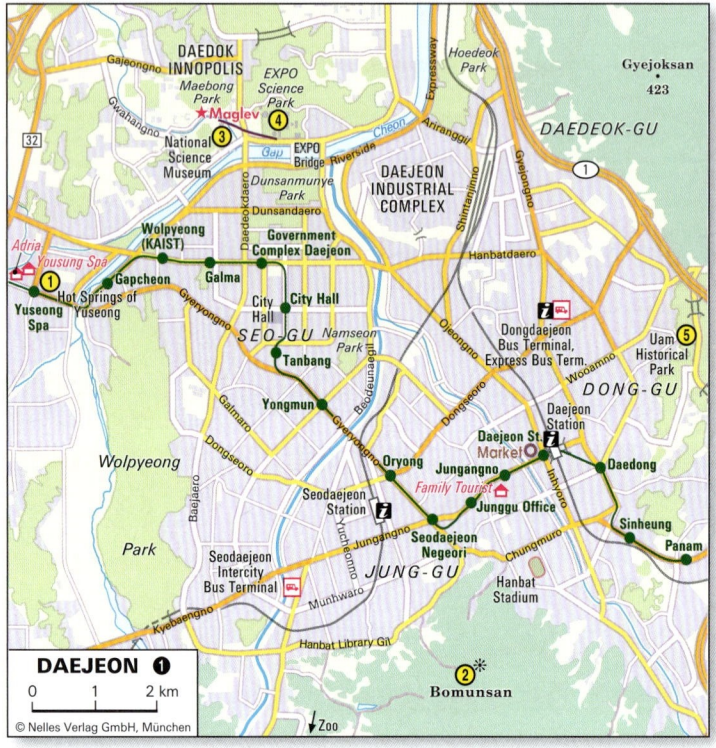

schen Halbinsel. Eine weitere Abteilung zeigt Naturphänomene und wie die Menschen es geschafft haben, sie für ihre Zwecke zu nutzen. Für Besucher, die an der technologischen Entwicklung des Landes interessiert sind, ist die Abteilung zur Geschichte der Wissenschaft und Technik interessant. Vorgestellt werden zahlreiche koreanische Erfindungen, so die beweglichen Lettern für den Buchdruck oder die traditionelle Fußbodenheizung *Ondol*. Leider gibt es kaum Erklärungen auf Englisch.

Daneben erstreckt sich der **Expo Science Park 4**, der mit 18 Pavillions und einem **Expo-Museum** an die hiesige

Rechts: Die Aussaat von Ginseng ist mühsam und sehr arbeitsintensiv.

Weltausstellung 1993 erinnert, von der auch die **Expo Bridge** und der **Hanbit Tower** (mit Aussichtscafé) zeugen.

Eine ★**Magnetschwebebahn** *(Maglev)* überbrückt den Kilometer zwischen Wissenschaftsmuseum und Expo-Park.

Im Osten Daejeons lohnt ein Besuch des **Uam Historical Park 5**. Viele berühmte Persönlichkeiten haben in und um Daejeon gelebt, der bekannteste davon Song Si-yeol (1607-89), ein Tutor, Berater und Premierminister des Königs. Sein Literatenname lautete *U-am*, ihm zu Ehren wurde der Park angelegt. Gleich links hinter dem Haupteingang kann man die 300 Jahre alte Halle ★**Namganjeongsa** bewundern, die U-am als Studio diente. In ihr werden seine Schreibutensilien und andere per-

Foto: Thomas Stankiewicz

4

Chungcheongnam-do und Chungcheongbuk-do

sönliche Gegenstände ausgestellt. Der Premierminister war übrigens ein echter Landsmann aus Chungcheongnam-do, direkt, ehrlich und nicht zuletzt mit einem offenen Ohr für die Nöte der gewöhnlichen Bürger. Als er dem König einen offenen und kritischen Brief zur Lage der Bevölkerung schickte, reichte das für seine Hinrichtung. Eine weitere Attraktion des Parks ist die Rekonstruktion einer **Konfuzianischen Lehranstalt**, während man im neuen **Bibliotheksgebäude** 11 000 Druckstöcke bewundern kann, mit denen einige von Songs Schriften gedruckt wurden.

Geumsan

In den Hügeln südlich von Daejeon gelegen, ist **Geumsan** ❷ ein ländliches Städtchen nicht weit vom Seodaesan, dem mit 904 m höchsten Berg der Provinz. Viel berühmter ist der Ort allerdings für seinen Ginseng (*Insam*), die Heilwurzel, die hier seit Jahrhunderten geerntet wird. Entsprechend ist der ★**Ginseng-Markt** im Süden der Stadt, jenseits des Flusses, die Hauptattraktion. Er besteht aus einem Dutzend Marktbereichen mit Innen- und Außenabteilungen voller Ginseng-Stände und -Geschäfte unter einer Glocke intensiven Ginsenggeruchs. Schätzungsweise 80 % des südkoreanischen Ginseng-Handels werden in Geumsan abgewickelt. Neben den Wurzeln werden auch zahlreiche weitere Ginsengprodukte wie Pillen, Tinkturen, Liköre, Tees und vieles mehr verkauft.

Bekannt ist das jedes Jahr im September stattfindende ★**Geumsan-In-sam-Festival**. Zu diesem Anlass gibt es Folkloredarbietungen, einen Marathon, Gesangswettbewerbe und andere Aktivitäten rund um die begehrte Wurzel.

★★Hühnerdrachen-Nationalpark (Gyeryongsan)

Eine Hauptattraktion von Chungcheongnam-do ist der ★★**Hühnerdrachen-Nationalpark** ❸ *(Gyeryongsan)* mit seinen schroffen Gipfeln, die wie ein Hahnenkamm aufgereiht sind,

Foto: Ziyatlund (Dreamstime)

während der gewundene Gebirgsgrat einem Drachenrücken ähnelt. Es gibt zwei Zugänge zum Park, von denen der östliche ganz in der Nähe von Daejeon liegt, während der westliche Eingang über Gongju erreichbar ist.

Nach alten Weissagungen und geomantischen Bedingungen galt das Gebiet des kleinsten unter Südkoreas Nationalparks seit alters als besonders segensverheißend, und so stehen hier noch rund ein Dutzend altehrwürdige Tempel und Einsiedeleien in den Tälern und an den Berghängen, wobei die drei größten Tempel je ein Tal dominieren: Das **Donghaksa**, ein Nonnenkloster, steht im Osten; der **Gapsa**, 420 gegründet – einer der ältesten Tempel Koreas – befindet sich im Westen; der heute verlassene **Guryongsaji** dominierte früher das nördliche Tal.

Das abgelegene Dörfchen **Seokgyeri** an der Südflanke des Gebirges war 1392 ausersehen worden, die neue Haupt-

stadt von Joseon zu werden. Aber kurz nachdem man mit den Bauarbeiten für den neuen Königspalast begonnen hatte, informierten die Geomanten den König, dass der gewählte Ort doch ungeeignet sei und man mit dem heutigen Seoul einen besseren Standort gefunden habe – Marksteine erinnern an die geplante, nie realisierte Residenz. In der Nähe unterhält heute die Südkoreanische Armee ihr Hauptquartier.

An der Nordflanke des Gyeryongsan fand man unweit des Guryongsaji **Brennöfen**, in denen die Mönche der umliegenden Tempel während der Joseon-Dynastie Keramiken brannten. Mit deren Verkauf stockten sie die Einnahmen ihrer Tempel auf. Im **Gyeryongsan Ceramic Art Village** im Nordteil des Nationalparks wird die typische blaugrüne *Buncheon*-Keramik noch heute nach traditionellen Verfahren gebrannt.

Rundwanderung

Man kann an einem Tag vom Ost- zum Westeingang wandern, oder aber

---

Oben: Herbstlaubfärbung im Gyeryongsan-Nationalpark. Rechts: Am Gongsan-Fort in Gongju.

Foto: Koreanische Zentrale für Tourismus

eine interessante Rundwanderung unternehmen, die drei der wichtigsten Tempel verbindet. Startpunkt ist der Osteingang, von dem aus man etwa 15 Minuten bis zum Donghaksa hinauf benötigt. 724 gegründet ist dies heute eines der wenigen Zentren Südkoreas, in denen buddhistische Nonnen ausgebildet werden. Vom Tempel führt ein Pfad bergauf in einer Stunde zur Doppelpagode **Nammaetap**. Von den Pagoden verläuft ein Weg weiter nach oben zum 1 km entfernten **Geumjandi-Pass**, von dem aus sich herrliche Ausblicke über das Gebirge bieten. Oben kann man zwischen zwei Optionen wählen. Entweder man wandert Richtung Westen bergab zum **Gapsa** in der Nähe des Westeingangs, was etwa 2,5 Stunden in Anspruch nimmt, oder man nimmt den Pfad nach Süden, der über den **Sambulbong** (775 m) und entlang des Grates weiter zum **Gwaneumbong** (816 m), den höchsten Gipfel entlang der Route mit den besten Ausblicken, führt. Richtung Osten passiert man den **Eunseon-Wasserfall** *(Eunseon*

Pokpo) und gelangt dann wieder zum Donghak-Tempel. Der Rundweg ist gut 6,5 km lang und man sollte etwa vier Stunden Gehzeit einplanen.

★Gongju

Die alte Stadt ★**Gongju** ➍ (130 000 Einw.) am Fluss **Geumgang** war zwischen 475 und 538 unter dem Namen *Ungjin* die Hauptstadt des Königreichs Baekje. Andauernde Kriege mit dem Nachbarkönigreich Goguryeo zwangen den König schließlich zur Aufgabe von Ungjin und zum Umzug nach Sabi, dem heutigen Buyeo. Zwar ist der Stern Gongjus schon lange untergegangen, aber immer noch stößt man auf Relikte der großen Vergangenheit.

In der Nachbarschaft, 15 km östlich von Gongju, liegt Südkoreas neue Verwaltungshauptstadt **Sejong City**, benannt nach König Sejong. 2003 hatte Präsident Roh Moo-hyun vorgeschlagen, Sejong zur neuen Hauptstadt zu machen, scheiterte aber vor dem Verfassungsgericht. Daraufhin setzte Rho

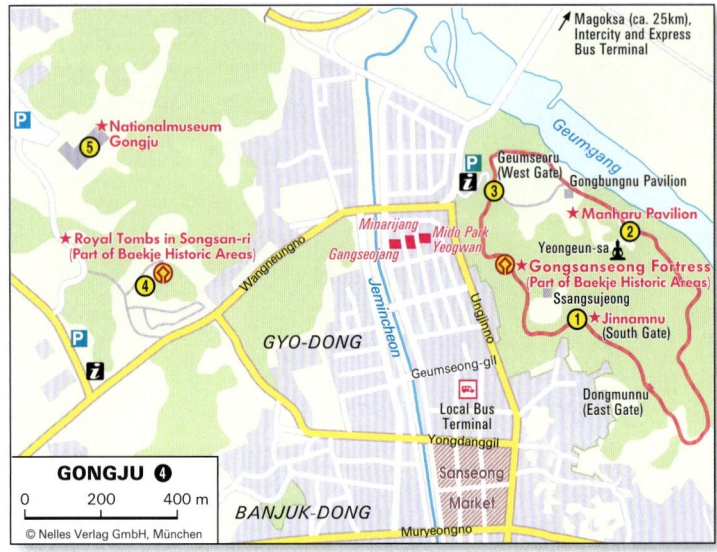

den Bau der Planstadt als besonderer Verwaltungsdistrikts durch. Mehrere Ministerien und Universitäten sind bereits hierher gezogen. Die Stadt heißt nun offiziell *Sejong Special Autonomous City*; sie hatte 2018 bereits 280 000 Einwohner, bis 2030 sollen es dann 500 000 sein.

★Gongsan-Fort *(Gongsanseong)*

Während seiner Blütezeit als Hauptstadt von Baekje um das Jahr 500 wurde in Ungjin das ★**Gongsan-Fort** *(Gongsanseong*; UNESCO-Welterbe*)* samt Mauer angelegt. Auch in den folgenden Jahrhunderten wurde die Festung genutzt und immer wieder instand gesetzt; die Reste der alten Verteidigungsanlage krönen noch immer den Hügel über dem Geum-Fluss. Die erhaltenen Mauerteile und Tore stammen aus der Joseon-Zeit (17. Jh.), darunter das

----

Rechts: Das Nationalmuseum in Gongju zeigt wertvolle Grabfunde aus der Baekje-Zeit wie diese filigran verzierte Haube.

prachtvolle ★**Südtor** ① *(Jinnamnu)*. Innerhalb der Mauer gibt es zahlreiche Ruinenstätten, wobei viele Pavillons und Gebäude in den letzten Jahren wiederaufgebaut wurden. Man kann die Festung auf der 2,6 km langen **Mauer** umrunden. Die beste Aussicht hat man vom ★**Manharu-Pavillon** ② in der Nordwestecke, wo sich der schönste Blick über den Fluss bietet. Vor dem **Westtor** ③ *(Geumseoru)*, dem Haupteingang, finden in den Monaten April, Mai, Juni, September und Oktober jeden Samstag und Sonntag zwischen 11 und 16 Uhr, regelmäßig zehnminütige **Wachwechsel** in Kostümen des alten Königreichs statt.

★Songsanri-Gräber *(Songsanri Gobungun)*

20 Minuten Fußweg vom Fort Richtung Westen erreicht man eine Gruppe von sieben Gräbern aus dem alten Baekje, die ★**Songsanri-Gräber** ④ *(Songsanri Gobungun*; UNESCO-Welterbe*)*. Unscheinbar standen sie bis 1971

am Hang – damals scheinbar keine prachtvollen Mausoleen, sondern nur grasbewachsene halbkugelförmige Hügel. Bereits 1927 waren hier vier Gräber entdeckt und mangels Absicherung ausgeraubt worden; fünf Jahre später fand man ein fünftes und sechstes Grab, deren Inhalte ebenfalls Grabräubern zum Opfer fielen. 1971 entdeckten Archäologen bei Restaurierungsarbeiten ein siebtes Grab, und diesmal sicherten sie es gut ab. Das zahlte sich aus, denn hier waren nicht nur König Muryeong (reg. 501-523) und seine Königin bestattet worden, auch sämtliche Grabbeigaben befanden sich noch an Ort und Stelle, die archäologische Sensation war perfekt.

Der äußere Zugang zum **Königsgrab** führt über vier Schwellen aus unbehauenen Steinen, an die sich der in undekorierten Ziegeln gearbeitete Geisterweg, der von Sterblichen nicht betreten werden darf, mit einem darunter verlaufenden Kanal anschließt. Durch einen Rundbogen kommt man durch einen niedrigen, tonnengewölbten Korridor zu der rechteckigen, ebenfalls gewölbten Grabkammer. Beide Räume sind in wundervollen, blaugrün glasierten Reliefziegeln mit Lotosdekor ausgeführt. Anlage und Wandschmuck des Muryeong-Grabes sind in Korea einzigartig und weisen auf Vorbilder in Zentralchina.

Die Grabkammer selbst darf nicht betreten werden, dafür wurden **Nachbildungen der Königsgräber 5, 6 und 7** gebaut, in denen **Repliken** der gefundenen wertvollen **Grabbeigaben** ausgestellt sind.

★Nationalmuseum Gongju

Im **★Nationalmuseum Gongju ⑤**, das sich 15 Minuten Fußweg nördlich der Gräber befindet, werden einige hundert der im Grab von König Muryeong gefundenen 2906 **Grabbeigaben** zusammen mit weiteren archäologischen Funden aus der Baekje-Zeit aus-

Foto: Koreanische Zentrale für Tourismus

gestellt. 12 Grabbeigaben wurden zu Nationalschätzen erklärt, darunter eine vergoldete Bronzeskulptur der Göttin der Barmherzigkeit und ein Steinblock, der mit drei Buddhafiguren und 1000 sitzenden Bodhisattvas verziert ist. Video-Dokumentationen vertiefen in diesem ausgezeichneten Museum den Einblick in die Kultur der Baekje-Zeit, die stark von der chinesischen Kultur beeinflusst war.

★Magok-Tempel *(Magoksa)*

Der in einer malerischen ländlichen Umgebung an einem Fluss gelegene **★Magok-Tempel ⑤** *(Magoksa)*, 20 km nordwestlich von Gongju, steht am Fuß des Taehwasan, einer sanften Hügelkette, und ist eine der schönsten Tempelanlagen Südkoreas. Der Weg zum Flachstal-Tempel, so die Übersetzung, ist nicht steil und geradlinig, sondern schlängelt sich wellenförmig vom **Tourist Village**, wo sich auch die Endhaltestelle der Busse befindet, nach oben. Die Form des Weges soll die Menschen,

» Stadtplan S. 96, Karte S. 90-91, Info S. 109-111

Chungcheongnam-do und Chungcheongbuk-do

4

die den Tempel aufsuchen, um Buddha um eine Antwort auf ihre Fragen zu bitten, auf dem Weg ihre weltliche Habgier und Sorgen vergessen lassen. Durch die Bewegung beim Aufstieg sollen allzu ehrgeizige Gemüter beruhigt werden. Nach zehn Minuten Wanderung erreicht man das erste große Tor, das ★Haetalmun mit eindrucksvollen bunten Figuren. Durch das zweite **Tor der vier Himmelskönige** *(Cheongwanmun)*, mit den vier grimmigen Wächtergottheiten, betritt man den durch einen Fluss in zwei Bereiche geteilten **Tempel**, 640 n. Chr. von dem Mönch Jajang Yulsa aus Silla gegründet. Heute befindet sich hier das Hauptquartier des sechsten Distrikts der Jogye-Sekte.

Südlich des Flusses ist die ★**Höllenhalle** *(Myeongbujeon)* besonders sehenswert. In ihr scharen sich um den Bodhisattva Ksitigarbha, den Oberherrn der Höllen, zehn eindrucksvolle Höllenrichter, Wächterfiguren, Vasallen und berittene Botschaftsgeister, die im ganzen Land Erkundigungen über Sünder einholen. Jenseits des Flusses läuft man als erstes auf die **Halle des Großen Lichts** *(Daegwangbojeon)* aus dem Jahr 1813 zu. Sie ist dem Ur-Buddha Vairocana geweiht. Vor der Halle steht eine fünfstufige **Steinpagode** mit kleinen Reliefs aus der Goryeo-Zeit. Sie besitzt in Korea Seltenheitswert, da ihre fünfstufige Bronzespitze dem Aufbau tibetischer Chörten ähnelt. Dahinter erhebt sich die 1651 erbaute ★**Haupthalle** *(Daeungbojeon)* in der die drei Buddhas Amitabha, Shakyamuni und Bhaisajyaguru, der Medizinbuddha, thronen.

Vom Tempel führen Wanderwege in die umliegenden Hügel. Der längste, der ausgeschilderten Wege ist 6,5 km lang (etwa 3,5 Stunden) und führt über die Hügelkuppen des **Nabalbong** (417 m) und **Hwarinbong** (423 m).

★Buyeo

Die kleine, etwa 79 000 Einwohner zählende Stadt ★Buyeo ❻ war unter dem Namen *Sabi* die letzte Hauptstadt von Baekje, bevor das Königreich vom übermächtigen Nachbarn Silla erobert wurde. Noch heute erinnert eine **Statue von General Gyebaek** ① im Zentrum an den Untergang im Jahr 660. Der General hatte mit seinen Truppen vergeblich versucht, den Untergang seines Königreichs zu verhindern.

Buyeo ist klein genug, um alle Sehenswürdigkeiten innerhalb des Ortes zu Fuß zu erreichen. Im Süden erstreckt sich der ehemalige Lustgarten der königlichen Familie, der **Gungnamji** ②, ein runder, von Weiden umstandener Teich, flankiert von Lotosteichen.

Im Osten steht das dem Stil der alten Beakje-Architektur nachempfundene ★**Nationalmuseum Buyeo** ③, das mit einer der besten Sammlungen von Funden bis zum Ende der Baekje-Ära aufwartet. Aus verschiedenen bronzezeitlichen Gräbern sind Schamaneninstrumente und Hellebarden mit Schraffierungen, trompetenförmige Objekte und Dolche ausgestellt. Die Baekje-Zeit ist vor allem mit Töpfererzeugnissen vertreten. Viele der 13 000 Exponate sind buddhistischen Ursprungs, darunter auch der jüngste Fund, ein vergoldetes, unglaublich kunstvoll gearbeitetes Weihrauchgefäß.

Als nächstes sollte, weiter nordwestlich, der 538 erbaute Tempelkomplex ★**Jeongnimsaji** ④ (UNESCO-Welterbe) auf dem Programm stehen. Überdauert hat von diesem einstmals wichtigsten Tempel von Baekje nur eine fünfstufige, 8,4 m hohe **Granitpagode** – eine von nur zwei erhaltenen Pagoden aus der Zeit der drei Königreiche. Sie stellt einen Prototyp der koreanischen Steinpagoden dar, die nach den damals noch üblichen Holzpagoden gemeißelt wurde. Auf dem Areal zeigt das **Jeongnimsaji-Museum** unter anderem ein Modell des ursprünglichen Tempels.

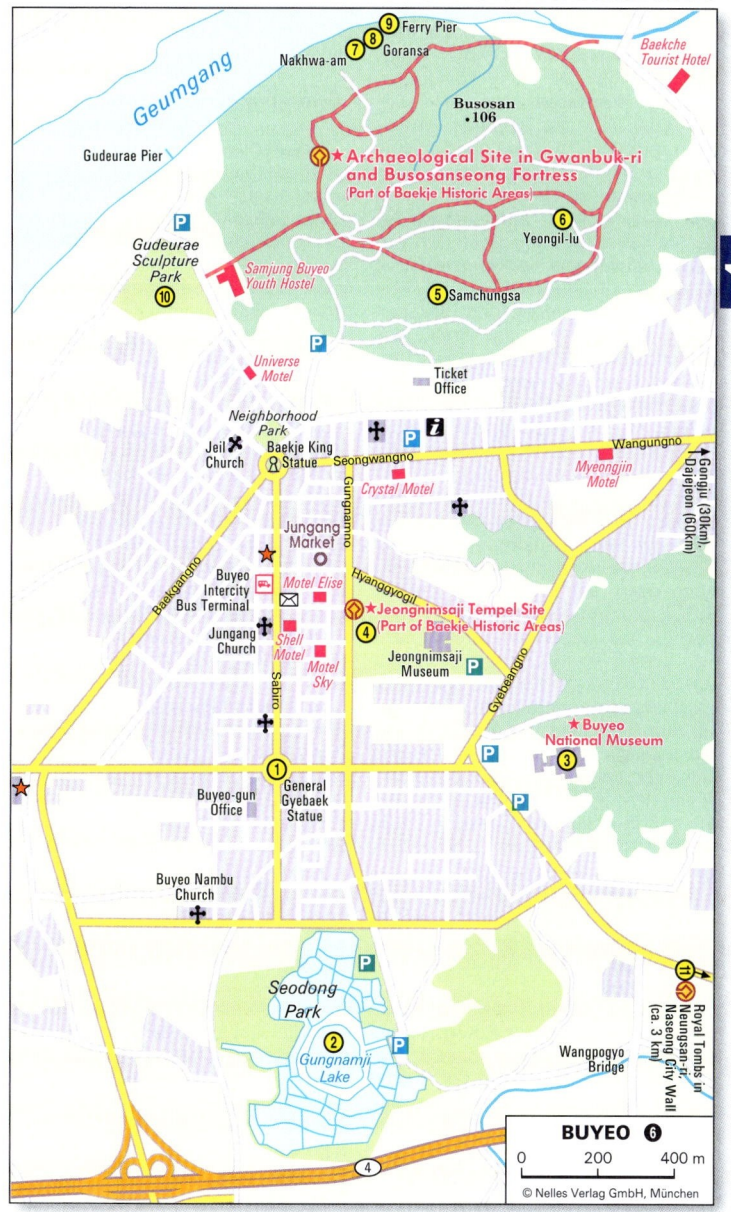

Geumgang

⑨ Ferry Pier
⑦ ⑧ Goransa
Nakhwa-am

Baekche Tourist Hotel

Busosan
•106

Gudeurae Pier

⛩ ★Archaeological Site in Gwanbuk-ri and Busosanseong Fortress
(Part of Baekje Historic Areas)

Ⓟ
Gudeurae Sculpture Park
⑩

Samjung Buyeo Youth Hostel

⑥ Yeongil-lu

⑤ Samchungsa

Ⓟ
Universe Motel

Ticket Office

Neighborhood Park
✚ Ⓟ ℹ

Jeil ✖ Church
♟ Baekje King Statue
Seongwangno

Wangungno

Myeongjin Motel

Crystal Motel
✚

Jungang Market

Buyeo Intercity Bus Terminal
✚ ✉
Jungang Church

Motel Elise
⛩ ★Jeongnimsaji Tempel Site
④ (Part of Baekje Historic Areas)

Shell Motel
Motel Sky

Jeongnimsaji Museum Ⓟ

★Buyeo National Museum
③

Ⓟ

Buyeo-gun Office
① General Gyebaek Statue

Ⓟ

Buyeo Nambu Church
✚

Ⓟ

Seodong Park

②
Gungnamji Lake

⑪
Royal Tombs in Neungsan-ri, Naseong City Wall (ca. 3 km)

Wangpogyo Bridge

▲Gongju (30km), Daejeon (60km)

Baekgangno
Sabiro
Gunghamno
Hyanggyogil
Gyebaegno

4

BUYEO ⑥
0   200   400 m
© Nelles Verlag GmbH, München

Chungcheongnam-do und Chungcheongbuk-do

Im Norden erhebt sich der die Stadt beherrschende, 106 m hohe Hügel **Busosan** mit der alten königlichen Festung ★**Busosanseong** (UNESCO-Welterbe). Auf dem Gelände gibt es noch zahlreiche Pavillons und Schreine zu sehen. Betritt man den Park über den **Südeingang**, passiert man zunächst den Gedenkschrein **Samchungsa** ⑤, der den drei loyalsten Gefährten des letzten Königs von Baekje geweiht ist – darunter General Gyebaek, der seine hoffnungslos unterlegenen Truppen gegen eine übermächtige Armee aus Silla und China in den Untergang führte.

Nach Osten hin erreicht man den **Sonnenaufgangs-Pavillon** ⑥ *(Yeon-gil-lu)*. 150 m westlich vom Pavillon sind noch Reste der Erdumwallung der alten Zitadelle und des Getreidespeichers zu sehen. Am Nordrand gelangt man an den tragischsten Ort der Festung, den **Berg der fallenden Blumen** ⑦ *(Nakhwa-am)*: Angesichts der hoffnungslosen Lage Baekjes stürzten sich 3000 Palastdamen von diesem Felsen in den Tod. Vom **Gedenkpavillon** auf dem Fels genießt man die beste Aussicht über den Fluss und die Gegend. Ein Weg führt hinunter zum Baengma-Fluss. Unter dem Fels steht der kleine Tempel **Goransa** ⑧, der nach der Heilpflanze Gorancho benannt ist, die hier wächst. Hinter dem Tempel gibt es eine **Quelle**, aus der die Könige von Baekje ihr Trinkwasser bezogen, weil es als besonders gesund galt.

Unterhalb des Tempels am Fluss legt die **Fähre** ⑨ zum alten Hafen von Sabi ab, dem heutigen **Gudeurae-Skulpturenpark** ⑩ mit einer Ausstellung moderner Kunstwerke.

Rund 3 km östlich des Gungnam-ji- Teichs liegen sieben **Königsgräber** ⑪ *(Neungsanri Gobungun*; UNESCO-Welterbe*)* in typischer Rundform. Man darf sie zwar nicht von innen besichtigen, aber es gibt in einer Halle eine kleine Ausstellung zum Aufbau und zu den Funden der Grabstätten.

Gwanchok-Tempel *(Gwanchoksa)*

Südöstlich von Buyeo, vier Kilometer südlich der Stadt Nonsan, steht der eher unspektakuläre **Gwanchok-Tempel** ❼ *(Gwanchoksa)*. Spektakulär ist dafür die größte freistehende steinerne Buddhaskulptur Koreas mit dem unaussprechlichen Namen Seokjomireukbosalipsang-Buddha. Bekannter ist sie glücklicherweise unter der Bezeichnung ★**Eunjimireuk-Buddha**, Buddha der Zukunft. Die Skulptur ist 18,12 m hoch und allein die Krone misst 2,43 m, während die Ohren stolze 1,8 m lang sind. Die Herstellung dauerte 38 Jahre, wobei die Arbeiten im Jahr 967 begannen, als einer Legende nach eine Frau am hinter dem Tempel aufsteigenden 100 m hohen Banyasan Farnkraut sammelte und auf einmal Babyweinen hörte. Als sie den Ort fand, von dem das Weinen herrührte, sah sie nur eine lange Felsnadel aus dem Boden ragen. Nachdem der Regierung diese Geschichte zu Ohren bekam, gab sie den Auftrag, aus der Felsnadel eine Buddhaskulptur zu meißeln. Interessant ist auch die **Mireuk-Halle** *(Mireukjeon)* vor dem Buddha. Die zum Buddha weisende Wand besteht aus Fenstern, und auf diese Weise dient der versunken über das Land blickende Eunjimireuk auch als Altarbildnis.

Boryeong und der ★Daecheon-Strand

Boryeong ❽ ist eine kleine Hafenstadt, von der aus Fähren zu einigen der vorgelagerten Inseln fahren. Hier laufen auch die Charyeong-Berge in eine sanfte Hügellandschaft aus. Früher wurde in den Hügeln Kohle gefördert, ein Industriezweig, an den nur noch das **Boryeong-Kohlemuseum** erinnert.

Berühmt ist der Ort heute nicht mehr für seine Industrie, sondern für den ★**Daecheon-Strand**, dessen feiner

---

Rechts: Am Mallipo-Strand des Taean-Haean-Nationalparks.

Foto: Koreanische Zentrale für Tourismus

Sand sich rund 12 km westlich der Stadt über 3,5 km Länge und 100 m Breite hinzieht. Der gut erschlossene Badestrand ist der beste an der Westküste, und während der koreanischen Sommerferien Mitte Juli bis Mitte August wird es hier brechend voll.

Internationale Berühmtheit hat das ★★**Boryeong-Schlamm-Festival** erlangt, das an neun Tagen im Juli stattfindet. Der Schlamm in Boryeong ist reich an Mineralien und daher besonders gut für die Haut. Die hohe Qualität des Meeresschlamms hat zu seiner massenhaften Vermarktung geführt und so werden aus ihm kosmetische Produkte wie Schlammseife oder Schlammpackungen hergestellt. Während des Festivals kann man in riesigen Schlammwannen baden, auf Schlamm-Rutschen gleiten, im „Schlamm-Gefängnis" spielen oder Schlamm-Handmalereien machen. Außerhalb des Festivals ist das **Boryeong Mud Skincare Center** am Südende des Strand in der Nähe der Civil Tower Plaza eine gute Adresse für Schlammbäder und Schlammprodukte.

Wer Alternativen zum Daecheon-Strand sucht, kann entlang der Küste ein Stück nach Süden fahren, wo es mit dem **Muchangpo-** und **Chunjang-Strand** alternative und weniger überlaufene Bademöglichkeiten gibt. Oder man setzt mit der Fähre nach **Sapsi-do** über, das nur 13 km vor der Küste liegt. Hier fahren kaum Autos, stattdessen laden drei Strände zum Baden und eine ländliche Umgebung zum Spazierengehen ein.

★Taean-Haean-Nationalpark

Südkoreas kleinster unter den drei Küstennationalparks, der ★**Taean-Haean-Nationalpark** ❾, bedeckt eine Fläche von 325 km^2 und reicht vom Süden der langgestreckten Insel Anmyeon-do bis zur Nordspitze der Taean-Halbinsel. Die Küsten sind eine 430 km lange endlose, dramatische Abfolge aus Buchten, schwarzen malerischen Felsformationen und weißen Stränden, darunter die vier großen Sandstrände **Cheollipo**, **Mallipo**, **Yeon-**

» **Karte S. 90-91, Info S. 109-111** 101

Chungcheongnam-do und Chungcheongbuk-do

4

po und **Mongsanpo**. Zwischen den beiden Stränden Mallipo und Cheollipo erstreckt sich auf einem Hügel das **Cheollipo Arboretum**, eine private Baumschule, die 1966 vom Amerikaner Ferris Miller, der später die koreanische Staatsbürgerschaft annahm, angelegt wurde. Heute betreut sein Sohn die über 7000 Bäume und Sträucher der schönen Anlage.

Asan

Asan ❿ ist eine neue Stadt mit 204 000 Einwohnern, die nach und nach die umliegenden kleineren Ortschaften aufgesaugt hat. Darunter auch Onyang, wie Asan auch heute noch manchmal genannt wird. Der Ort ist für seine heißen Quellen, darunter **Onyang Spa** und **Dogo Spa**, bekannt, bietet aber in der Umgebung auch einige kulturelle Höhepunkte: 1200 m nördlich der Bahnstation Onyang steht das ★**Onyang Folk Museum**. Mit 14 000 ansprechend präsentierten Folkloregegenständen wird der ländliche Lebensstil Südkoreas dokumentiert. Auch wenn der Überblick nicht umfassend ist, bekommt man doch einen hervorragenden Eindruck von den traditionellen Sitten und Gebräuchen, den Glauben und das Alltagsleben der Koreaner. In vier Ausstellungsräumen werden Exponate aus den Bereichen Landwirtschaft, Fischerei, Alltagsritualen, Wohnen, Kleidung, Spiele, Musik, Maskentänze, Druckerei und vieles mehr gezeigt. In einem Annex wird ein Querschnitt der folkloristischen Kunst gezeigt und im angeschlossenen Landschaftsgarten sind verschiedene Objekte aus Stein ausgestellt, die vor allem bei Grabstätten gefunden wurden.

★Hyeonchungsa

Der berühmteste Sohn Onyangs war Koreas Nationalheld, der vorbildliche

Admiral *Yi Sun-sin*. Yi, 1545 in Hanyang geboren, verbrachte seine Jugendjahre in Onyang, wo er konfuzianisch erzogen wurde. Erst im Alter von 31 Jahren trat Yi dem Militär bei, ein Jahr später bestand er die Prüfungen und erwies sich bald als militärisches Genie. 1591 wurde er Kommandant des „Linken Marine-Stützpunktes" der Provinz Jeolla-do. Voller Energie ließ er die maritimen Verteidigungsanlagen dort verbessern, Waffen reparieren, raffinierte Kriegsschiffe – die berühmten gepanzerten Schildkrötenboote – bauen und deren Mannschaften schulen. Seine große Stunde kam mit dem Einfall der japanischen Truppen von General Hideyoshi 1592. Zu diesem Zeitpunkt focht der mittlerweile zum Admiral beförderte Yi Sun-sin eine Reihe von Seeschlachten in schneller Folge, die er trotz hoher Verluste alle gewann. Da er aber nicht jeden Befehl blind befolgte, wurde er zwischendurch degradiert und sogar gefoltert, in der Not dann aber wieder zum Admiral ernannt.

In seiner letzten Schlacht 1598 gelang es ihm zwar, die japanische Flotte fast vollständig zu zerstören, er wurde dabei aber selbst getötet. Ihm zu Ehren ließ König Sukjon 1706 am Ort von Yis Jugendjahren, 4 km nördlich von Asan, einen Schrein, den ★**Hyeonchungsa** ⓫ errichten. Seit 1932 ist der Schrein immer wieder erweitert worden, und heute befindet sich in der weitläufigen Anlage neben seinem rekonstruierten Wohnhaus auch ein **Museum**, in dem Admiral Yis Kriegstagebücher – heute noch Schul-Pflichtlektüre – und Waffen etc. ausgestellt sind.

Grab von Admiral Yi

11 km nördlich von Asan liegt das **Grab von Admiral Yi** ⓬, des hochverehrten Kriegshelden, der in seiner letzten siegreichen Seeschlacht im Jahr 1598 gegen das mächtige Japan von einer Gewehrkugel getroffen starb, aber zuvor befahl, dass sein Tod nicht

Rechts: Rapsfelder in der Provinz Chungcheongnam-do.

Foto: Koreanische Zentrale für Tourismus

4

Chungcheongnam-do und Chungcheongbuk-do

bekannt gegeben werden dürfe, bis die Schlacht gewonnen sei. Ursprünglich auf einer Insel vor der Küste begraben, wurden seine Gebeine 1614 an den jetzigen Standort verlegt. Die für das koreanische Nationalgefühl wichtige Grabstätte ist als begrüntes Hügelgrab gestaltet, umgeben von einem schönen **Park**.

★Oeam-ri Folk Village

Etwa 8 km südlich von Asan kann man die Eindrücke aus dem Onyang Folk Museum in dem Museumsdorf ★**Oeam-ri Folk Village** ⑬ vertiefen, das seine Besucher in die Lebenswelt der Joseon-Zeit entführt. Seit 500 Jahren ist das Dorf die Heimat der Yae-An-Lee-Familie.

1999 verwandelte man Teile des Orts in ein **Museumsdorf**, in dem noch Nachfahren der Gründerfamilie leben. Die **Totempfähle** am Dorfeingang sollen böse Geister fernhalten, während die bemoosten Steinmauern um die traditionellen Anwesen die frühere koreanische Lebensweise bis heute zu konservieren scheinen. Besonders interessant sind die Häuser von Vizeminister Lee Cham Pan und Distrikgouverneur Young Am.

Cheonan

Cheonan ⑭ ist mit 540 000 Einwohnern die zweitgrößte Stadt der Provinz und in erster Linie als Verkehrsknotenpunkt für die Weiterfahrt nach Chungcheongbuk-do interessant, aber wer ein wenig Zeit erübrigen kann, sollte sich den **Taejo-san-Bronzebuddha** im **Gakwon-Tempel** *(Gakwonsa)* wenige Kilometer östlich der Stadt ansehen: Diese Skulptur gehört zu den größten sitzenden Bronzebuddhas in Asien und wurde aus respektablen 60 Tonnen Bronze gegossen.

Die **Unabhängigkeitshalle** *(Dongnip Ginyeomgwan)* 10 km südöstlich der Stadt ist all jenen gewidmet, die während der japanischen Kolonialzeit für die Unabhängigkeit gekämpft und gelitten haben.

Foto: Koreanische Zentrale für Tourismus

CHUNGCHEONGBUK-DO

Cheongju

Cheongju ⓯, 35 km nördlich von Daejeon, ist die Provinzhauptstadt von Chungcheongbuk-do, inmitten der Miho-Ebene, dem größten Becken am Oberlauf des Geumgang. Obwohl die Stadt schon früh ein bedeutendes Siedlungsgebiet war und eine entsprechend lange Geschichte hat, präsentiert sie sich dank ihrer Universitäten heute als junge, moderne Großstadt.

Das alte Cheongju diente einst Groß-Silla als zweite Hauptstadt, in der Joseon-Ära befand sich hier ein bedeutender Armeestützpunkt. Die Provinzregierung zog 1908 in die Stadt, die jedoch erst 1949 Stadtrechte bekam. Heute ist Cheongju das führende Industriezentrum der Provinz und nimmt für sich in Anspruch, die besten **Mineralwasser-Heilquellen** des Landes zu besitzen.

Oben: Im Druckereimuseum von Cheongju, wird gezeigt, wie 1377 das Jikji entstand.

Im Zentrum der Stadt breitet sich zwischen Postamt und Nambu-Markt der **Central Park** ① aus. Neben einem über 700 Jahre alten Ginkgo erinnern einige Monumente, darunter ein Stelen-Pavillon daran, dass die Stadt einst eine wichtige Militärkommandantur war.

Ein kleines Stück nordöstlich des Parks steht, umgeben von Kaufhäusern, ein ungewöhnliches historisches Artefakt: der 13 m hohe ★**Eiserne Flaggenmast** ②, der im Jahr 962 auf dem Areal des damals gegründeten Yongdu-Tempels aufgestellt wurde. Bemerkenswert sind die kunstvoll gearbeiteten, granitenen Stützsteine. Er ist einer von nur drei noch erhaltenen Masten dieser Art in Korea, die beiden anderen stehen im Gapsa (s. S. 94) im Gyeryong-Nationalpark und im Beopjusa (s. S. 106) im Songnisan-Nationalpark.

Nordöstlich des Zentrums führt hinter den Gebäuden der Provinzregierung eine längere Allee zum **Cheongju Hyanggyo** ③, einer 1683 erbauten konfuzianischen Akademie für die Söhne der lokalen Aristokratie. Unterricht gibt es

hier nicht mehr, dafür dient die Anlage als Schrein für 29 chinesische und koreanische Heilige.

Nordwestlich der Innenstadt gelangt man jenseits der Brücke über den Mushim-Fluss zunächst zum **Yonghwa-Tempel** ④ *(Yonghwasa)*, in dem sieben im Morast des Flusses gefundene buddhistische Skulpturen ausgestellt sind. Vom Tempel sind es etwa 1000 m bis zum ★**Cheongju Early Printing Museum** ⑤ und dem benachbarten **Heungdeok-Tempel** ⑥ *(Heungdeoksaji)* – beide 1992 rekonstruiert. Im Museum wird ein Überblick über die Entwicklung des Buchdrucks seit der Silla-Zeit in Korea gegeben. Vor allem aber erfährt man alles über das erste mit beweglichen Metall-Lettern gedruckte Buch der Welt, das 1377 im Heungdeok-Tempel nebenan entstand, der als Druckereizentrum für buddhistische Schriften diente – 78 Jahre vor Gutenberg. Das unter seinem Namen *Jikji* berühmt gewordene Buch, das heute zum UNESCO-Weltdokumentenerbe zählt – der zweite Band der „Anthologie der Zen-Lehre

bedeutender buddhistischer Priester" – verwahrt jedoch seit 1950 die Französische Nationalbibliothek in Paris, was die Koreaner ärgert: Im Museum ist nur eine Kopie zu sehen. Im Anschluss an die Museumsführung darf, wer möchte, selbst versuchen, eine Art Heft in traditioneller Drucktechnik herzustellen.

Bis 1985 galt der Tempel als verschollen, obwohl *Jikji* als Herstellungsort des Buchs aufgeführt ist. Erst als man in einer Baugrube Ziegel von 849 und einen Tempelgong fand, konnte man ihn lokalisieren und rekonstruieren.

Auch Cheongju hat ein **Nationalmuseum** ⑦, es steht im Osten der Stadt. Ausgestellt sind dort rund 2300 Funde aus prähistorischer Zeit, der Epoche der drei Königreiche, der Goryeo- und der Joseon-Dynastie, die in dieser Provinz entdeckt wurden.

Vom Museum windet sich eine Bergstraße über 4,5 km hinauf (Taxianfahrt sinnvoll) zum **Uamsan**, den eine alte Zitadelle krönt: die Festungsanlage ★**Sangdang Sanseong** ⑧, errichtet auf Fundamenten eines Forts aus der

Baekje-Zeit. Sie wurde während aller Dynastien genutzt und erweitert und nach der Zerstörung während des Imjin-Krieges in den 1590er-Jahren Anfang des 18. Jh. erneut wieder aufgebaut. Die **Festungsmauer** hat eine Länge von 4,2 km, und während der gut 2 Stunden in Anspruch nehmenden Umrundung, für die gute Schuhe ratsam sind, bieten sich prächtige Ausblicke auf die Stadt, das Land und die Berge.

Cheongnamdae

Südlich von Cheongju, nahe dem Städtchen Munui, steht am Ufer des **Daecheong-Stausees** die ehemalige Ferienresidenz **Cheongnamdae** ⑯, die von fünf südkoreanischen Präsidenten genutzt wurde. Bis 2003 war dieser Ort für die Öffentlichkeit tabu, dann gab der beliebte Präsident Roh Moo-hyun die Anlage frei. Man darf Teile der vergleichsweise bescheidenen **Ferienresidenz** besichtigen und vor allem durch schöne **Parkanlagen** spazieren.

★Songnisan-Nationalpark

Der pittoreske **★Songnisan-Nationalpark** ⑰, in der geografischen Mitte des Landes, umfasst den zentralen Abschnitt des Sobaek-Gebirges, das die Koreaner auch „Chungbuk Alps" nennen. Die hohen, rauen Berge, die Höhen zwischen 700 und 1000 m erreichen, werden von dicht bewaldeten Tälern durchzogen und bieten Natur pur. Der interessanteste Bereich des Nationalparks ist die südliche Hälfte, wo der höchste Gipfel **Songnisan**, der auch „Gipfel des Himmlischen Kaisers" (*Chonhwangbong*) heißt, 1058 m in den Himmel ragt. Der bei Wanderern beliebteste Gipfel im Süden ist die **Höhe des literarischen Wettkampfs** (*Munjangdae*). Der 1033 m hohe Berg erhielt seinen Namen von König Sejo, der ihn 1464

Rechts: Holzpagode und Buddha Maitreya im Beopju-Tempel.

mit seinem Hofstaat erklomm und oben einen literarischen Wettstreit austragen ließ. Die Hauptsehenswürdigkeit der Region ist neben der herrlichen Natur der Beopju-Tempel, der auch als Startpunkt für schöne Wanderungen dient.

★★Beopju-Tempel *(Beopjusa)*

1 km vom Parkeingang zur Südhälfte des Songnisan-Nationalparks steht der **★★Beopju-Tempel** ⑱ *(Beopjusa)*, einer der großen Besuchermagnete der Region und eines der ältesten, imposantesten Klöster Koreas. 533 gegründet, umfasste er 776 bereits über 60 Gebäude sowie 70 Einsiedeleien und beherbergte 3000 Mönche. 1592 ging die Anlage, wie viele andere, im Imjin-Krieg in Flammen auf, aber schon 1624 begann man mit dem Wiederaufbau. Heute ist das Kloster Hauptsitz der Jogye-Sekte für die Provinz Chungcheongbuk-do. Der weitläufige Komplex wird von einer 33 m hohen, 1990 fertiggestellten vergoldeten Statue des Zukunftsbuddhas **Maitreya** beherrscht. 30 000 Spender trugen 4 Mio. US$ dafür zusammen.

Ebenso beeindruckend ist die 1624 errichtete fünfstufige **★Holzpagode** *(Palsangjeon)*, die einzige in Korea noch erhaltene. Nach den Darstellungen aus dem Leben des historischen Buddhas, die über dem Figurensockel in der Pagode hängen, wird sie auch Halle der acht Gemälde genannt. Im Zentrum der Pagode steht der Herzpfeiler, den die Gläubigen rituell umwandeln können. Auf dem umlaufenden Sockel sieht man vier goldlackierte Plastiken des Buddha in verschiedenen Posen: im Süden mit der Erdberührungsgeste, im Osten in der Geste der Schutzgewährung, im Westen mit der Lehrdarlegungsgeste und im Norden den in Korea seltenen, ins Nirvana eingehenden liegenden Buddha.

Im Norden der Anlage steht die **Haupthalle** *(Daeungbojeon)*, eine der größten Klosterhallen Koreas. In der Halle steht die Trinität aus dem trans-

Foto: Koreanische Zentrale für Tourismus

zendenten Ur-Buddha Vairocana in der Mitte, seinem nur meditativ erfahrbaren „Strahlungsleib" Losana zur Rechten und Buddha Shakyamuni zur Linken.

Rundwanderung

Vom Beopju-Tempel lässt sich eine mittelschwere, spektakuläre fünfstündige **Rundwanderung** zu den beiden Gipfeln **Cheonghwangbong** und **Munjangdae** machen. Vom Tempel bis zum Cheonghwang-Gipfel sind es 7 km, die nicht besonders steil oder schwierig sind. Die ersten 4,2 km läuft man über eine Schotterpiste, der Rest des Weges besteht aus einem guten Pfad mit Steinstufen im letzten Teil. Oben geht es über den Grat in einer Stunde bis zum Munjangdae, wo wiederum Steinstufen auf den Gipfel führen. Unterhalb des Gipfels gibt es einen Laden, in dem man seine Wasservorräte auffüllen kann. Der Weg zurück zum Tempel ist 7,1 km lang und führt vorbei an kleinen Wasserfällen durch dichten Wald.

Chungju

Chungju ⑲, die zweitgrößte Stadt der Provinz Chungju, mit 212 000 Einwohnern befindet sich im Nordosten von Chungcheongbuk-do und ist in erster Linie als Ausgangspunkt für die Attraktionen in dieser Region, Danyang, Workasan- und Sobaeksan-Nationalpark bedeutsam. Wer Zeit erübrigen kann, sollte zur imposanten, 14,5 m hohen **Zentrums-Pagode** am Han-Fluss 20 km westlich der Stadt hinaus fahren. Sie wurde 797 von König Wonseong in Auftrag gegeben, der mit ihr den Mittelpunkt seines Reichs Groß Silla markieren wollte. Vom Fährhafen in Chungju fahren **Schiffe** über Südkoreas zweitgrößten Stausee **Chungjuho** ⑳ bis nach Danyang.

Danyang

Die kleine Resortstadt **Danyang** ㉑ liegt am Rand des Sobaeksan-Nationalparks, in einer Biegung des **Namhangang**, der in den großen Chungju-

See fließt. Die größte Attraktion dieses Städtchens ist die ★Gosu-Höhle *(Gosu Donggul)*, 1,5 km östlich von Danyang. Die beeindruckende **Tropfsteinhöhle** zieht sich über eine Länge von 1300 m und wurde in den frühen 1970er-Jahren entdeckt. Der Name Gosu bedeutet so viel wie „Feld mit hohem Schilf", da die Gegend einst mit hohen Gräsern bewachsen war. Am Zugang zur Höhle fand man zahlreiche einfache Steinwerkzeuge, die belegen, dass dies bereits ein Siedlungsgebiet in prähistorischer Zeit war.

Weitere Höhlen in der Umgebung sind die 300 m lange **Cheondong Donggul**, 4 km weiter Richtung Sobaeksan-Nationalpark, und die erst kürzlich in der Nähe entdeckte **Nodong Donggul**, die 1 km lang ist und steil 300 m tief in die Erde führt, so dass sie nur über Treppen begehbar ist.

Nordöstlich von Danyang kann man schließlich noch den ★**Guin-Tempel** *(Guinsa)* in einem engen Tal besichtigen. Der 1945 erbaute Tempel der Erlösung und Menschenliebe, so die ungefähre Übersetzung, besteht aus etwa 30 Gebäuden in einer herrlichen Bergregion und ist das Hauptquartier der 1945 wiederbelebten buddhistischen Cheontae-Sekte, die rund 140 Tempel im ganzen Land unterhält.

Sobaeksan-Nationalpark

Südkoreas drittgrößter Nationalpark, der **Sobaeksan-Nationalpark** ㉒, erstreckt sich entlang dem Sobaek-Gebirge, dem „Kleinen Weißen Berg", dessen höchster Gipfel der **Birobong** mit einer Höhe von 1439 m ist. Mitten durch den Park zieht sich von Nord nach Süd die Grenze zur Provinz Gyeongsangbuk-do. Die Berge hier sind nicht so rau und steil wie in anderen Nationalparks und eignen sich für lange, genussvolle Wanderungen.

Von Danyang kommend, bietet sich die kleine Ortschaft **Darian** ㉓ als Basis für Wanderungen an. Von Darian führt ein 6 km langer **Wanderweg** zum Gipfel des **Birobong**, den man in etwa 2,5 Stunden erreichen kann. Oben zweigen weitere Wege zu den drei Gipfeln des Yeonhwabong ab, die zwischen 2,5 bis 6,8 km lang sind.

★Woraksan-Nationalpark

Ein weiterer bedeutender Nationalpark der Provinz ist der 1984 eingerichtete 284 km² große ★**Woraksan-Nationalpark** ㉔. Der größte Vorteil der Region ist, dass sie noch relativ untouristisch ist.

Am einfachsten erfolgt die Anfahrt von Chungju, wobei man auf halbem Wege einen Stopp bei den 53 °C heißen **Thermalquellen von Suanbo** ㉕ machen kann. Die Quellen werden bereits seit über 1000 Jahren genutzt, aber erst 1928 entstand das erste Badehaus. Man kann die Spas der Hotels gegen Gebühr nutzen, oder man besucht das *Suanbo Hi Spa*, das Entspannung ohne die Atmosphäre eines Hotels bietet.

Von Suanbo sind es noch knapp 10 km zum **Mireuksaji**, einem kleinen buddhistischen Tempel, der entweder in der späten Silla oder frühen Goryeo-Zeit errichtet wurde.

Durch den Nationalpark führt eine Straße durch das **Songgye-Tal** nach Norden und passiert das Dorf **Deokju** : – ein guter Standort, wenn man länger bleiben und wandern möchte. Eine 6,4 km lange Wanderroute führt an der alten Festung **Deokjusanseong** aus der Silla-Zeit vorbei zum **Deokju-Tempel** *(Deokjusa)* und 1,5 km hinauf zum **Maaebul**, einer Felswand mit einem **Buddhabildnis**. Von hier geht es noch 3,4 km bergauf bis zum Gipfel **Yeongbong** (1097 m). Bis zum Gipfel benötigt man etwa 3,5 Stunden.

Die Straße durch den Park endet am **Chungju-Stausee**: am **Woraksan Ferry Terminal**, wo man entweder die Fähre nach Chungju oder, wenn der Wasserstand es zulässt, die bis nach Danyang nehmen kann.

DAEJEON (☎ 042)

 Tourist Information Center: Am Express Bus Terminal, Tel. 632 1338; im Bahnhof Daejeon, Tel. 221 1905, im West-Bahnhof (*Seodaejeon*) Tel. 523 1338. Alle drei tgl. 9-18 Uhr, http://www.yuseong.daejeon.kr.

Yousung Spa, tgl. 5-22 Uhr, 480 Bongmyung-gong, Yousung-gu, Tel. 820 0100, Busse 102, 106 vom Express Bus Terminal, www.yousunghotel.com.

National Science Museum, Di-So 9.30-17.50 Uhr, 481 Daedeokdaero, Daedeok Science Town, Bus 104 von der Bushaltestelle gegenüber der City Hall, www.science. go.kr.

Uam Historical Park, tgl. 5-21 Uhr, Bus 311 von Daejeon Station oder Busse 190, 223 vom Express Bus Terminal.

Preiswerte Restaurants gibt es rund um den Dongdaejeon Intercity Bus Terminal und Express Bus Terminal.

Tesco Home Plus Foodcourt mit zahlreichen Restaurants und Imbissen, etwas nördlich der beiden Bus-Terminals (Express und Dongdaejeon).

Sagyejeol Sundae, preiswerte koreanische Hausmannskost, links vom Dongdaejeon Intercity Bus Terminal, Tel. 624 7080.

Flying Pan, gutes italienisches Restaurants in der Fußgängerzone im Zentrum wenige Meter südlich der U-Bahnstation Jungangno, Tel. 223 3004.

Im Stadtzentrum Eunhaeng-dong rund um die U-Bahnstation Jungangno gibt es eine Reihe von Bars und Clubs in den Fußgängergassen. **Brickhouse**, Sport-Bar, Live-Music und coole Djs, U-Bahn Jungangno, Exit 3, geradeaus bis zur Kirche an der dritten Kreuzung, dort einen Block nach rechts.

Am schönsten lässt es sich in den Gassen im Stadtzentrum Eunhaeng-dong zwischen den beiden U-Bahnstationen Daejeon Station und Junggangno bummeln und shoppen.

FLUGZEUG: Der nächste Flughafen befindet sich 40 km entfernt in Cheongju. Vom Dongdaejeon Intercity Bus Terminal fahren täglich 6 Busse in 45 Minuten zum Flughafen.

ZUG: Es gibt zwei Bahnhöfe: Der Hauptbahnhof **Daejeon Station** befindet sich im Zentrum und ist an die U-Bahn angeschlossen; von hier fahren laufend Züge Richtung Seoul und Busan. Der **Bahnhof Seodaejeon** liegt im Westen der Stadt; von hier fahren Züge zur Yongsan Station in Seoul und Richtung Südwesten nach Yeosu und Mokpo.

BUS: Es gibt drei wichtige Busbahnhöfe. Vom **Express Bus Terminal** im Osten der Stadt fahren u.a. Busse nach Busan, Daegu, Gwangju, Suwon und Seoul. Vom **Dongdaejeon Intercity Bus Terminal** gleich gegenüber fahren u.a. Busse nach Cheongju, Geumsan und Gongju. Vom **Seodaejeon Intercity Bus Terminal** im Süden der Stadt fahren u.a. Busse nach Boryeong, Buyeo, Daedunsan und Jeonju

U-BAHN: Es gibt eine Linie mit 22 Stationen. Nützliche Haltestellen sind Daejeon Station, Jungangno (Stadtzentrum), City Hall und Yuseon Spa.

DAEJEON CITY TOUR: Vom Hauptbahnhof gibt es von Di-So viermal tgl. eine Busrundfahrt (ca. 3 Std.) zu den wichtigsten Sehenswürdigkeiten. Veranstalter ist City Bus Tours. Tel. 253 0005.

GEUMSAN

 Keine eigene Touristeninformation. Der Ort ist gut als Tagesausflug von Daejeon zu besuchen.

Busse fahren alle 10 Min. ab Dongdaejeon Intercity Bus Terminal (1 Std.)

Ginseng Markt, der 2., 7., 12., 17., 22. und der 27. eines jeden Monats ist Markttag, dann ist in Geumsan am meisten los.

GYERYONGSAN-NATIONALPARK (☎ 041)

 Tourist Information Center, Tourist Village am Osteingang, tgl. 9-19 Uhr, http://gyeryong.knps.or.kr.

Bus 102 vom Express Bus Terminal oder von der Daejeon Station fährt zum Parkeingang unterhalb des Donghaksa. Von Stadtbusterminal im Zentrum von Gongju fahren Busse zum Gapsa (alle 60 Min.) und Donghaksa (3 x tgl.).

Donghaksa, tgl. 6-19 Uhr. **Gapsa,** tgl. 6-19 Uhr.

GONGJU (☎ 041)

Tourist Information Center, am Parkplatz unterhalb des Gongsan-Forts, tgl. 9-18 Uhr, Tel. 856 7700, www.gongju.go.kr.

Gongsan-Burg (*Gongsanseong*), März-Okt. tgl. 9-18 Uhr, Nov.-Feb. tgl. 9-17 Uhr.
Songsanri-Gräber (*Songsanri Gobungun*), tgl. 9-18 Uhr, Anfahrt mit Bus 8 ab Express Bus Terminal.
Nationalmuseum Gongju, Di-Fr 9-18, Sa-So 9-19 Uhr, Anfahrt mit Bus 8 ab Express Bus Terminal, http://gongju.museum.go.kr.
Magok-Tempel, tgl. 6-18.30 Uhr, Bus 7 vom Stadtbusterminal fährt alle 30 Min., www.magoksa.or.kr.

GONGJU CITY TOUREN: Jeden So von Apr-Okt. werden fünf kostenlose City Touren angeboten. Dauer je 7 Std. Anmeldung im Tourist Information Center.
BUSSE: Der Express Bus Terminal und Intercity Bus Terminal befinden sich nebeneinander. Verbindungen gibt es u.a. nach Seoul, Daejeon, Cheonan, Buyeo, Nonsan und Boryeong.

BUYEO (☎ 041)

Tourist Information Center, am Parkplatz vor dem Busosanseong, tgl. 9-18 Uhr, Tel. 830 2523, www.buyeotour.net.

Viele Restaurants befinden sich an der Straße zwischen Gudeurae-Skulpturenpark und Stadtzentrum.

Busosanseong, März-Okt. tgl. 7-19 Uhr, Nov.-Feb. tgl. 8-17 Uhr.
Gudeurae-Skulpturenpark, Fähren zum Park von Sonnenaufgang bis -untergang
Jeongnimsaji und Museum, März.-Okt. Di-So 9-19 Uhr, Nov.-Feb. Di-So 10-17 Uhr, www.jeongnimsaji.or.kr
Nationalmuseum Buyeo, Di-So 9-18 Uhr, http://buyeo.museum.go.kr.
Königsgräber (*Neungsanri Gobungun*), März-

Okt. tgl. 8-18 Uhr, Nov.-Feb. tgl. 8-17 Uhr, Bus von Wangnungno ggü. Busosanseong.
Gwanchok-Tempel (*Gwanchoksa*), täglich ca. 4-21 Uhr, Bus von Gongju nach Nonsan und dann weiter mit einem Direktbus zum Tempel.

Von Buseos **Intercity Bus Terminal** gibt es unter anderem Busverbindungen nach Boryeong, Daejeon, Nonsan, Gongju und Seoul.

WESTKÜSTE (☎ 041)

Tourist Information, vor dem Bahnhof Daecheon, Tel. 932 2023, http://taean.knps.or.kr.

Boryeong-Schlamm-Festival: findet an neun Tagen im Juli statt.
Boryeong-Kohlemuseum, Di-So 9-18 Uhr.
Cheollipo Arboretum, Apr.-Okt. Do-Di 8-16.30, Nov.-März geschl., www.chollipo.org.

ASAN (☎ 041)

Tourist Information, Bahnhof Onyang-Oncheon, Tel. 540 2517, www.asan.go.kr

Hyeonchungsa, März-Okt. Mi-Mo 9-18, Nov.-Feb. 9-17 Uhr, Bus 900, 910, 920 vom Bahnhof Onyang, www.hcs.go.kr.
Onyang Folk Museum, Apr.-Okt. Di-So 9-18 Uhr, Nov.-März Di-So 9-17 Uhr, Bus 900 vom Bahnhof Onyang, www.onyangmuseum. or.kr.

CHEONAN (☎ 041)

Tourist Information, Bahnhof Cheonan, tgl. 8-20 Uhr, Tel. 550 2445

Unabhängigkeitshalle (*Dongnip Ginyeomgwan*), März-Okt. Di-So 9.30-18 Uhr, Nov.-Feb. Di-So 9.30-17 Uhr, www.i815.or.kr.

CHEONGJU (☎ 043)

Tourist Information Center, tgl. 9-18 Uhr, neben dem Intercity Bus Terminal, Tel. 233 8431, www.cjcity.net.

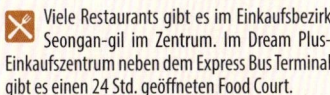

🍴 Viele Restaurants gibt es im Einkaufsbezirk Seongan-gil im Zentrum. Im Dream Plus-Einkaufszentrum neben dem Express Bus Terminal gibt es einen 24 Std. geöffneten Food Court.

🏛 **Cheongju Early Printing Museum,** Di-So 9-18 Uhr, Bus 831, 831-1 ab Express/Intercity Bus Terminal, Busse 861-864 ab Stadtzentrum, www.jikjiworld.net.
Cheongju Nationalmuseum, Di-Fr 9-18 Uhr, Sa-So 9-19 Uhr, Busse 861-864 ab Stadtzentrum, www.cjmuseum.org.
Sangdang Sanseong, tgl. 24 Std., Busse 862-864 ab Stadtzentrum.
Cheongnamdae, Feb.-Nov. Di-So 9-18 Uhr, Dez.-Jan. Di-So 9-17 Uhr, Bus 311 ab Cheongju Intercity Bus Terminal bis Munui.

🔄 *FLUGZEUG*: Vom Cheongju Airport 8,5 km nördlich der Stadt gibt es Verbindungen nur nach Jeju-do und ansonsten zu diversen Zielen in China. Anfahrt mit Bus 747 vom Intercity Bus Terminal.
ZÜGE: Vom Bahnhof Cheongju fahren Züge nach Daejeon. Busse 501 und 511 fahren vom Intercity Busbahnhof zum Bahnhof.
BUSSE: Vom Express Bus Terminal gibt es u. a. Verbindungen nach Busan, Daegu, Dong-Seoul und Seoul und vom benachbarten Intercity Bus Terminal fahren Busse u.a. nach Buyeo, Chuncheon, Chungju, Daejeon, Danyang und Gyeongju.

SONGNISAN-NATIONALPARK

ℹ️ Tourist Information im Busterminal des Parks, Tel. 542 3006, http://songni.knps.or.kr.

🔄 Alle 40 Min. fährt ein Bus vom Cheongju Intercity Bus Terminal zum Park. Weitere Anfahrtsmöglichkeiten bieten der Busbahnhof Dong Seoul und der Dongdaejeon Intercity Bus Terminal in Daejeon.
REntlang der Hauptstraße vom Dorf **Songnisan** am Parkeingang reihen sich zahlreiche Restaurants auf. In den Bergen wachsen viele Pilze, die Eingang in die hiesige Küche, z.B. Reis mit Pilzen gegart (*pyogo deobbap*), gefunden haben.

🏛 **Beopju-Tempel** (*Beopjusa*), tgl. 5-20 Uhr, www.beopjusa.or.kr.

CHUNGJU (☎ 043)

ℹ️ **Tourist Information Center** im Bus Terminal, Tel. 850 7329.

🔄 Vom Chungju Ferry Pier fahren Schiffe über den Chungjuho bis Danyang.

DANYANG

ℹ️ **Tourist Information Office**, auf der anderen Seite der Brücke vom Stadtzentrum, Tel. 422 1146, www.dy21.net.

🏛 **Gosu-Höhle** (*Gosu Donggul*), März-Okt. tgl. 9-17.30 Uhr, Nov.-Feb. tgl. 9-17 Uhr
Cheondong Donggul, tgl. 9-17.30 Uhr, Anfahrt mit dem Bus Richtung Darian.
Nodong Donggul, tgl. 9-17.30 Uhr, Anfahrt mit dem Stadtbus zur Nodong Donggul.
Guin-Tempel (*Guinsa*), tgl. Sonnenauf- bis untergang, Direktbusse ab Danyang, Dong Seoul, Chungju und Wonju.

SOBAEKSAN-NATIONALPARK

ℹ️ http://sobaek.knps.or.kr.

🔄 Busse ab Busterminal in Danyang nach Darian

WORAKSAN-NATIONALPARK

ℹ️ http://worak.knps.or.kr.

🔄 Ab Chungju Bus Terminal fährt Bus 246 mit Stopps in Suanbo, Mireuksaji und Deokju.

🍴 Einfache Restaurants, in denen man preiswerte Nudel- und Reisgerichte bekommt, gibt es im Dorf **Deokju**.

4

Chungcheongnam-do und Chungcheongbuk-do

찹쌀순대 떡볶이 닭꼬지 북경탕수육 포장됨

Garküche in Gwangju

Foto: Oliver Fülling

JEOLLABUK-DO UND JEOLLANAM-DO

JEONJU

GEUMSANSA

MAISAN

HWAEOMSA

NAGANEUPSEONG

5

Jeollabuk-do und Jeollanam-do

JEOLLABUK-DO UND JEOLLANAM-DO

Die Kornkammer Südkoreas

Die beiden Provinzen **Jeollabuk-do** (Nord-Jeolla) und **Jeollanam-do** (Süd-Jeolla) im Südwesten Südkoreas reichen vom Jinan-Plateau bis in die weite Honam-Ebene und entwickelten sich schon früh dank idealer Anbauvoraussetzungen zur Kornkammer des Landes. Seit Jahrhunderten ist die Landwirtschaft einer der Hauptwirtschaftszweige und bereits im Jahr 330 wurde mit dem Byeokgolje-Damm und -Bewässerungssystem nahe der heutigen Stadt Gimje das Land planmäßig urbar gemacht.

Jeollanam-do gehört zu den am wenigsten entwickelten Provinzen des Landes und wird von vielen Koreanern noch immer als hinterwäldlerisch und unterentwickelt empfunden, eine Region, um die die Moderne bisher einen Bogen gemacht hat. Dafür produziert der Südwesten die höchsten Ernteerträge, blickt auf eine der ältesten Keramiktraditionen des Landes zurück und ist der Geburtsort des koreanischen Zen- und des philosophischen Buddhismus.

Der Norden Jeollabuk-dos folgt dem Verlauf des Geum-Flusses, geht dann in eine lose Folge von Ebenen und Hügeln über, um dann im Grenzverlauf dem Sobaek-Gebirge nach Süden zu folgen. Die südliche Grenze wird in Teilen vom Noryang-Gebirge vorgegeben. Der Westen läuft mit einigen Inseln ins Gelbe Meer aus. Die Südausläufer des Noryang-Gebirges gehen in die Provinz Jeollanam-do über, die im Westen und Süden von einer unglaublich zerklüfteten, 6300 km langen Küstenlinie und über 2000 Inseln geprägt wird. Im Osten bildet das mächtige Sobaek-Gebirge mit dem Jiri-Massiv die natürliche Grenze zur Provinz Gyeongsangnam-do.

Bis 660 war der Südwesten Teil des Königreichs Baekje, das schließlich von Silla erobert werden konnte. Jahrhundertelang waren Baekje und Silla verfeindet gewesen, und die Vorbehalte der Einwohner von Jeollanam-do gegen die Nachbarn aus Gyeongsangnam-do haben sich bis heute erhalten. Fern der Hauptstadt Seoul war Jeollanam-do während der Joseon-Dynastie ein Ort der Verbannung, wo man Aufmüpfige hinschickte, um sie zu isolieren. Fern der Hauptstadt begründeten sie dafür eine Tradition kritischer Haltung gegenüber den Machthabern. Die Zeiten wurden moderner, aber die Bereitschaft der Einwohner zur Opposition blieb. Nicht zuletzt stammt auch der berühmteste Dissident Kim Dae-jung aus der Regi-

Links: Stadtbummel in Gwangju.

» Karte S. 116–117, Info S. 142–145   115

on; während der Militärdiktaturen in den 1960er- und 1970er-Jahren war der Südwesten stets als erstes zu Protesten gegen die Machthaber bereit, die schließlich im Aufstand von Gwangju 1980 kulminierten.

Jeollabuk-do und Jeollanam-do waren eine Provinz, bis sie 1896 geteilt wurden. Jeollabuk-do (Nord-Jeolla-Provinz) ist für seine Küche in ganz Korea berühmt, daneben gibt es rustikale Dörfer, schöne Strände und eines der besten Skigebiete des Landes. Seit an der Küste Großkonzerne wie Hyundai investieren, wächst die Wirtschaft stark in diesem noch vor wenigen Jahrzehnten rückständigen Gebiet.

Jeollanam-do (Süd-Jeolla) ist für seine ländliche Atmosphäre bekannt, bietet malerische Zen-Tempel, viel Natur, ein mildes, feuchtes maritimes Klima und fast 2000 Inseln – aber nur ein Viertel dieser Eilande ist bewohnt.

JEOLLABUK-DO

★★Jeonju

Am Ostrand der Honam-Ebene breitet sich vor ★★Jeonju ❶, der Hauptstadt der Provinz Jeollabuk-do, Südkoreas fruchtbarstes Ackerland aus. Die Geschichte dieser traditionsreichen Kulturmetropole ist eng mit der Entwicklung Koreas als Ganzem verbunden. So war Jeonju die Heimat des letzten koreanischen Königshauses Yi, das seinen Stammbaum bis in die Silla-Zeit zurückführt. Schon zu jener Zeit machten die Bewohner ihrem Ruf, aufsässig zu sein, alle Ehre: Im Jahr 892, der Zenit Groß-Sillas war bereits lange überschritten, rebellierte der Militärführer Gyeon Hwon gegen die unfähigen Herrscher der Silla-Dynastie und gründete das Reich Hu Baekje, das mit Jeonju als Hauptstadt bis 935 bestand. Nach der Eroberung durch Goryeo-Truppen bedeutungslos geworden, trat Jeonju erst mit Gründung der Joseon-Dynastie 1392 als neue Provinzhaupt-

Jeollabuk-do und Jeollanam-do **5**

Foto: Volkmar E. Janicke

stadt wieder ins Licht der Geschichte. 1949 bekam sie Stadtrechte und heute leben hier 622 000 Menschen. Trotz des schnellen Wachstums an den Rändern und seiner Funktion als Wirtschafts- und Bildungszentrum der Provinz hat sich Jeonju seine altehrwürdige Atmosphäre und viel Charakter bewahrt. Und nicht zuletzt ist dies die Heimat des *Bibimbap* – Koreas berühmtestes Gericht, das aus Reis, Fleisch, Eiern und Gemüse in einer scharfen Soße besteht. Als weitere typische Jeonju-Spezialität gilt *Kongnamul Gukbap* – Sojasprossen und Reis in einer Sardellenbrühe. Das örtliche Kunsthandwerk ist bekannt für die kreative Verwendung von Papier.

★Pungnammun

Von den vier 1389 mit der Stadtmauer errichteten Stadttoren blieb im Zentrum nur das prachtvolle Südtor ★**Pung**-

Oben: Das Hanok-Dorf von Jeonju ist das größte noch erhaltene traditionelle Wohngebiet Südkoreas.

nammun ① mit seinem Pagodendach erhalten, das 1768 mit der Stadtmauer erneuert wurde. Die Mauer riss man Anfang des 20. Jh. ab, um Platz für die Stadterweiterung zu schaffen, aber das mächtige, wie eine kleine Festung wirkende Pungnammun durfte stehen bleiben und bildet nun den Zugang zur faszinierenden Welt des alten Jeonju auf der einen und dem weitläufigen **Nambu-Markt** ② für frische Lebensmittel auf der anderen Seite.

Die **Katholische Kirche Jeondong** ③ ist ein echter Blickfang – eine große neoromanische Basilika in Ostasien; imposant, aus rotem Ziegelstein, mit modernen Buntglasfenstern. Der französische Missionar Xavier Baudounet ließ sie 1914 an jener Stelle errichten, an der 1781 und 1801 koreanische Katholiken den Märtyrertod starben, nachdem das Christentum verboten worden war, wegen seiner Ablehnung des konfuzianischen Ahnenkults. Als Eckstein ließ er einen Stein des nahen Stadttors einbauen, wo die Köpfe der Märtyrer ausgestellt worden waren.

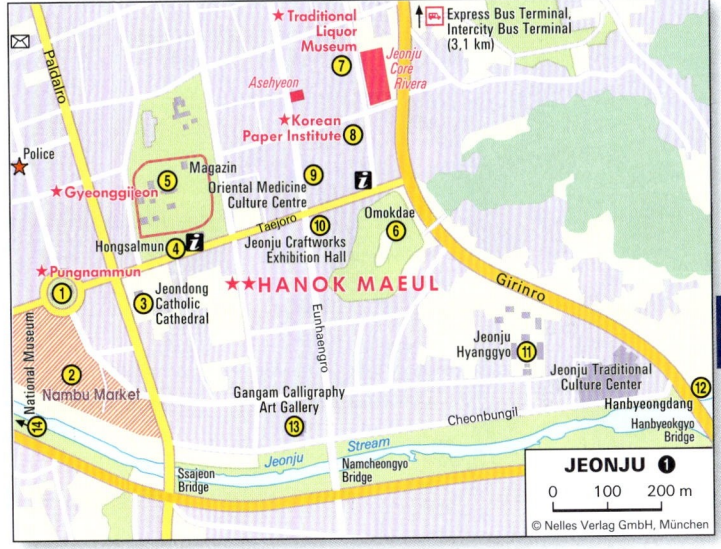

★Traditional Liquor Museum ⑦

Asehyeon

Express Bus Terminal, Intercity Bus Terminal (3,1 km)

Jeonju Core Riviera

★Korean Paper Institute ⑧

Paldalro

Police

Magazin ⑨
Oriental Medicine Culture Centre

⑤ ★Gyeonggijeon

🛈

Hongsalmun ④ 🛈

Taejeero

Jeonju Craftworks Exhibition Hall ⑩

Omokdae ⑥

★Pungnammun ①

③ Jeondong Catholic Cathedral

★★HANOK MAEUL

Girinro

Eunhaengro

② Nambu Market

National Museum

Gangam Calligraphy Art Gallery ⑬

Jeonju Hyanggyo ⑪

Jeonju Traditional Culture Center ⑫

Hanbyeongdang

Hanbyeokgyo Bridge

Cheonbungil

⑭

Ssajeon Bridge

Jeonju

Stream

Namcheongyo Bridge

JEONJU ❶

0   100   200 m

© Nelles Verlag GmbH, München

5

Jeollabuk-do und Jeollanam-do

★Gyeonggijeon-Schrein

Am Weg in die Altstadt liegt ein ummauertes Ahnenschreinareal. Man betritt es durch das **Rote Tor** ④ *(Hongsalmun)*. Die rekonstruierten Gebäude links und rechts des Eingangs dienten Zeremonien für die königliche Familie. Dahinter führt der Weg zu einer kleinen, 1410 erbauten **Halle**, in der ein Porträt von Yi Seong-gye, dem Gründer der Joseon-Dynastie hängt, flankiert von fünf weiteren Königen. Im Zentrum steht der ★**Gyeonggijeon** ⑤, ein Schrein für die aus Jeonju stammende Königsfamilie Yi. Im hinteren rechten Bereich des Parks gibt es einen kleinen **Schrein** mit dem Bildnis von Yi Han, dem Urahn der Familie. Rechts vom Hauptschrein steht ein rekonstruiertes, auf Pfählen ruhendes **Magazin**, in dem einst wichtige Dokumente aufbewahrt wurden.

★★Hanok-Dorf *(Hanok Maeul)*

Der touristische Trumpf Jeonjus ist sein ★★**Hanok-Dorf** *(Hanok Maeul)*, das mit über 800 erhaltenen traditionellen koreanischen Häusern *(Hanok)*, das größte zusammenhängende traditionelle Wohngebiet Koreas darstellt. In vielen der Hofhäuser sind Museen, Ateliers, Restaurants, Teehäuser, Souvenirgeschäfte und Boutiquen untergebracht. Um sich besser in dem Gassengewirr orientieren zu können, sollte man sich bei der Touristeninformation, die sich vor dem Gyeonggijeon befindet, einen Detailplan holen.

Für einen ersten Überblick kann man zum **Omokdae** ⑥ spazieren, einem Pavillon auf dem Hügel, der an den Sieg von Yi Seong-gye 1380 über japanische Piraten erinnern soll. Vom Pavillon genießt man einen fantastischen Blick auf das Häusermeer der Altstadt mit seinen grauen, geschwungenen Dächern, den hohen Umfassungsmauern und den engen, gewundenen Gassen.

Man kann sich treiben lassen – oder eines der Museen besuchen: Einen Einblick in die traditionelle Herstellung von *Soju*, dem beliebten koreanischen Süßkartoffel/Getreide-Wodka, bietet

≫ Stadtplan S. 119, Info S. 142-145

Foto: Volkmar E. Janicke

das ★**Traditional Liquor Museum** ⑦ in einem wunderschönen alten *Hanok*; natürlich darf man das Destillat auch kosten. Spannend ist der Besuch des ★**Jeonju Korean Paper Institute** ⑧ das in einem atmosphärischen *Hanok* untergebracht ist. Hier kann man zusehen, wie handgeschöpftes Papier, das *Hanji*, entsteht und nachvollziehen, wie die Stadt zum größten Papierproduzenten Koreas wurde. Wer sich für die traditionelle koreanische Medizin interessiert, sollte das **Oriental Medicine Culture Centre** ⑨ aufsuchen, wo man sich auch untersuchen lassen und dann eine Akkupunktur, Moxibustion oder Massagetherapie verschreiben lassen kann. Leider ist nicht immer jemand da, der auch Englisch spricht.

Geht man weiter gen Süden, lädt die **Jeonju Craftworks Exhibition Hall** ⑩ mit ihrer hübschen Kunsthandwerksausstellung zu einer Stippvisite ein, bevor man zur **Jeonju Hyanggyo** ⑪

Oben: Jugendliche in Jeonju. Rechts: Die imposante Maitreya-Halle des Goldberg-Klosters.

spaziert. Diese alte konfuzianische Akademie wurde im Jahr 1603 erbaut und beherbergt zusätzlich einen Schrein und Schlafsaal. In der Haupthalle stehen die Gedenktäfelchen für Konfuzius und 24 weitere koreanische und chinesische Weise. Mächtige Ginkgobäume verleihen der Schule einen Hauch von Strenge.

Auf der anderen Seite des Flusses steht, neben der Schnellstraße, der **Hanbyeong-Pavillion** ⑫ *(Hanbyeong-dang)*, dessen Bau 1404 von Choe Dam, der Yi Seong-gye bei der Gründung der Joseon-Dynastie zur Seite stand, veranlasst wurde. Im Südwesten der Altstadt lohnt es sich nach der **Gangam Calligraphy Art Gallery** ⑬ zu suchen. Hier werden über 1000 handschriftliche Arbeiten von Koreas berühmtesten Kalligrafen ausgestellt, eine der umfangreichsten Sammlungen dieser Art.

Nationalmuseum Jeonju

Das **Nationalmuseum Jeonju** ⑭ liegt fernab im Südwesten der Stadt

Foto: Volkmar E. Janicke

und bietet mit rund 1200 Exponaten in drei Ausstellungshallen einen Überblick über Archäologie, Schöne Künste und traditionelle Kultur der Provinz. Unter anderem werden spezielle Gerichte der Region vorgestellt, aber auch Nachstellungen der Bauernriten, die den Schutzgottheiten geschuldet waren, sind hier zu sehen. Eine eigene Ausstellung widmet sich der Herstellung von *Hanji*, dem koreanischen Papier aus der Rinde des Maulbeerbaums.

★★Goldberg-Kloster (*Geumsansa*)

15 km südlich von Jeonju breitet sich der **Moaksan-Provinzpark** aus. Die sanften Berge der rund 42 km² großen Region bilden die ansprechende Kulisse für das **★★Goldberg-Kloster ❷ (*Geumsansa*)**, 599 in einem flachen Flusstal an den Westhängen des Moaksan auf Anordnung von König Beop gegründet. Ab 766 wurde der Tempel unter dem Mönch Jinpyo zu einer großen Klosteranlage ausgebaut; Jinpyo hatte den Buddhismus in China, dem damaligen Zentrum des ostasiatischen Buddhismus studiert, und König Hyegong beauftragte ihn, die Lehre vom kommenden Heilsreich des Buddha Maitreya einzuführen. Das Goldberg-Kloster, der Beopjusa (s. S. 106) und der Donghwasa (s. S. 193) wurden eigens für diesen Kult ausgewählt. Im frühen 10. Jh. war das Kloster Schauplatz der Auseinandersetzungen von König Gyeon Hwon (reg. 900-935), dem Begründer von Hu Baekje, mit seinem ältesten Sohn. Dieser, erzürnt, dass sein Vater ihn bei der Thronfolge übergangen hatte, zettelte eine Palastrevolte an, in deren Verlauf der Kronprinz getötet und Gyeon Hwon ins Goldberg-Kloster verbannt wurde. Er floh und fand Aufnahme bei seinem einstigen Feind Wang Geon, dem Gründer der Goryeo-Dynastie, starb aber 936, ein Jahr nachdem Wang Geon die Goryeo-Dynastie über ganz Korea ausweiten konnte. Im modernen Südkorea ist das Kloster nun Sitz des 17. Distrikts der Jogye-Sekte.

Die große **★Maitreya-Halle (*Mireukjeon*)**. 1626-35 erbaut, dominiert die weitläufige Anlage. Sie ist die einzige Halle mit einem dreifach gestaffelten Dach in Korea. Aber nicht nur das Dach, auch die Innenausstattung besitzt Seltenheitswert. Die ursprüngliche monumentale Gusseisenfigur des Maitreya wurde während der japanischen Invasion 1592 zerstört und später durch drei gewaltige, 9 bis 12 m hohe goldlackierte Skulpturen ersetzt. In der Mitte steht der 12 m hohe **Maitreya (Mireuk)** – eine der größten nicht aus Stein errichteten Skulpturen des Zukunftsbuddhas in Korea. Ihn begleiten zwei 9 m hohe **Bodhisattvas**.

Die ★**Haupthalle des Großen Lichts (Daejeokwangjeon)** gegenüber dem Tempeleingang imponiert durch ihren Reichtum an Großplastiken. 11 Figuren, darunter fünf sitzende Buddhas und sechs stehende Bodhisattvas, reihen sich auf einem unglaublich langen Altar und verkörpern eine bildliche Darstellung der esoterischen Dreikörperlehre, wie sie die Avatamsaka-Schule verkündete. Auf dem Hof gegenüber der Maitreya-Halle steht die quadratische **Shakyamuni-Halle (Daejangjeon)**, deren vordere Türen 1200 Jahre alt sein sollen. Im Inneren kann man eine qualitätsvolle Plastik des historischen **Buddha** bewundern. Neben weitere Hallen wie der **Gerichts- oder Höllenhalle (Myeongbujeon)** sind vor allem die vielen alten ★**Steinbildwerke** des Tempels, darunter Pagoden und Steinlaternen sehenswert.

★★Mireuksaji

25 km nördlich von Jeonju, 3 km nordwestlich des Orts Geumma, stehen die Reste des buddhistischen Tempels ★★**Mireuksaji** ❸ (UNESCO-Welterbe), der bei seiner Gründung um das Jahr 600 noch *Wangheungsa* – Tempel des königlichen Gedeihens – hieß. Später

---

Rechts: Nervenkitzel verspricht die viel begangene Hängebrücke weit oben im Daedunsan-Provinzpark.

diente er als Zentrum der Heilslehre um den Buddha der Zukunft Maitreya (*Mireuk*) und man benannte ihn daher in Mireuk-Tempel (*Mireuksa*) um. Erbaut wurde die Anlage auf Anweisung von König Mu (reg. 600-641) im ehemaligen Zentrum des losen Stadtstaatengebildes Mahan, aus dem schließlich das Königreich Baekje hervorgegangen war. An der Konstruktion, die sich an Vorbilder aus Goguryeo anlehnt, waren auch Baumeister aus Silla beteiligt, sodass der Tempel typische Bauweisen aus allen drei Königreichen in seiner Gestaltung vereinte. Im 17. Jahrhundert schloss der Mireuksa seine Tore und geriet in Vergessenheit. Erst japanische Ausgrabungen ließen die Bedeutung des ehemaligen Tempels erahnen. Zwischen 1986 und1996 wurden die Überreste freigelegt und ein Jahr später das hochinteressante ★★**Mireuksaji Relics Exhibition Museum** eröffnet, in dem über 19 000 Funde aus dem Areal ausgestellt werden.

Die Archäologen legten Fundamente einer interessanten, erstaunlich weitläufigen Anlage frei. Sie war nach dem in Goguryeo üblichen Schema von drei Goldenen Hallen angeordnet, einer mittleren, einer östlichen und einer westlichen, die aber nicht im rechten Winkel zur mittleren, sondern in einer Reihe aufgestellt waren. Dieses Prinzip wurde später auch in Japan angewandt, und zwar erstmals um das Jahr 700 mit dem Kofuku-ji in Nara – heute eines der nationalen Kulturgüter Japans. Die Lehr- und Versammlungshalle stand wie beim klassischen Tempelaufbau hinter den Goldenen Hallen.

Ein Höhepunkt ist die 14 m hohe **Steinpagode Mireuktap**, die höchste und älteste heute noch existierende Steinpagode Koreas. Sechs der ursprünglich 7 oder 9 Stockwerke blieben an der Nordostseite erhalten. An ihnen lassen sich noch immer die Herkunft vom Holzbau, die hervorragende Steinbearbeitung und die ausgewogenen Proportionen ablesen.

Foto: Koreanische Zentrale für Tourismus

Jeollabuk-do und Jeollanam-do

5

★Daedunsan-Provinzpark

Auf halbem Weg zwischen Jeonju und Daejeon bietet der malerische, 38 km² große ★**Daedunsan-Provinzpark** ❹ zerklüftete Gipfel, steile Hänge und exzellente Felsklettermöglichkeiten. Eine beliebte **Wanderung** beginnt hinter dem **Daedunsan Hot Spring Hotel** und führt auf den 878 m hohen **Daedunsan**, ein besonders im oberen Teil abenteuerlicher Aufstieg (die ersten zwei Drittel sind auch per **Seilbahn** zu bewältigen): Vor dem Gipfel überbrückt eine atemberaubende, 50 m lange ★**Hängebrücke** zwischen zwei Felsen eine 80 m tiefe Schlucht, dahinter geht es über steile, sehr ausgesetzte **Metalltreppen** weiter bis zum höchsten Punkt. Wer nicht schwindelfrei ist, sollte die weniger steile, aber längere Alternativroute zum Gipfel nehmen. Für den Aufstieg auf dem direkten Weg sollte man zwei Stunden, für den Abstieg eine Stunde rechnen. Wer die Alternativroute wandert, braucht drei Stunden für den Auf- und zwei für den Abstieg.

★★Maisan-Provinzpark

Der außergewöhnliche, 17 km² große ★★**Maisan-Provinzpark** ❺, liegt 30 km östlich von Jeonju nahe der Stadt Jinan. Der Naturpark gehört zu den Perlen Jeollabuk-dos und verdankt seinen Namen **Pferdeohren-Berg (Maisan)** den beiden wie ebensolche in den Himmel ragenden Gipfeln. Der östliche Gipfel ist 678 m hoch und wird Männlicher Mai-Gipfel (*Sutmaibong*) genannt, während der mit 667 m etwas niedrigere westliche Gipfel Weiblicher Mai-Gipfel (*Ammaibong*) heißt. Die lokale Bevölkerung nennt den Maisan je nach Jahreszeit anders: Mast-Gipfel (*Dottdaebong*) im Frühjahr, weil er dann wegen der tiefhängenden Wolken an die Masten eines Segelschiffs erinnert, Drachenhorn-Gipfel (*Yonggakbong*) im Sommer, da die in der Ferne auslaufenden Hügel, dem Körper eines Drachen ähneln, Pferdeohr-Gipfel (*Maibong*) im Herbst und Gipfel des literarischen Schreibens (*Munpilbong*) im Winter, da die Gipfel, egal wie viel Schnee fällt, wie

die Borsten eines Schreibpinsels immer schwarz sind.

1885 kam der Einsiedler Yi Gap-yong (1860-1957) zum Berg und ließ sich am Südeinschnitt des kahlen Doppelgipfels nieder. In den folgenden 30 Jahren türmte er an die 120 **Steinsetzungen** auf, von denen 80 dem Zahn der Zeit widerstanden haben. Die primitiven kleinen Steinnadeln erinnern an schamanistische Praktiken und repräsentieren religiöse Vorstellungen über das Universum, die kegelförmigen Pagoden hingegen erreichen Höhen bis zu 15 m und trugen der Anlage den Namen ★**Pagoden-Tempel** *(Tapsa)* ein. Die merkwürdigen Gebilde wurden ohne Zement aufgeschichtet und sind dennoch so stabil, dass bisher kein Sturm sie zerstören konnte.

Der Zugang zum Maisan-Provinzpark erfolgt über den **Nordeingang**. Von hier schlängelt sich ein **Wanderweg** in 30 Minuten auf den Sattel zwischen den beiden Gipfeln, wo sich auch der Tapsa befindet, und weiter über 1,7 km vorbei an weiteren kleinen Tempeln wie dem **Unsusa** und dem **Geumdangsa** wieder zurück zum Parkplatz.

★Deogyusan-Nationalpark

Die kleine Stadt **Muju** ist das Tor zum langgezogenen, 219 km² großen ★**Deogyusan-Nationalpark** ❻ mit dem **Deogyusan Ski Resort** (vormals **Muju**). Dieses Skiparadies mit dem Hotelkomplex *Tirol* im alpenländischen Stil ist das einzige, das in einem Nationalpark liegt. Es bietet auf 750 m ü. M. bis 1215 m ü. M. zahlreiche Pisten aller Schwierigkeitsgrade, darunter die längste und die steilste Südkoreas. Die Skisaison dauert von Dezember bis März.

Bereits im Korea der Joseon-Dynastie war die imposante Natur des zentralen, 36 km langen Tales **Muju Gucheondong** ein beliebtes Reiseziel jener Koreaner, die Geld und Zeit hatten, ihr eigenes Land zu bereisen. Insgesamt

Oben: Wanderung im Maisan-Provinzpark zum Unsusa-Tempel mit seinem markanten Felsen.

33 Highlights werden entlang dieses malerischen Tales gelistet. Den Anfang macht das **Najetongmun**, ein durch den Fels gehauener Tunnel. Die Fels-röhre bildete jahrhundertelang den Grenzposten zwischen Baekje und Silla. Auf der Fahrt durch das Tal passiert man Wasserfälle und Stromschnellen, Teiche und bizarre Felsen. Das Highlight Nr. 32 lässt sich nur noch zu Fuß erreichen: Hinter dem Touristendorf **Gucheon-dong** beginnt der 6 km-Wanderweg (1 ¾ Std.) zu den Resten des einst großen, 830 gegründeten **Baengnyeong-Tem-pel (Baengnyeongsa)**, so benannt, weil nach dem Tod des Einsiedlermönchs Bangnyeon Seonsa hier ein weißer Lo-tos (Bangnyeon) erschienen sein soll. Vom Tempel windet sich der Weg dann durch dichten Wald hinauf zum höchs-ten Gipfel **Deogyusan** (bzw. Hyang-jeokbong; 1614 m ü. M.), der nach 1,5 Std. zu erreichen ist.

Namwon

Jeder Koreaner kennt die kleine Stadt **Namwon ❼**, ist sie doch Schauplatz des berühmtesten Liebesdramas des Lan-des, der „Erzählung von Chunhyang". Die Geschichte erzählt von der verbo-tenen Liebe und Heirat zwischen dem Mädchen Seong Chunhyang (Duften-der Frühling), die der verachteten Klasse der Unterhaltungsdamen (Gisaeng) an-gehört, und dem adligen Yi Mongryong aus der Yanbang-Oberklasse, der seine Frau vor dem Tod durch Erdrosseln ret-tet und öffentlich heiratet. Dieses Hohe-lied der Treue, das zwischen 1694-1834 Gestalt annahm, schildert die sozialen Missstände Mitte des 16. Jh. und lieferte den Stoff für unzählige Romane, Balla-den, Volksopern (Pansori) und Filme.

Die Hauptattraktion der Stadt ist der **★Gwanghallu-Garten (Gwanghallu-won)**, einer der schönsten Gärten im Südwesten Koreas und der Ort, an dem die Geschichte des Liebespaares seine dramatische Wende genommen hatte. Yi Mongryong, der in der Hauptstadt

die konfuzianischen Examina glänzend bestanden hatte, war in seine Hei-matstadt zurückgekehrt, wo er davon erfuhr, dass der korrupte Gouverneur seine Frau erdrosseln lassen wollte. Als Bettler verkleidet, betrat er in dem Augenblick den Bankettsaal, als Chun-hyang gesenkten Hauptes vorgeführt wurde. Zum Entsetzen der Gesellschaft trug Yi daraufhin ein Gedicht bitterer sozialer Anklage vor. Das Ergebnis: Der Gouverneur wurde verhaftet, Yi heira-tete seine Chunhyang ganz offiziell und in aller Öffentlichkeit und beide lebten glücklich bis an ihr Ende.

Die Erzählung von Chunhyang hat zwar wenig Realitätsgehalt, aber der Garten, in dem während der Joseon-Dynastie die Residenz des Gouverneurs stand, wurde dennoch zur Gedenkstätte umfunktioniert. Im Zentrum erhebt sich der doppelgeschossige 1419 erbaute **Gwanghallu-Pavillon**, wo der als Bett-ler verkleidete Yi auf dem Festbankett erschienen war. Der 1626 rekonstruierte Bau gehört zu den vier berühmtesten Pavillons in Südkorea und ist das einzi-ge noch erhaltene Originalgebäude auf dem Areal der alten Gouverneursresi-denz. Bei der 500 Jahre alten **Elstern-brücke (Ojakgyo)** und dem nahen **Voll-mondpavillon (Wanwoljeong)**, sollen sich die Liebenden heimlich getroffen haben. Im **Chunhyang-Schrein (Chun-hyang Sadang)** ist ein Bild der schönen Frau zu bewundern.

Naejangsan-Nationalpark

Im Süden der Provinz Jeollabuk-do und über die Stadt Jeongeup zugäng-lich, befindet sich mit dem 81 km² großen **Naejangsan-Nationalpark ❽** einer der kleinsten Nationalparks in Südkorea. Die Gipfel der Berge sind mit ihren 600-700 m nicht wirklich hoch, die höchste Erhebung ist der 763 m hohe Shinseonbong, aber die Landschaft ist erstaunlich zerklüftet. Nirgendwo sonst im Land präsentiert sich die **★Herbst-laubfärbung** dramatischer als an den

Jeollabuk-do und Jeollanam-do   **5**

Foto: Oliver Fülling

wie ein Amphitheater geformten Hängen der Bergkette. Für die glühenden Rottöne sind die 13 verschiedenen Ahornarten, die im Park wachsen, verantwortlich. Auch Tempel fehlen nicht: der **Baengyangsa** geht bis auf das Jahr 632 zurück. Heute ist er Sitz des 18. Regionalen Hauptquartiers der Jogye-Sekte. Man kann eine anstrengende vierstündige **Rundwanderung**, die auf und ab über die Gipfel des Amphitheaters führt, unternehmen. Der Wanderweg beginnt am **Naejang-Tempel** im Park. Unterwegs führen immer wieder Wege zurück ins Tal, sodass man die Wanderung jederzeit abkürzen kann.

★Gochang-Dolmen und Seonunsan-Provinzpark

Der kleine Ort **Gochang** ❾ hat seinen festen Platz auf der touristischen Landkarte erst, seit im Jahr 2000 die unzähligen in der Umgebung zu findenden ★**Gochang-Dolmen** – zusammen mit den Ganghwa-Dolmen (s. S. 74) und den Hwasun-Dolmen (s. S. 131) – zum UNESCO-Welterbe wurden. 20 Minuten Busfahrt westlich von Gochang befindet sich bei **Jungnim-ri** die mit 442 erfassten Dolmen größte Gruppe dieser prähistorischen Grabstätten in der näheren Umgebung.

Eine weitere Attraktion ist die Gochang überblickende ★**Moyang-Zitadelle**, die um 1453 ausschließlich von Frauen erbaut wurde, um die Honam-Ebene zu schützen. Laut einer Legende wird deshalb jede Frau, die die 1,6 km lange Mauer dreimal mit einem Stein auf ihrem Kopf umrundet, nie wieder krank und kommt nach ihrem Tod direkt ins Paradies.

Neben dem Fort kann man noch dem **Pansori-Museum** einen Besuch abstatten, das eine gute Einführung in diese einzigartige koreanische Musikform bietet: langer epischer Sologesang mit lebhafter Mimik und Gestik, begleitet von einem Fasstrommler.

Oben: Spaßgeräte für Kinder an der Autobahn nach Gwangju. Rechts: In solchen Töpfen gärt das Nationalgericht Kimchi.

Nicht weit von Gochang bietet der **Seonunsan-Provinzpark** ❿ einfache **Wanderwege** durch eine küstennahe hügelige Landschaft, die über 300 m Höhe erreicht. An einer Felswand oberhalb der Einsiedelei **Dosol-am** prangt ein 13 m hohes **Buddharelief** aus der Goryeo-Zeit; ansonsten sind die Felsen ein Paradies für Kletterer.

★Byeonsan-Bando-Nationalpark

Der 157 km² große ★**Byeonsan-Bando-Nationalpark** ⓫ – am Südrand des durch einen 33 km langen Damm zur Landgewinnung zunehmend trockengelegten **Saemangeum**, des einst zweitgrößten Wattenmeers der Welt – bietet eine attraktive Mischung aus Wandermöglichkeiten in den bis zu 500 m hohen Bergen und **Badestränden** wie **Byeonsan** und **Gyeokpo** an der Küste. So ist die Halbinsel ein beliebtes Feriengebiet, in dem es in den Sommermonaten sehr voll werden kann. Parkeingänge für Wanderer sind bei den Dörfern **Junggye-ri** und **Naeso-sa**; von letzterem wandert man in 90 Minuten zum Wasserfall **Jikso**.

JEOLLANAM-DO

Gwangju

Strenggenommen gehört die mit fast 1,5 Millionen Einwohnern sechstgrößte Stadt Südkoreas als *Metropolitan City* gar nicht mehr zur Provinz Jeollanam-do: Bereits 1986 erhielt sie selbst den Status einer Provinz, und 2005 zog dann die Provinzverwaltung Jeollanam-dos weg, in den kleinen Ort Namak im Muan-Distrikt. Seit Jahrhunderten war **Gwangju** ⓬ nicht nur für die nähere Umgebung, sondern auch für die gesamte Provinz Jeollanam-do das Zentrum von Verwaltung, Wirtschaft und Bildung gewesen. Die Verwaltung mag umgezogen sein, die Bedeutung aber bleibt, und so ist die Stadt der Motor für den gesamten Südwesten Südkore-

Foto: Gina Smith (Dreamstime)

as. Das Umland, Koreas größte Ebene, liefert Reis, Baumwolle, Seidenkokons und Tee. Zusammen mit Jeonju der Provinzhauptstadt von Jeollabuk-do weiter nördlich wetteifert Gwangju um den Ruf der besten Küche des Landes. Kein Wunder also, dass gerade hier alljährlich im Oktober das **Kimchi-Festival** rund um das Nationalgericht der Koreaner stattfindet.

Im kollektiven Gedächtnis der Koreaner steht Gwangju allerdings weniger für das Essen als vielmehr für die Demokratisierung Südkoreas. Hier fand zwischen dem 18. und 27. Mai 1980 der Aufstand von Gwangju statt, der mit Studentendemonstrationen gegen die Ausweitung des Kriegsrechts begonnen hatte. Das brutale Vorgehen des Militärs gegen die Demonstranten führte letztendlich zu einer Solidarisierung der gesamten Bevölkerung gegen die Machthaber und schließlich zur Vertreibung der Armee und Bildung von Bürgerkomitees, die die Ordnung aufrechterhielten und Wege zur Demokratisierung der Stadt diskutierten. Am

Jeollabuk-do und Jeollanam-do

5

GWANGJU 🄫

0 1 2 km

© Nelles Verlag GmbH, München

27. Mai wurde der kurze Frühling durch das Militär brutal beendet – unter dem Vorwand, dass es sich um eine Rebellion aufrührerischer Kommunisten gehandelt habe. Erst 15 Jahre später wurden 19 Hauptverantwortliche für das Massaker an hunderten Zivilisten verurteilt und der Aufstand als Beginn der koreanischen Demokratisierung gewertet.

Stadtbummel

Das moderne und großzügig angelegte Gwangju bietet keine Sehenswürdigkeiten im engeren Sinne, aber es lohnt sich, durch die quirligen, bunten Gassen im Zentrum zu bummeln. Der schachbrettförmige Innenstadtbereich wird im Südwesten vom Asian Culture Complex, früher Sitz der Provinzregierung, im Nordosten von der Art Street, im Südwesten vom Gwangju-Bach und im Nordwesten vom **Gwangju Student Independence Movement Memorial Tower** ① begrenzt. Diese Gedenkstätte ist ein Beispiel für die Unbeugsamkeit der Einwohner und erinnert an einen Aufstand gegen die japanischen Besatzer am 3. November 1929. Ausgebrochen war er, als japanische Schüler koreanische Mädchen belästigten. Es kam zu Prügeleien, die in einen blutig niedergeschlagenen Aufstand mündeten.

Die Straßen **★Chungjang-ro** ② und **★Geumnam-ro** ③ mit ihren Seitenstraßen quellen über von Boutiquen, Kinos,

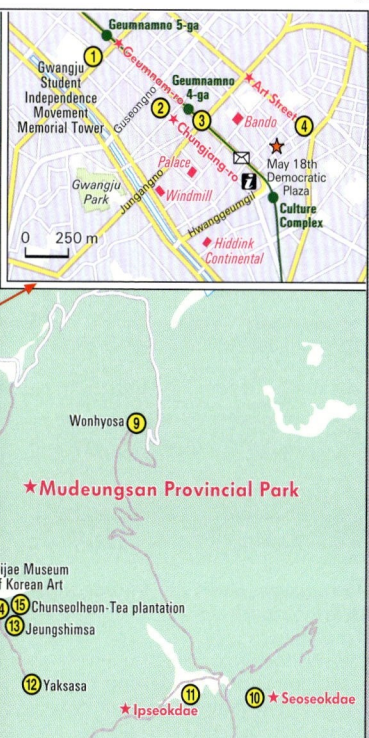

zur Gegenwart. Seltenheitswert haben die Funde aus der Mahan-Zeit. Mahan war eine lose Konföderation von etwa 54 Stadtstaaten, die sich vermutlich ab dem 3. Jh. v. Chr. gebildet hatte und später im Königreiche Baekje, das anfangs ebenfalls der Mahan-Konföderation angehört hatte, aufging. Der Stolz des Museums aber ist die Fülle chinesischer **Keramiken** – geborgen aus einem Schiff, das im 14. Jh. unterwegs nach Japan bei der Insel Sinan vor der Hafenstadt Mokpo gesunken war.

★Gwangju Folk Museum

Das sehenswerte ★**Gwangju Folk Museum** ⑥ erreicht man vom Nationalmuseum nach 15 Minuten Fußweg (durch einen Fußgängertunnel unter der Autobahn). Die Ausstellung in dem markanten Backsteingebäude umfasst eine der größten Sammlungen von Folkloregegenständen außerhalb Seouls. Mithilfe von Dioramen, Modellen, Toneffekten und Videos schafft es dieses Museum, einen höchst lebendigen Eindruck von der Kultur und dem Leben in Jeollanam-do zu vermitteln.

★Gwangju Museum of Art

In der Nachbarschaft des Volkskundemuseums steht das modernistische ★**Gwangju Museum of Art** ⑦, ein Komplex mit Ausstellungs-, Konzert- und Theaterräumen. Gezeigt werden Werke aus der alle zwei Jahre in einer benachbarten Halle stattfindenden **Gwangju Biennale** (2016, 2018 usw.), an der über 500 Künstler aus 60 Ländern teilnehmen.

★Nationalfriedhof des 18. Mai

Der ★**Nationalfriedhof des 18. Mai** ⑧ (8 km nördlich des Bahnhofs; Bild S. 39) für die 154 „offiziellen" Toten des Aufstandes von Gwangju wurde am 16. Mai 1997 kurz nach der Verurteilung der Verantwortlichen für das Massaker

Restaurants und Kneipen. Am lebhaftesten geht es hier nach Feierabend zu, wenn die Menschen bis spätabends im bunten Neonlicht bummeln. Die ★**Art Street** ④ ist besonders am Samstag interessant, wenn in der 300 m langen, künstlerisch gestalteten Straße ein großer **Kunst- und Antiquitätenmarkt** stattfindet. Unter der Woche locken hier viele Galerien, Teehäuser, Antiquitätenläden und Geschäfte für Künstlerbedarf.

Nationalmuseum Gwangju

Das **Nationalmuseum Gwangju** ⑤ bietet auf zwei Etagen einen Überblick über die kulturelle Entwicklung Jeollanam-dos von prähistorischer Zeit bis

» **Stadtplan S. 128–129, Info S. 142–145**

129

Foto: Oliver Fülling

von Gwangju eröffnet. Präsident Kim Young-sam hatte noch 1993 versucht, die Ereignisse vom 18.-27. Mai 1980 unter den Teppich der Geschichte zu kehren, musste aber nach heftigen Protesten der Aufarbeitung zustimmen. Ein Ergebnis, war die Überführung der Getöteten auf den neuen Nationalfriedhof. Neben der bedrückenden **Gedenkstätte** und der eigentlichen Gräberanlage gibt es ein kleines, interessantes **Museum**, das den kurzen demokratischen Frühling und die anschließende gewaltsame Unterdrückung dokumentiert und aufarbeitet. Auch die Rolle der USA wird nicht verschwiegen, denn die gab ihre Zustimmung zur Niederschlagung der Proteste.

★Mudeungsan-Provinzpark

Unmittelbar im Osten der Stadt breitet sich am Westhang des 1187 m hohen **Gipfels des Himmlischen Königs** *(Cheongwangbong)* der ★**Mudeungsan Provinzpark** aus, ein 30 km² großes Naherholungsgebiet, das von zahlreichen Wanderwegen durchzogen ist.

Die populärste **Wanderung** beginnt am **Wonhyo-Tempel** ⑨ *(Wonhyosa)*, heute Sitz der Parkverwaltung, und führt über den Kkomakjae-Grat zum Gyubongam-Felsen und dann an den beiden steil aufragenden Felsformationen ★**Seoseokdae** ⑩ und ★**Ipseokdae** ⑪ vorbei. Von dort kann man einen Abstecher auf den „Gipfel des Himmlischen Königs" einschieben oder weiter über den Jangbuljae-Grat am **Yaksa-Tempel** ⑫ *(Yaksasa)* vorbei zum größten Tempel des Parks **Jeungsimsa** ⑬ wandern. Nicht weit von diesem Tempel lohnt ein Besuch der **Uijae-Kunstgalerie** ⑭ *(Uijae Misulgwan)*, in der Landschafts-Blumen- und Vogelgemälde der Künstlerin Heo Baek-ryeon (1891-1977), deren Künstlername Uijae lautete, ausgestellt werden. Auf dem Weg sieht man die berühmte **Chunseolheon-Teeplantage** ⑮, die einst der Künstlerin Uijae gehörte und heute von Mönchen des

Oben: Ein modernes Mosaikbild in der Art Street von Gwangju.

130   ≫ **Stadtplan S. 128-129, Info S. 142-145**

Jeungsimsa betrieben wird. Den auf der Plantage geernteten „Frühlings-Schnee-Tee" (*Chunseol Cha*) kann man in den **Teehäusern** des Parks kosten.

Von der Galerie führt der Weg vorbei an weiteren Schreinen und Galerien schließlich zur U-Bahnstation **Hakdong-Jeungsimsa**.

★Hwasun-Dolmen

Auf dem Weg zum Unju-Tempel bietet sich ein Abstecher zu den ★**Hwasun-Dolmen** ⑬ an, die sich 2,5 km abseits der Straße zum Tempel befinden. Sie sind zusammen mit den Ganghwa- und Gochang-Dolmen als UNESCO-Welterbe gelistet. Man sieht sie einzeln oder in beeindruckenden Gruppen auf den Hügelkuppen stehen.

★Unju-Tempel *(Unjusa)*

Rund 25 km südlich der Kreisstadt **Hwasun** und 40 km südlich von Gwangju öffnet sich ein von bewaldeten Hügeln gesäumtes Tal mit dem reizvollen Namen **Tausend Buddhas und tausend Pagoden** *(Cheonbul Cheontap)*. Hier steht der 827 vom damaligen „Nationallehrer" und Fengshui-Experten Doseon Guksa gegründete ★**Unju-Tempel** ⑭ *(Unjusa)*, der eine außergewöhnliche Sammlung von gut 100 **Buddha-Skulpturen** und 23 Pagoden sein eigen nennt. Teilweise schief, abgebrochen oder versunken ragen sie aus den Feldern oder erheben sich aus Höhlen, Gräbern und Felsspalten.

Für die Existenz dieser größten Anzahl an Skulpturen in einem koreanischen Tempel gibt es mehrere Theorien. Eine will wissen, dass Geomanten im alten Korea ein Ungleichgewicht an Bergen im Osten und Ebenen im Westen feststellt hatten; die daraufhin errichteten Pagoden in diesem und anderen Tempeln im Westen sollten Gleichgewicht und Harmonie wieder herstellen. Vielleicht war Unjusa aber auch ganz einfach eine Steinmetzschule.

Damyang

Wer sich für Bambus begeistern kann, wird sich in **Damyang** ⑮ im Paradies wähnen. Die kleine Stadt liegt 22 km nördlich von Gwangju und ist seit 400 Jahren Südkoreas Zentrum für Bambusanbau und -verarbeitung. Alles in und um Damyang dreht sich um Bambus: Über 1600 Familien leben von der vielseitigen Pflanze, aus der sie 101 verschiedene Produkte herstellen. Welche – das erfährt man im ★**Bamboo Crafts Museum**, wo über 2000 antike und moderne Bambusgegenstände sowie Bambuskunsthandwerker bei der Arbeit zu bewundern sind.

Am interessantesten ist ein Besuch der Stadt an einem Tag, der auf die Ziffer 2 oder 7 endet: denn dann ist am Vormittag **Bambusmarkt** und das Flair unvergleichlich. Kulinarische Spezialitäten sind im Bambusrohr gedämpfter Reis, frische Bambussprösslinge und *Tteokgalbi*, eine Hackboulette aus feinem Rippchenfleisch vom Steingrill. Dazu passt Damyang-Bambusschnaps.

Den nahen **Bambuswald** durchziehen Spazierwege.

★Changpyeong-Myeon

Auf halbem Weg zwischen Gwangju und Damyang ist im Dorf ★**Changpyeong-myeon** ⑯ ein einzigartiger Lebensentwurf zu bestaunen. Dieser traditionelle Ort war der erste in Korea, der sich der *Cittaslow*-Bewegung angeschlossen hat. Ziel dieser aus Italien übernommen Philosophie ist die Bewahrung der einzigartigen Kultur von Ortschaften und Regionen, deren Bewohner sich bewusst für ein langsameres Tempo und lebenswerte Städte einsetzen.

Changpyeong wurde im frühen 16. Jh. gegründet und besteht aus traditionellen alten koreanischen **Hanok-Häusern**, mit niedrigen Steinmauern entlang der Straßen – ein erhaltenswertes Ensemble.

» **Karte S. 116-117, Info S. 142-145**   131

★Jirisan-Nationalpark (westlicher Teil)

Der größte Gebirgsnationalpark Südkoreas, der 472 km² messende ★**Jirisan-Nationalpark** ⑰, umfasst den Nordosten der Provinz Süd-Jeolla sowie Teile der Nachbarprovinzen.

Der Parkabschnitt in Jeollanam-do ist besonders als Zugang (via Gurye) interessant, wenn man die 42 km lange, je nach Kondition drei bis vier Tage dauernde ★**Hüttenwanderung** im **Jirisan-Massiv** machen möchte: vom **Hwaeom-Tempel** (siehe unten) über den 1507 m hohen **Nogodan** und den 1915 m hohen **Cheongwangbong** bis zum **Daewon-Tempel**. Diese fantastische, gut ausgeschilderte Höhenwanderung führt zunächst auf den Nogodan und von dort über einen Berggrat mit nur wenigen steilen Abschnitten bis zum Cheongwangbong, dem höchsten Gipfel von Festlands-Südkorea. Hier geht es dann wieder abwärts zum Daewon-Tempel.

Übernachten kann man in einfachen Hütten auf dem Grat. Die erste ist die **Nogodan-Hütte**, zu der man in etwa 4 Stunden aufsteigt. Drei Stunden weiter passiert man die **Baemsagol-Hütte**, es sei denn, man läuft noch zwei Stunden weiter bis zur **Yeonhacheon-Hütte**. Von hier sind es 1,5 Stunden bis zur **Byeoksoryeong-Hütte** oder, wenn man weiterwandert, insgesamt 4,5 Stunden bis zur **Saeseok-Hütte**. Weiter geht es in drei Stunden, vorbei an der **Jangteomok-Hütte**, zum Cheongwangbong. Vom Gipfel steigt man in fünf Stunden zum Daewon-Tempel ab, dem Endpunkt dieser Wanderung. Hinter dem Gipfel bietet sich mit der **Chibatmok-Hütte** noch eine weitere Unterkunftsmöglichkeit. Wer lediglich eine Tageswanderung machen will, kann auch nur den Aufstieg auf den Nogodan bewälti-

Rechts: Teezeremonie mit ernsthaft am Klosterleben interessierten ausländischen Gästen im Hwaeom-Tempel.

gen und schon am Nachmittag wieder zurückkehren.

★Hwaeom-Tempel *(Hwaeomsa)*

Mag die Provinz auch nur den kleinsten Teil des Jirisan-Nationalparks abbekommen haben, so besitzt sie mit dem ★**Hwaeom-Tempel** ⑱ *(Hwaeomsa)* den größten, bedeutendsten der Gebirgsregion. Das Kloster wurde 544 vom Inder Yeongi Josa in der Frühzeit des koreanischen Buddhismus gegründet. Unter Uisang wurde der Komplex zum Hauptkloster der philosophisch ausgerichteten Blütengirlanden-Schule (*Hwaeom*), die den umtriebige Mönch aus China eingeführt hatte. Bis zu seiner Zerstörung 1592 war es zu einem riesigen Komplex angewachsen. 1630-36 wurden die Gebäude wiederaufgebaut. Bis heute gehört der Hwaeomsa zu den zehn wichtigsten Tempeln Südkoreas.

Ein gewundener Weg, der die Geister abhalten soll, die dem Volksglauben zufolge nur geradeaus laufen können, führt durch das **Einsäulen-Tor *(Iljumun)*** und das **Erlösungs-Tor *(Haetalmun)*** zum **Tor der Vier Himmelskönige *(Sacheongwangmun)*** mit den vier grimmig dreinschauenden Weltenwächtern. Die Anlage folgt dem seit der Silla-Zeit verbreiteten Zweipagodentyp mit der Haupt- und Lehrhalle entlang der Nord-Süd-Achse. Die beiden fünfstufigen Granitpagoden stammen aus dem Jahr 875. Die schmucklose östliche **Schatzpagode** gilt als symbolischer Behälter „Vieler Kostbarkeiten", die der „Buddha vieler Schätze" einer Erzählung im Lotus-Sutra nach seinem Nachfolger Shakyamuni übergab. Die linke ★**Westpagode** trägt reichen Reliefschmuck mit den Tierkreiszeichen, acht göttlichen Generälen und vier Himmelskönigen am doppelten Sockel und ersten Geschoss. Die prächtige ★**Haupthalle** wurde 1630 erbaut und ist ein eindrucksvolles Beispiel der Architektur der Joseon-Ära. Im Zentrum des Figurensockels thront der Ur-Bud-

» Karte S. 116-117, Info S. 142-145

Foto: Koreanische Zentrale für Tourismus

dha Vairocana. Links der Halle prangt die 1703 erbaute ★**Halle des Erwachenden Kaisers *(Gakhwangjeon)*** mit ihrem gestaffelten „Doppel"-Dach. Die Halle soll vom chinesischen Kaiser gestiftet worden sein und gehört zu den großartigsten Originalbauten des Landes. Die Bemalung und die Schnitzwerke der schrägen Kassettendecke, u. a. mit Lotosmandalas und Keimsilben, stammen aus dem 19. Jh. In der Mitte des Figurensockels thronen Shakyamuni mit Amithaba zu seiner Linken und Prabhutaratna, dem Buddha vieler Schätze zu seiner Rechten, der hier die Stelle des sonst üblichen Medizin-Buddhas einnimmt. Zusammen mit weiteren Skulpturen begleitender Bodhisattvas verbindet diese reiche und nur selten zu findende Konfiguration Züge des Hwaeom- und Zen-Buddhismus mit dem volkstümlichen Buddhismus. Vor der Halle steht eine von Uisang 670 aufgestellte 6 m hohe ★**Steinlaterne**, die größte ihrer Art in Korea. Hinter der Halle führen Stufen hinauf zur ★**Löwenpagode** aus dem 7. Jh. Vier sitzende Löwen auf einem reliefierten Sockel tragen das elegante Granitreliquiar, dessen Dachkränze im typischen Silla-Stil nach unten gestuft sind. Laut einer Legende soll die zwischen den Löwen betende Gestalt Yeongis Mutter sein, während Yeongi selbst unter der eigentümlichen Steinlaterne nebenan kauern und Tee reichen soll.

★Jogyesan-Provinzpark und ★Songgwang-Tempel

Der schöne ★**Jogyesan-Provinzpark**, 20 km westlich von Suncheon, erstreckt sich auf einer Fläche von 27 km² voller Kiefern und Bambus. Die hügelige Landschaft um den 884 m hohen **Jogyesan** (Janggungbong) erscheint als perfekte Kulisse für zwei Tempel, den Songgwangsa und Seonamsa, die durch einen herrlichen **Wanderweg** miteinander verbunden sind. Folgt man dem Pfad über den Gipfel, benötigt man sechs Stunden, nimmt man den Weg um den Gipfel herum, dauert die Wanderung vier Stunden.

Foto: Koreanische Zentrale für Tourismus

Der **★Songgwang-Tempel** ⑲
(*Songgwangsa* – „Tempel der auslaendenden Kiefer") schmiegt sich im Park an den Westhang des Jogyesan. Gegründet im 9. Jh. als Kloster der Avatamsaka-Schule, wurde es im 12. Jh. verlassen und verfiel, bis der berühmte Zen-Meister Bojo Guksa (Chinul) auf der Suche nach dem Standort für ein neues Kloster auf die Ruinen stieß. Hier erbaute er 1190 sein neues Domizil, von dem aus er den Zen-Buddhismus in Korea erneuern wollte. Das Kloster bekam den Namen *Suseonsa*, „Gesellschaft zur Kultivierung des Zen". Das Gebirge nannte er Jogyesan, nach einem heiligen buddhistischen Berg in China, wo der berühmte Mönch Huineng (638-713) den südlichen Zweig des Zen-Buddhismus gegründet hatte, der die plötzliche Erleuchtung postuliert und die chinesischste aller buddhistischen Schulrichtungen ist. Seine Schule lehnte jede

bildliche Darstellung und jedes System, Dogma, Schrifttum und Ritual ab. Um den Geist vom diskursiven Denken und vom Ich-Begriff zu lösen, benutzt man zur Meditation absurde Themen, so genannte Gong'an, „Öffentliche Fälle" (jap. *koan*), die im Dialog mit einem Meister entwickelt werden.

Gegen Ende der Goryeo-Dyanstie bekam das Kloster seinen heutigen Namen *Songgwang*. Als Gründungstempel der Jogye-Sekte wird der Songgwang mit dem Tongdosa (s. S. 175) und Haeinsa (s. S. 180) in Gyeongsangnam-do zu den sogenannten „Drei Juwelen des koreanischen Buddhismus" gezählt. Dabei wird der Tongdosa als Kloster des Buddha, der Haeinsa als Tempel der Lehre und der Songgwangsa als „Behälter" der Gemeinde gezählt.

1969 wurde der Songgwangsa als monastisches Zentrum aller Schulrichtungen des Mahayana-Buddhismus anerkannt und ein internationales **Meditationszentrum** für Mönche aus aller Welt gegründet. Mit über 50 Gebäuden und zahlreichen Einsiedelei-

Oben: In der Daeungbojeon-Halle des Songgwang-Tempels. Rechts: Das traditionsbewusste Dorf Naganeupseong.

Foto: Koreanische Zentrale für Tourismus.

en in den umliegenden Bergen ist er heute der größte aktive Tempel Koreas und Hauptquartier des 21. Distrikts der Jogye-Sekte. Neben der weitläufigen Gesamtanlage ist das angeschlossene **Museum** interessant. Hier werden unter anderem kostbare Schriften des Goryeo-Königs Gojong und liturgische Geräte ausgestellt. Besonders auffällig ist ein holzgeschnittenes Triptychon, in dessen Mittelschrein Shakyamuni, umringt von seinen Jüngern und Erleuchtungswesen, auf Blütenranken thront. Auf den Flügeln reiten Manjushri und Samantabhadra als Allegorien von Weisheit und Meditation.

Am Osthang des Jogyesan steht, durch einen langen Wanderweg mit dem Songgwangsa verbunden, der 529 vom Mönch Ado als Einsiedelei zu Ehren des Ur-Buddha Vairocana gegründete **Seonam-Tempel (Seonamsa)**. Im 9. Jh. zum Zen-Kloster ausgebaut, stammen die heutigen Bauten v. a. aus dem frühen 19. Jh. Der Tempel ist Sitz der Daego-Sekte, der verheirateten sogenannten Rotmönche und gilt als Geburtsort

der meditativen und der doktrinären koreanischen buddhistischen Sekten. Wichtiger ist allerdings seine Funktion als Zentrum zum Studium traditioneller buddhistischer Formen.

★★Naganeupseong Folk Village

Das ★★**Naganeupseong Folk Village ⓴** liegt etwa 20 km südlich des Jogyesan-Provinzparks. Die wörtliche Übersetzung „Befestigte Stadt Nagan" beschreibt die Besonderheit des Ortes treffend, handelt es sich doch um eine der besterhaltenen umwallten Ortschaften Koreas, samt **Adelsresidenz (Nakpung-ru)**. Heute eine Seltenheit, waren diese befestigten Dörfer im Flachland mit ihren reetgedeckten Häusern und verwinkelten Gassen einst weit verbreitet. Gegründet wurde Nagan Ende des 14. Jh. Der ursprüngliche, 1,4 km lange Schutzwall aus Lehm konnte den Ort 1592 nicht vor der Zerstörung bewahren. So baute man die Festungsmauer 1639 aus Stein wieder auf. Heute leben in Nagan 200 Menschen, viele der

Foto: Volkmar E. Janicke

Häuser sind in Privatbesitz. In anderen Höfen leben Künstler, denen man bei der Arbeit zusehen kann und in einigen sind *Minbaks*, Privathäuser mit Zimmervermietung, untergebracht. So kann man beim Bummel durch die Gassen ein Stück traditionellen koreanischen Alltag erleben. Jeden Oktober findet hier das **Namdo Food Festival** statt. Dann gibt es über 300 koreanische Gerichte zum Probieren, Esswettbewerbe und Kulturveranstaltungen.

Yeosu

Der größte Trumpf von **Yeosu** ㉑ ist seine malerische Lage an der zerklüfteten Küste im Süden von Jeollanam-do. Das Stadtgebiet ist auf 317 Inselchen verteilt und dazu passend bedeutet der Name der rund 300 000 Einwohner zählenden Stadt „Schöne Gewässer". Vor über 400 Jahren befand sich in Yeosu der Stützpunkt von Admiral Yi Sun-sin,

Oben: Der Jinnamgwan, Südkoreas größter Holzpavillon, in Yeosu.

dem koreanischen Nationalhelden, der den japanischen Invasoren eine vernichtende Niederlage bereitete.

Seine wachsende wirtschaftliche Bedeutung als Hafenstadt beschert Yeosu Umweltprobleme wie die zunehmende Verschmutzung des Meerwassers. Nachdem die Stadt den Zuschlag für die **EXPO 2012** erhielt, entstand im Osten, gegenüber der Insel Odong-do, das **Expo-Gelände** ①. Das Ausstellungsmotto: „The Living Ocean and Coast" thematisierte die Ökologie des Meeres und die nachhaltige Nutzung seiner Ressourcen. Ein „nachhaltiges" Exponat ist z. B. die gigantische, kilometerweit hörbare, von der deutschen Firma Hey gebaute **Orgel** (Bild S. 13) aus Schiffspfeifen, die auch nach Ende der Weltausstellung für Konzerte ertönen soll. Direkt am Meer ragt sie 55 m hoch auf – in Harfenform montiert an zwei ehemaligen Silos, die zum **Sky Tower** mit Aussichtsdeck mutieren.

Im Stadtzentrum steht der ★**Jinnamgwan** ②, Koreas größter einstöckiger Holzpavillon. Das 75 m lange, 14

Yeosu Bus Terminal
Hyeonam Library
④ Seokcheonsa
③ Chungminsa
⑤ Manseongni Beach (2 km)
Train Station
Ferry Terminal
Sky Tower
① EXPO (2012)
Big "O"
YEOSU PORT
Janggunsan
Aquarium
ODONG-DO
Chonnam Hospital
Yeosu Tourist H.
Chambord Tourist H.
⑥
The MVL
★ *Jinnamgwan*
②
Police
Gosoro
Jasan Park
Excursion Ship
Sky Motel
Passenger Terminal
Jonghwaro
Namsan Park
INNER HARBOUR
JANGGUN-DO
DOLSAN-DO
17
YEOSU ㉑
0   500 m
Dolsan Park
Dolsan-do Bridge
Excursion Pier
© Nelles Verlag GmbH, München

5

Jeollabuk-do und Jeollanam-do

m hohe und von 68 mächtigen Säulen getragene Bauwerk wurde 1599 erbaut und diente Admiral Yi während des Imjin-Krieges zum Empfang von Würdenträgern und später als Marine-Oberkommandozentrale. Im angeschlossenen **Museum** gibt es unter anderem Karten zu sehen, anhand derer die Taktik von Yi Sun-sin bei seinem Kampf gegen die Japaner erläutert wird. Abends ist das Gebäude illuminiert und bietet dann einen dramatischen Blickfang.

Auf einem Hügel nördlich des Jinnamgwan steht der 1601 errichtete **Chungmin-Schrein ③** *(Chungminsa),* der Yi Sun-sin, seinem Admiralskollegen Yi Ok-gi und dem Staatsmann An Hong-guk geweiht ist. Ein kleines **Museum** zeigt Nachbildungen von Gegenständen aus der Zeit der Invasion.

In der Nachbarschaft steht der **Seokcheon-Tempel ④** *(Seokcheonsa),* den ein buddhistischer Mönch im Dienste Yis errichtete, um sich der Pflege des Chungmin-Schreins zu widmen.

Wer Meerluft schnuppern möchte, kann dies am **Manseong-Strand ⑤**

(Manseongni) tun, einem beliebten Picknickplatz im Nordosten mit dunklem Sand.

Die kleine Insel **Odong ⑥** *(Odong-do)* blickt auf den neuen Hafen und das Expo-Gelände und ist über einen 750 m langen Hafendamm zu Fuß oder mit einer kleinen Bahn zu erreichen. Die Insel dient in erster Linie als **Botanischer Garten,** der mit Kamelien und Bambus bewachsen ist. Überragt wird er von einem **Leuchtturm,** der eine schöne Aussicht auf den Hafen ermöglicht.

Im Süden führt eine abends malerisch beleuchtete, elegante **Brücke zur Insel Dolsan** (*(Dolsan-do).*

Dolsan-do

Dolsan-do ㉒, Südkoreas neuntgrößte Insel, die Yeosus Naturhafen rahmt, ist erst seit 1984 durch eine Brücke mit dem Festland verbunden. Eine weitere neue Brücke beginnt beim **Jasan-Park,** am westlichen Ende des Damms nach Odong-do. Etwas unterhalb der älteren Hängebrücke gibt es einen **Ausflug-**

Foto: David Franklin (iStockphoto)

spier, von dem Schiffe für Rundfahrten durch die inselgesprenkelte Meereswelt ablegen. Nicht weit vom Pier ankert der zu besichtigende **Nachbau eines Schildkrötenschiffs.** Die berühmten gepanzerten, von Yi Sun-sin entwickelten Schiffe hatten 130 Mann Besatzung und waren trotz Kanonenbestückung kleiner und viel wendiger als die japanischen Kriegsschiffe.

Am Südzipfel der Insel, der den östlichsten Teil des **Dadaohae-Haesang-Nationalparks** (s. S. 142) bildet, steht das Touristendorf **Impo**, von wo man in 20 Minuten hinauf zum **Hyangiram**, einer seit der Silla-Zeit bestehenden Einsiedelei für buddhistische Nonnen, wandern kann. Die Einsiedelei ist weniger für ihre Gebäude als für ihre einmalige Lage in den Klippen hoch über dem Meer sehenswert. Vom Tempel aus führt ein weiterer Weg hinauf auf den 323 m hohen **Geumosan**. Nach 30 Minuten und 350 schweißtreibenden

Oben: In der Daehan-Dawon-Teeplantage bei Boseong sind Besucher willkommen.

Treppen ist eine grandiose ★**Aussicht** die Belohnung. Ein weiterer Weg endet nach 25 Minuten Fußweg wieder beim Hyangiram.

Boseong

Die Kreisstadt **Boseong** ㉓ eignet sich als Basis für Ausflüge: Der erste Abstecher sollte zur ★**Daehan Dawon-Teeplantage** ㉔ führen. Die 1939 angelegte Plantage ist das älteste und größte Teeanbaugebiet Koreas und liefert den Großteil des koreanischen Grüntees. Man darf durch einen besonders reizvollen Teil der Plantage spazieren und in einem der **Teehäuser** den Tee probieren oder in einem der Geschäfte auch kaufen. Etwa 4 km südlich lockt der ★**Yulpo**, ein Strand, wo man im **Yulpo Haesu Nokchatang** sogar in Teewasser, aber natürlich auch im Meer baden kann.

Rund 15 km westlich von Boseong lohnt ein Besuch des 860 gegründeten Landklosters **Borimsa** ㉕, das in seinen frühen Jahren das Hauptquartier der Gaji-Sekte innerhalb des koreanischen Zen-Buddhismus gewesen war. Tatsächlich war dies sogar einer der ersten Tempel überhaupt, in denen Zen-Meditationen durchgeführt wurden. Während des Koreakrieges wurde Borimsa fast vollständig zerstört und erst in den 1980er Jahren begann der Wiederaufbau. Der Besuch ist vor allem interessant wegen der hier zu sehenden Nationalschätze, darunter zwei dreistufige **Granitpagoden** aus der zweiten Hälfte des 9. Jh., die noch das ursprüngliche Klosterkonzept als Zweipagodentyp erkennen lassen. Bei den Restaurierungsarbeiten fand man die Asche des Klostergründers Bojo, seinerzeit Nationallehrer; zu diesen beiden Reliquienbehältern gehört auch eine zierliche Laterne. Die **Halle des Großen Lichts** beherbergt die Gusseisenplastik – eine der schönsten ihrer Art in ganz Korea – des Ur-Buddhas **Vairocana** aus dem Jahr 870.

Gangjin

Nicht nur für seine Fangflotte ist das alte Fischereizentrum **Gangjin** ❷❻ bekannt: Seit über 1000 Jahren ist es darüber hinaus ein berühmtes Zentrum der **Seladon-Töpferkunst**. Vor allem am östlichen Ufer der langgezogenen Gangjin-Bucht gibt es noch über 180 **Brennöfen** aus der Goryeo-Dynastie, die ein qualitativ herausragendes Seladon brannten. Berühmt war die Ware für ihre dezenten Farben und Ornamentik sowie kunstfertige Herstellung.

Viele Exemplare der alten Töpferkunst sind im Nationalmuseum in Seoul ausgestellt, aber auch das **Gangjin Seladon Museum** *(Cheongja Doyoji)* in der kleinen Ortschaft **Misan** ❷❼, 18 km südlich von Gangjin, zeigt einige exquisite Exponate. Hier erfährt man auch, wie Seladon seinerzeit hergestellt wurde.

Heute noch befindet sich in der Umgebung eine der größten koreanischen **Produktionsstätten für Seladon**, ein

wenig östlich von Misan in **Daegu-myeon**. Und wer gar nicht genug bekommen kann, sollte das **Seladon-Kulturfestival** in Gangjin Ende Juli/ Anfang August besuchen.

★Duryunsan-Provinzpark

Der 700 m hohe Duryunsan ist die südlichste Gebirgsregion der koreanischen Halbinsel und bildet mit seinen dicht bewaldeten Hängen den ★**Duryunsan-Provinzpark** ❷❽. Die Gipfel sind felsig und karg und wer es hinauf geschafft hat, kann bei klarer Sicht weit über das Südmeer zu den Inseln Wando und Jin-do, an manchen Tagen bis zum Hallasan auf Jeju-do blicken. Hier lockt der 546 gegründete ★**Daedunsa** (Daehungsa), ein altehrwürdiger Zen-Tempelkomplex vor pittoresker Bergkulisse, den man nach 40 Minuten Fußweg vom Busstop am Park erreicht.

Der Tempel besteht aus drei voneinander abgesetzten Gebäudegruppen. Berühmt wurde er einstmals weniger wegen seiner meditativen Ruhe, sondern weil er als Bastion des Mönchsgenerals Seosan, der 1592-1598 mit seinen Mönchen gegen die japanischen Invasoren kämpfte, diente. Friedlicher waren die beiden Mönche Choui Seonsa (1786-1866) und Kim Cheonghui (1786-1856), die die Kunst der von Seosan entwickelten Teezeremonie in Korea wiederbelebten. Heute befindet sich hier das 22. Hauptquartier der Jogye-Sekte. Es gibt ein **Museum**, in dem eine Glocke aus der Goryeo-Dynastie, buddhistische Schätze und eine ★**Teezeremonie** zu sehen sind. Hinter dem Museum links beginnt der Wanderweg auf den Gipfel Duryunbong, für den man 1,5 Stunden benötigt. Zurück führt eine alternative Strecke, auf der man eine Stunde unterwegs ist.

Ca. 15 km südlich, bei Seojeong-ri, unterhält der Daedunsa (Daehungsa) eine „Zweigstelle": den ★**Mihwangsa-Tempel** ❷❾ von 749, der rund ums Jahr ein sehr interessantes ★**Templestay-**

Programm anbietet und schön gelegen ist – mit Sonnenuntergangs- und Dalmasan-Bergblick. Neben dem üblichen Schlafsaal finden sich hier auch separate Zimmer für Gäste.

Sinji-do, Wan-do, Bogil-do

Die über eine Brücke mit dem Festland verbundene Insel **Wan-do** ❸⓪ bietet hübsche Küstenlandschaften und ein altes Fort; das im 9. Jh. erbaute **Cheonghaejin** im Osten der Insel diente zu Silla-Zeit unter General Jang Bo-gu als Festung, von der er die Piraterie an der Südküste bekämpfte, um den Seehandel mit China zu sichern.

Südlich der alten Festung führt eine Brücke hinüber zur Insel **Sinji-do** ❸❶, wo sich mit dem 4 km langen ★**Myeongsasimni** der wohl schönste **Sandstrand** von Jeollanam-do erstreckt.

Die **Stadt Wan-do**, südlich der Brücke nach Sinji-do, bietet keine Sehenswürdigkeiten, aber wer hier auf die **Fähre** nach Jeju-do wartet, kann 448 Stufen zum futuristischen **Wan-do-Tower** hinaufsteigen und einen Blick auf Jeju-do erhaschen. Vom Hafen fahren auch Schiffe nach **Bogil-do** ❸❷, einer Insel südwestlich von Wan-do, die für ihre beiden schönen Strände **Jungni** und **Tongni** bekannt ist.

Jin-do

Im Südwesten liegt Südkoreas drittgrößte Insel **Jin-do** ❸❸, am Treffpunkt von Südmeer und Gelbem Meer. Die Insel, die über eine Brücke mit dem Festland verbunden ist und von ihrer Fischereiindustrie lebt, bietet keine spektakulären Sehenswürdigkeiten, aber ein einzigartiges Ereignis, das als ★**Moses-Wunder** oder „Geheimnisvolle Meeresstraße" (**Ganjuyuk Gyedo**) berühmt ist: Zweimal im Jahr zwischen März und Juli beträgt der Tidenhub mehr als 8 m und

legt dann ein 3 km langes, 50 m breites begehbares Stück Meeresboden frei, das vom Ort **Hoidong-on** im Südosten zur **Insel Mo-do** führt. Zu diesem Anlass findet das **Yeongdeung-je-Festival** mit Zeremonien für den Gott des Meeres, schamanistischen Ritualen, traditioneller Musik etc. statt. Wer die Passage gehen will, kann sich Gummistiefel leihen und sich in die lange Schlange der Wattwanderer einreihen.

Außerdem ist die Insel für ihre elegante Hunderasse, den Korea-Jindo, bekannt – zu besichtigen im **Jin-do-Dog Research Centre** im Hauptort **Jindo-eup**, wo sie gezüchtet wird.

Mokpo

Das 243 000 Einwohner zählende **Mokpo** ❸❹ im Westen von Jeollanam-do ist die wichtigste Hafenstadt der Provinz und Endpunkt von Autobahnen und Bahnlinien. Seit jeher ein Umschlagplatz zwischen Land und Meer, gehörte Mokpo 1897 zu jenen koreanischen Häfen, die für den Außenhandel geöffnet werden mussten. 1913 schlossen die Japaner die Stadt an die Bahnlinie nach Seoul an und bauten sie zu einem strategisch wichtigen Hafen des Kolonialregimes aus.

Mokpo bietet keine großen Sehenswürdigkeiten und ist vor allem als **Fährhafen** zu den Inseln Jeju-do, Heuksan-do und Hong-do interessant.

Wer in Mokpo auf die Fähre wartet, braucht sich nicht zu langweilen, sondern kann in den **Gatbawi Culture District** fahren, wo es einige Museen gibt. Lohnend ist besonders das **Institut für Maritimes Kulturerbe**, das einzige Museum Südkoreas, das die Geschichte der koreanischen Seefahrt zum Thema hat. Höhepunkt der Ausstellung sind zwei **Schiffswracks** aus dem 11. und 14. Jh. sowie die aus ihnen geborgenen Funde. Im **Culture & Arts Centre** sind Werke lokaler Künstler ausgestellt und im **Ceramic Livingware Museum** bekommt man einen kleinen Einblick in die Ent-

Rechts: Fischereizubehör aller Art in der Hafenstadt Mokpo, in der Nähe des Fischmarkts.

Foto: Volkmar E. Janicke

wicklung der Keramikherstellung in Korea. Weitere Museen auf dem Areal sind das **Local History Museum**, die **Namnong Memorial Hall**, das **National History Museum** und das **Museum of Literature**.

Südlich des Damms, der östlich des Museumsdistrikts den Yeongsan-See überbrückt, zeigt das **Agriculture Museum** einen Querschnitt des traditionellen Landlebens der Provinz.

Nördlich vom Zentrum wartet der **Yudalsan-Park** mit einem Orchideengarten, gläsernem Gewächshaus, einem Skulpturenpark und schönen Ausblicken von seinen höchsten Punkten auf.

Korean International Circuit

Auf dem **Korean International Circuit** ㉟, der neuen Formel-1-Rennstrecke 5 km südlich von Mokpo im Distrikt **Yeongam**, fahren seit 2010 einmal pro Jahr die Formel-1-Weltstars mit etwa 300 km/h 55 Mal im Kreis – aber nicht ungebremst: Auf 5612 m hat der deutsche Planer Hermann Tilke 18 Kurven eingebaut. Ein Teil der Strecke dient in rennfreien Zeiten dem normalen Straßenverkehr entlang des Hafens. Hier soll künftig ein Touristenzentrum mit Casino, Jachthafen, Golfplatz und Hotels entstehen.

★Wolchulsan-Nationalpark

Östlich von Mokpo bietet der nur 42 km² große ★**Wolchulsan-Nationalpark** ㊱ dramatische Felsformationen, die rund um den 809 m hohen Gipfel **Cheonhwangbong** in einer unglaublichen Vielfalt aus der Landschaft ragen. Eine herrliche Wanderung führt über 8 km (6 Std. Gehzeit) vom **Dogap-Tempel** im Westen bis zum **Cheonhwang-Tempel** im Osten. Der Weg ist gut ausgeschildert, aber teils steil, da immer wieder Granitfelsen überwunden werden müssen. Zwischen beiden Tempeln pendeln Busse, so dass sich der Nationalpark als abwechslungsreicher Tagesausflug von Mokpo mit Umsteigen in Yeongam gestalten lässt.

Der **★Dogap-Tempel** *(Dogapsa)* ist an einem Berghang – ausnahmsweise ost-west-orientiert – angelegt. Gegründet im 9. Jh., besitzt das Kloster bedeutende Originalbauten des 15. Jh. wie das **Tor der Erleuchtung** *(Haetalmun)* von 1473, ein schönes Beispiel früher Holzbaukunst, und die **Gerichts- und Höllenhalle** *(Myeongbujeon)* von 1456. In der neu errichteten **Haupthalle** sieht man die seltene Buddha-Triade aus Ur-Buddha **Vairocana** (Mitte), Buddha **Shakyamuni** (links) und Medizinbuddha **Bhaisajyaguru** (rechts).

★Dadohae Haesang Nationalpark

Der **★Dadohae Haesang Nationalpark** umfasst 1700 Inseln und ist in acht Bereiche eingeteilt, die sich die gesamte Süd- und einen Teil der Westküste entlang ziehen. Im Westen der Provinz stehen vor allem zwei Inseln für die Schönheit dieser Naturlandschaft: Heuksan-do und Hong-do. Beide kann man in Kombination nacheinander besuchen, per Fähre von Mokpo.

Yeri heißt der Hafenort auf **★Heuksan-do** ㊲, 100 km vor der Westküste. Die Insel weist mehrere Fischerdörfer auf, die über Wege und Pisten verbunden sind. Eine von einem Bus befahrene Straße führt einmal ringsherum. Wer nicht wandern will, kann mit Ausflugschiffen um die Insel schippern.

Als letzter Außenposten Südkoreas, 120 km westlich von Mokpo im Gelben Meer ist **★Hong-do** ㊳ die bekannteste Insel des Nationalparks und eine der schönsten. Umgeben von zwei Dutzend kleiner, unbewohnter Inseln ist Hong-do nur 6 km lang und 2,5 km breit. Das Eiland ragt steil bis zu einer Höhe von 368 m aus dem Meer und bietet mit ungewöhnlichen Felsformationen reizvolle Fotomotive.

Da ein Großteil der Insel Naturschutzgebiet ist und nicht betreten werden darf, ist die beste Option zu ihrer Erkundung das Ausflugschiff, das am kleinen Hafen des Orts **Ilgu** ablegt.

JEONJU (☎ 063)

Tourist Information Center: Hauptbüro in der Taejo-ro, Tel. 282 1338, Filialen am Express Bus Terminal, Tel. 281 2739, vor dem Gyeonggijeon, Tel. 232 6239, alle tgl. 9-19 Uhr, www.jeonju.go.kr.

Gyeonggijeon, Di-So 9-18 Uhr, Taejo-ro.
Traditional Liquor Museum, Okt.-Juni Di-So 9-18 Uhr, Juli-Sep. 9-19 Uhr.
Oriental Medicine Culture Center, März-Okt. Di-So 10-19 Uhr, Nov.-Feb. Di-So 10-18 Uhr, www.hanbangcenter.com.
Jeonju Korean Paper Institute, tgl. 9-17 Uhr.
Jeonju Craftworks Exhibition Hall, März-Okt. tgl. 10-19 Uhr, Nov.-Feb. tgl. 10-18 Uhr, www.omokdae.com.
Jeonju Hyanggyo, tgl. 9-18 Uhr.
Gangam Calligraphy Art Gallery, März-Okt. tgl. 9-18 Uhr, Nov.-Feb. tgl. 9-17 Uhr.
Nationalmuseum Jeonju, Di-Fr 9-18 Uhr, Apr.-Okt. Sa-So 9-21 Uhr, Nov.-März Sa-So 9-19 Uhr, 249 Ssukgogae-ro, Wansan-gu, http://jeonju.museum.go.kr.

Viele Restaurants und Teehäuser gibt es im **Hanok-Dorf**. Moderneres Ambiente und internationale Küche findet man im **Gaeksa-Viertel**.
Traditional Culture Center, hier gibt es zur traditionellen Küche Jeonjus klassische Pansori-Vorstellungen, tgl. 9-21 Uhr, die Vorstellungen sind immer Do-Sa ab 19.30 Uhr, Cheonbun-gil, Tel. 280 7000, www.jt.or.kr.
Jeonju-hyang, Lokal in einem Hanok im Hanok-Dorf, tgl. 11-22 Uhr, Tel. 284 2588.
Gogung, eines der bekanntesten Bibimbap-Restaurants, 168-9, 2-ga, Deokjin-dong, Deokjin-ku, Jeonju-si (Hobanchon, nahe dem Deok-Jin- Park), Tel. 251 3211.

Die meisten Kneipen und Clubs sind im **Gaeksa-Viertel** angesiedelt.
Deepin, kleine, gemütliche und rauchige Bar, tgl. 19-4 Uhr, Gaeksa.

Der Haupteinkaufsbezirk ist das Gaeksa-Viertel, das abends ein reiner Fußgängerbezirk ist. Interessante Märkte zum Bummeln sind

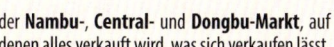
der **Nambu-**, **Central-** und **Dongbu-Markt**, auf denen alles verkauft wird, was sich verkaufen lässt.

Internationales Filmfestival Jeonju, auf dem Anfang Mai stattfindenden Filmfest werden alternative, digitale und asiatische Independent-Filme gezeigt, www.jiff.or.kr.

ZUG: Der Bahnhof Jeonju Station befindet sich im Nordwesten der Stadt. Züge gibt es nach Seoul, Yeosu, Jinju und Iksan.
BUS: Vom Express Bus Terminal gibt es u.a. Verbindungen nach Daegu, Daejeon, Gwangju und Seoul. Vom Intercity Bus Terminal fahren u.a. Busse nach Daedunsan, Namwon, Jeongeup, Jinan, Jirisan (Gurye) und Iksan.

AUSFLÜGE VON JEONJU: **Goldberg-Kloster** (*Geumsansa*), tgl. 8-19 Uhr, Anfahrt mit Bus 79 ab Bus-Terminals.
Mireuksaji Relics Exhibition Museum, Di-So 9-18 Uhr, Anfahrt mit Bus 41 oder 60 ab Iksan, www.mireuksaji.org.

DAEDUNSAN-PROVINZPARK (☎ 063)

Tourist Information Center, im Parkdorf am Zugang, Tel. 240 4560.

Mit dem Bus ab Jeonju, Geumsan oder vom Seodaejeon Intercity Bus Terminal in Daejeon.

Im Dorf am Parkeingang gibt es zahlreiche Restaurants, die lokale Küche zubereiten.

MAISAN-PROVINZPARK (☎ 063)

Mit dem Bus vom Intercity Bus Terminal in Jeonju nach Jinan und dort in einen Bus zum Parkeingang umsteigen.

DEOGYUSAN-NATIONALPARK (☎ 063)

Tourist Information Center, im Parkdorf Gucheon-dong, Tel. 324 2114, http://deogyu.knps.or.kr, www.deogyusanresort.com.

Direktbusse nach Gucheon-dong gibt es nur ab Dongdaejeon Intercity Bus Terminal in Daejeon.
Verbindungen nach Muju gibt es von Daejeon, Jeonju, Seoul und anderen Städten aus. Von Muju verkehren Pendelbusse nach Gucheon-dong.

Im Parkdorf **Gucheon-dong** gibt es zahlreiche Restaurants.

Das **Glühwürmchen-Festival** von Muju findet Anfang Juni statt und soll an die Bedeutung der Natur und der Ökosysteme für den Menschen erinnern, es gibt kulturelle und andere Veranstaltungen zum Thema sowie Feuerwerke, www.firefly.or.kr.

NAMWON (☎ 063)

Tourist Information Center, im Namwon Tourist Complex auf der Südseite des Yocheon-Flusses, tgl. 9-18 Uhr, Tel. 633 5353, www.namwon.go.kr oder www.chunhyang.or.kr.

Gwanghallu-Garten, tgl. 8-20 Uhr, http://gwanghallu.or.kr

Viele Restaurants reihen sich am Hinterausgang des **Gwanghallu-Gartens** auf.
Ansonsten gibt es viele Lokale im **Namwon Tourist Complex**.

ZUG: Verbindungen gibt es nach Jeonju, Seoul und Yeosu.
BUS: Vom Express Bus Terminal fahren nur Busse nach Seoul. Vom Intercity Bus Terminal fahren u.a. Busse nach Gwangju, Jeonju, Muju, Hwaeomsa (Jirisan-Nationalpark) und Gochang.

NAEJANGSAN-NATIONALPARK (☎ 063)

Tourist Information Center, je eins am Baengyangsa, Tel. 061-392 7088, Naejangsa, Tel. 538 7878, http://naejang.knps. or.kr.

Mit dem Bus von Jeonju nach Jeongeup und von dort Bus 171 zum Park.

5

Jeollabuk-do und Jeollanam-do

GOCHANG UND SEONUNSAN-PROVINZPARK (☎ 063)

www.gochang.go.kr.

Gochang-Dolmen, Di-So 9-18 Uhr, Anfahrt mit einem Bus von Gochang Richtung Asan oder Jungnim.
Moyang-Zitadelle, März-Okt. tgl. 9-19 Uhr, Nov.-Feb. tgl. 9-17 Uhr.
Pansori-Museum, Di-So 9-18 Uhr.

Seonunsan-Provinzpark: Von Gochang fahren Busse zum Park.

BYEONSAN-BANDO-NATIONALPARK (☎ 063)

http://byeonsan.knps.or.kr.

Direktbusse fahren von Jeonju zum Strandort **Gyeokpo**. Parkeingänge für Wanderer sind bei den Dörfern **Naeso-sa** und **Junggye-ri**.

GWANGJU (☎ 062)

Tourist Information Center, am Bahnhof, Tel. 233 9370, am Airport, Tel. 942 6160, am Bus Terminal, Tel. 365 8733, alle tgl. 9-21 Uhr, http://eng.gjcity.net, www.gwangjuguide.or.kr.

Nationalmuseum Gwangju, Di-Fr 9-18 Uhr, Sa 9-21 Uhr, So 9-19 Uhr, Bus 48 vom Bus Terminal, http://gwangju.museum.go.kr.
Gwangju Folk Museum, März-Okt. tgl. 9-17.30 Uhr, Nov.-Feb. tgl. 9.30-16.30 Uhr.
Gwangju Museum of Art, Di-So 9-18 Uhr, www.artmuse.gjcity.net.
Nationalfriedhof des 18. Mai, März-Okt. tgl. 8-19 Uhr, Nov.-Feb. tgl. 8-17 Uhr, Bus 518 ab Bahnhof, www.518.org.
Uijae-Kunstgalerie (*Uijae Misulgwan*), Di-So 10-17.30 Uhr.

Viele Restaurants gibt es im Innenstadtbereich, der abends zur Fußgängerzone wird.
Olive Cafe, gemütliches Café-Restaurant mit Außenterrasse, italienische Küche, tgl. 10.30-23.30 Uhr, Geumnam-ro, Ecke Jungang-ro.
Minsokchon, großes Lokal mit ausgelassener Atmosphäre und koreanischen Gerichten, tgl. 11.30-24 Uhr, Chungjang District nahe Palace Hotel.

Eine Auswahl an Kneipen gibt es in den Gassen der Innenstadt.
Ethnic Cafe, exotischer Pub mit fernöstlichem Flair, tgl. 14-2 Uhr, Chungjang District.

Der Chungjiang-District quillt über von Geschäften aller Art. Abends ist hier am meisten los.

Im Mittelpunkt des **Kimchi Festivals** im Oktober steht Koreas Nationalgericht Kimchi, http://kimchi.gwangju.go.kr

FLUG: Flüge gibt es nach Seoul und Jeju-do. Flughafenbusse fahren zum Bus Terminal, die U1 bis Airport.
ZUG: Züge fahren Richtung Seoul und Mokpo.
BUS: Express Bus Terminal und Intercity Bus Terminal befinden sich im riesigen Busbahnhof 1 km nördlich der U-Bahnstation Nongseong. Verbindungen in fast alle Städte des Landes.
U-BAHN: 1 Ost-Westlinie mit 19 Stationen.

AUSFLÜGE VON GWANGJU: Unju-Tempel (*Unjusa*), März-Okt. tgl. 7-19 Uhr, Nov.-Feb. tgl. 8-17 Uhr, www.unjusa.org, Bus 218, 318 ab Gwangju Bus Terminal

DAMYANG

www.damyang.go.kr.

Bamboo Crafts Museum, tgl. 9-17.30 Uhr, Bus 311 vom Gwangju Bus Terminal, Bus 303 vom Bahnhof in Gwangju.

JIRISAN-NATIONALPARK, WESTLICHER TEIL (☎ 061)

Hwaeom-Tempel (*Hwaeomsa*), tgl. 6-19 Uhr, Direktbusse ab Gwangju, www.hwaeomsa.org.

JOGYESAN-PROVINZPARK (☎ 061)

🏛 **Songgwang-Tempel** (*Songgwangsa*), März-Okt. tgl. 8-19 Uhr, Nov.-Feb. tgl. 8-17 Uhr, Direktbusse ab Gwangju, Suncheon und Yeosu. **Seonam-Tempel** (*Seonamsa*), Museum geöffnet Oktober-Mai Di-So 10-17 Uhr, Juni-Sep. 10-18 Uhr, ein Direktbus täglich ab Gwangju, ab Suncheon Bus Nr. 1.
Naganeupseong Folk Village (*Naganeupseong*), tgl. 9-18 Uhr, Bus 61 von Beolgyo, Bus 16 von Suncheon, www.nagan.or.kr.

🎎 Auf dem **Namdo Food Festival** Anfang Oktober gibt es hunderte regionale Spezialitäten zum probieren, www.namdofood.or.kr

YEOSU (☎ 061)

ℹ **Tourist Information Center**, am Zugang zum Damm nach Odong-do, Tel. 664 8978, am Bahnhof, Tel. 690 7535, www.yeosu.go.kr.

🍴 Die **Hafenfront** vom Fährhafen nach Osten wird von vielen Meeresfrüchte-Restaurants gesäumt. Die Lokale sind zwar nicht gerade billig, aber die Fische absolut frisch.

🏛 **Jinnamgwan** und **Museum**, tgl. 9-17 Uhr.

🛫 **FLUG**: Flüge gibt es nach Seoul, Pohang und Jeju-do.
BUS: Busse nach Busan, Gangjin, Gwangju, Mokpo und Seoul

BOSEONG (☎ 061)

🏛 **Daehan Dawon-Teeplantage**, tgl. 9-18 Uhr, Busse vom Busbahnhof Boseong Richtung Yulpo-Strand.

GANGJIN (☎ 061)

🏛 **Gangjin Seladon Museum** (*Cheongja Doyoji*), März-Okt. tgl. 9-18 Uhr, Nov.-Feb. tgl. 9-17 Uhr, Busse ab Gangjin Bus Terminal.
Duryunsan-Provinzpark, tgl. Sonnenauf- bis -untergang, Anfahrt mit einem Bus vom Haenam Bus Terminal.

JIN-DO (☎ 061)

ℹ http://jindo.go.kr.

👉 **Jin-do-Dog Research Centre**, tgl. 9-18 Uhr.

MOKPO (☎ 061)

ℹ **Tourist Information Center**, am Bahnhof, Tel. 270 8599, http://eng.mokpo.go.kr.

❌ Vom Fährhafen bis zum **Fischmarkt** entlang des Inneren Hafens reihen sich zahllose Fischrestaurants. Am **Yudal-Strand** vor dem Yudalsan-Park gibt es abends viele Garküchen.

🏛 **Institut für Maritimes Kultrurerbe**, Di-So 9-18 Uhr, www.seamuse.go.kr
Culture & Arts Centre, tgl. 9-18 Uhr.
Ceramic Livingware Museum, Di-Fr 9-18 Uhr, Sa-So 9-19 Uhr.
Local History Museum, Di-So 9-18 Uhr.
Namnong Memorial Hall, März-Okt. Di-So 9-18 Uhr, Nov.-Feb. Di-So 9-17 Uhr. **National History Museum**, Di-Fr 9-18 Uhr, Sa-So 9-19 Uhr.
Museum of Literature, Di-So 9-18 Uhr.
Agriculture Museum, März-Okt. Di-So 9-18 Uhr, Nov.-Feb. Di-So 9-17 Uhr, www.jam. go.kr.

🛫 **FLUG**: Flüge gibt es nach Seoul.
ZUG: Verbindungen gibt es nach Seoul, Yeosu und Boseong
BUS: Busse u.a. nach Busan, Gwangju, Haenam, Jin-do, Wan-do, Yeongnam, Yeosu
SCHIFF: Fähren nach Heuksan-do, Hong-do, Jeju-do und zu anderen Inseln.

WOLCHULSAN-NATIONALPARK (☎ 061)

ℹ http://wolchul.knps.or.kr.

🛫 Mit dem Bus von Mokpo, Gwangju oder Gangjin nach Yeongam. Dort in einen Bus zum Parkeingang am Cheonhwang-Tempel (4 km, 10 Min.) oder zum Dogap-Tempel (11 km, 20 Min.) umsteigen.

5

Jeollabuk-do und Jeollanam-do

Ein Honeymooner-Ziel auf Jeju-do – der Hyeopjae-Strand, mit Blick auf die kleine Insel Biyang-do

Foto: Volkmar E. Janicke

JEJU-DO

**HALLIM-PARK
HALLASAN
SEONGSAN ILCHULBONG
MANJANGGUL**

★★JEJU-DO

Das „andere" Korea

Vor zwei Millionen Jahren hob sich der majestätische Hallasan-Vulkan, geologisch ein Teil der japanischen Vulkanzone, 1950 m aus dem Meer. So entstand nicht nur Südkoreas höchster Berg mit seinen bizarren Lavahöhlen, sondern auch die größte Insel des Landes, die in ihrer elliptischen Ausdehnung 73 km lang und 41 km breit ist. Die 565 000 Einwohner zählende Insel hat inklusive der 61 Inseln und Inselchen eine Fläche 1848 km². Seit 2007 zählt sie dank ihrer einzigartigen Natur zum UNESCO-Welterbe. Noch 12 % sind von Gotjawal-Wald bedeckt, der auf Lavafelsbrocken wächst.

Seit 2006 ist Jeju-do eine autonome Sonderprovinz, die sich selbst regieren darf, um ihre wirtschaftliche Entwicklung effizienter voranzutreiben.

Die wichtigste Einnahmequelle ist der Tourismus. Das subtropische Klima, das mildeste Koreas – hier gedeihen Palmen und die besten Mandarinen – und die meist von Juni bis Oktober zum Schwimmen einladenden Meerestemperaturen tragen das Ihre zur Beliebtheit als Ferienziel bei. Beste Reisezeiten

sind April bis Mitte Juni und Anfang August bis November. Mit starkem Monsunregen und hohen Wellen ist von Mitte Juni bis Mitte Juli zu rechnen; anschließend kann es ziemlich heiß werden. Im Winter fällt oben auf dem Hallasan-Vulkan oft Schnee.

Für Asiaten ist die Insel vor allem ein Flitterwochen-Traumziel, die Koreaner schätzen die Insel Jeju aber auch außerhalb ihres Honeymoons als attraktive Urlaubsdestination. Doch den besonderen Reiz erlebt man jenseits der Strände, wo Jeju-do ein ganz „anderes", vom Festland geologisch, ethnisch und kulturell deutlich unterschiedenes Korea präsentiert. Eine Rundfahrt entlang der Küste und durch das Inselinnere führt zu bizarren Klippen, malerischen Meeresbuchten und feinen Sandstränden mit kristallklarem Wasser, zu Höhlen, Schluchten und Wasserfällen. Auf grünen Wiesen, die der Sonderprovinz den Beinamen „Smaragdinsel" eintrugen, weiden Rinder, Pferde und Schafe, und zwar entlang eines 200 km langes Netzes von schmalen Wanderwegen, sogenannten Olle, die das Inselinnere durchziehen. Im Süden der Insel laden 12 dieser miteinander verbundenen **Olle-Wanderpfade**, die mit blauen Pfeilen oder Fähnchen gekennzeichnet sind, zu ausgedehnten Touren ein.

Im Volksmund heißt es, dass Jeju-do an drei Dingen reich sei: Felsen, Wind

Links: Der Jeongbang-Wasserfall in Seogwipo.

» Karte S. 150-151, Info S. 164-165

und Frauen. Felsen und Steine gibt es, soweit das Auge reicht; vom uralten Steinkult künden Dolmen, Menhire und rätselhafte Statuen. Steinzäune und -wälle sowie Steinhäuser als Schutz vor dem Wind bestimmen das Erscheinungsbild der Siedlungen. Reste mutterrechtlicher Gesellschaftsformen leben nicht nur in den Mythen, sondern auch in der sozialen Stellung der Frau fort. Seit Menschengedenken sind es die Frauen der Insel, die als Taucherinnen Muscheln, Seegurken, Schellfisch und Tang aus bis zu 20 Metern Meerestiefe holen – diese **Haenyo** („Seefrauen"), von denen es nur noch wenige tausend gibt, sind gleichsam lebende Wahrzeichen der Insel.

Die Insellage begünstigte das Fortwirken uralter Bräuche; so zelebrieren im Gegensatz zum Festland auf Jeju männliche Geisterbeschwörer die Totenrituale. In alten Schriften wird die Insel als Königreich Tamna bezeichnet, das 498 die Oberhoheit von Baekje anerkennen musste. Später mussten die Bewohner an Silla und Goryeo Tribute zahlen, und 1105 wurde Jeju-do in das Königreich Goryeo eingegliedert. Die Mongolen nutzten den Vorposten 1274 für ihren (missglückten) Angriff auf Japan und holzten die Wälder der Insel für den Bau ihrer Schiffe ab. Bis 1910 diente Jeju-do dann als Verbannungsort für politische Häftlinge.

In Europa wurde die Insel erst durch den Bericht des holländischen Seemanns Hendrik Hamel bekannt. Sein Schiff war 1653 vor der Küste zerschellt. Hamel überlebte mit 35 weiteren Seeleuten. Sie wurden zwar anfangs freundlich aufgenommen, aber als einige versuchten zu fliehen, schwer bestraft und nach Seoul gebracht. Nach 13 Jahren gelang Hendrik Hamel dann die Flucht nach Japan. Er schrieb ein Buch über seine Erlebnisse und machte damit das Einsiedlerreich Korea erstmals in Europa bekannt. Die Holländer nannten die Insel *Quelpart*.

Wie das übrige Korea litt auch Jeju-

do in der ersten Hälfte des 20. Jh. unter der japanischen Kolonialregierung, aber das eigentliche Drama spielte sich nach dem 2. Weltkrieg ab: Wegen der Einsetzung einer rechtsgerichteten Lokalregierung durch Seoul kam es 1948 auf Jeju zu Aufständen linksgerichteter Einheimischer. Die Antwort darauf waren genozidähnliche Massaker an Teilen der Inselbevölkerung. Um die Aufständischen im bergigen Landesinneren zu isolieren, wurden alle Dörfer, die weiter als 4 km von der Küste entfernt waren, dem Erdboden gleichgemacht und 270 von 400 Inseldörfern ausgelöscht. Mehr als 27 000 Einwohner, meist Zivilisten, kamen dabei um.

Heutzutage entzündet sich lokaler

Widerstand an einer an der Südküste geplanten, im Hinblick auf China strategisch günstig gelegenen Marinebasis.

★Jeju-si

Die Provinzhauptstadt ★**Jeju-si ❶** an der Nordküste ist das Tor zur Insel, schön gelegen vor dem Hallasan-Vulkan. Die 300 000-Einwohner-Stadt hat keine bedeutenden Sehenswürdigkeiten, aber ein eigenes Flair, vor allem im alten Stadtteil mit dem Fischereihafen und der größten Fischereiflotte der Insel. Auch gibt es einige gute Museen. Genügend Abwechslung also, um hier einen Tag zu verbringen, bevor man aufbricht, um die Insel zu erkunden.

★Jejumok Gwana

Im Zentrum der Altstadt, 500 m vom Ufer, wurde auf den Resten einer 1448 erbauten Anlage der ★**Jejumok Gwana ❶**, der alte Verwaltungskomplex von Jeju-do rekonstruiert. Dies war ab 1105 der Sitz der Inselregierung; eine karge, die Tugend repräsentierende Gebäudeansammlung. In den Hallen stellen Szenen mit lebensgroßen Figuren das frühere Beamtenleben nach.

Daneben steht der 1448 erbaute **Gwandeokjeon ❷**, das älteste Holzgebäude der Insel. Die Architektur ist typisch für die Frühzeit der Joseon-Dynastie. Der Pavillon diente offiziellen und militärischen Zwecken. Davor

Foto: Thomas Stankiewicz

sind einige der berühmten, für Jeju-do typischen ★**Menhirstatuen** zu sehen – diese rätselhaften Figuren mit großen, hervorquellenden Augen unter einem spitzen Hut heißen im Volksmund „Steinerne Großväter" (*Dol Harubang*), ein Hinweis auf ihre Funktion als Ahnen- und Wächterstelen. Auf der Insel soll es noch 52 Originale dieser Statuen geben. Herkunft und Alter sind allerdings nicht gesichert. Ihre seltsame, pilzartige Form haben sie zum Wahrzeichen Jeju-dos gemacht. Dass heute Souvenir-Dol-Harubangs als Fruchtbarkeitssymbole verkauft werden, liegt an Jeju-dos Beliebtheit bei Flitterwöchnern.

★Uferpromenade und Drachenkopffels

Am Ostende der belebten, obwohl strandlosen ★**Uferpromenade** ③ ist abends am meisten los. Kinder freuen sich hier über den kleinen Vergnü-

---

Oben: Die mutigen Haenyo-Taucherinnen sammeln unter Wasser Meeresfrüchte ein.

gungspark **Fantasia** und das Spaßbad **Water Park**.

Auf der Promenade westwärts, entlang der **Sea Wall**, erreicht man über eine **Hängebrücke** den **Drachenkopffelsen** ④ *(Yongduam)*, der viele Besucher anzieht. Dieses inoffizielle Symbol der Stadt ist eine von der Natur geformte Basaltskulptur, die an den Kopf eines Drachen erinnert. Der schwarze Drachenkopf wird abends angeleuchtet, um die Wirkung zu erhöhen, aber am schönsten kommt er bei Sonnenauf- und -untergang zur Geltung. Rund 100 m zurück Richtung Stadt passiert man eine enge, gewundene ★**Schlucht** ⑤ mit steilen Basaltwänden. Sie soll beim Kampf zweier Drachen entstanden sein.

★Samseonghyeol-Schrein

Der ungewöhnliche, 1526 errichtete und 1926 wiederaufgebaute ★**Samseonghyeol-Schrein** ⑥, dessen Zentrum drei von Steinpfosten markierte Erdlöcher bilden, ehrt die legendären Urahnen der Insel Bo, Yang und Gu. Sie sollen

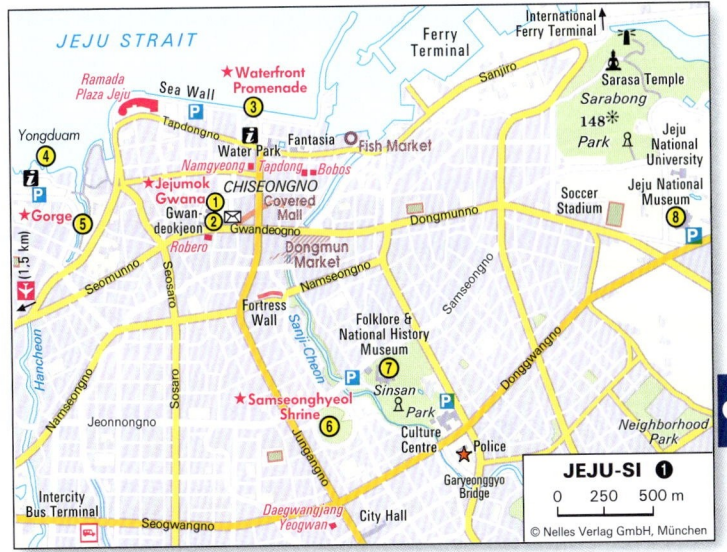

JEJU STRAIT

Ramada Plaza Jeju
Sea Wall
★Waterfront Promenade ③
Ferry Terminal
International Ferry Terminal
Sanjiro
Sarasa Temple
Sarabong
148※
Yongdeam ④
Tapdongno
Water Park
Fantasia
Fish Market
Namgyeong Tapdong Bobos
★Jejumok Gwana ①
CHISEONGNO
Covered Mall
Gwan-deokjeon ②
Gwandeogno
Dongmunno
Jeju Park
Jeju National University
Soccer Stadium
Jeju National Museum ⑧
★Gorge ⑤
(1.5 km)
Robero
Dongmun Market
Namseongno
Seomunno
Seosato
Hancheon
Samseongno
Dongdwangno
Fortress Wall
Saeul-Cheon
Folklore & National History Museum ⑦
Sinsan Park
Jeonnongno
★Samseonghyeol Shrine ⑥
Jungangno
Culture Centre
★Police
Neighborhood Park

Intercity Bus Terminal
Seogwangno
Daegwangjang Yeogwan
City Hall
Garyeonggyo Bridge

JEJU-SI ❶
0   250   500 m
© Nelles Verlag GmbH, München

an dieser Stelle aus der Erde gestiegen sein und das Tamna-Königreich begründet haben. Nach Ankunft der drei Prinzessinnen teilten die Brüder die Insel, indem sie Pfeile verschossen, deren Einschlagspunkte festlegten, wer welches Stück Land bekommen sollte. Die Stelle, an der diese Teilung stattgefunden haben soll, heißt *Samsaseok* und befindet sich 5 km östlich, in der Nähe des Jeju-Folklore-Museum. Jeweils am 1. April, Oktober und Dezember gibt es im Schrein ★**Zeremonien** zum Gedenken an die drei Ahnen.

Interessant sind auch die beiden ★**Dol Harubangs** am Eingang, die zu den wenigen noch erhaltenen Menhirstatuen der Insel gehören.

Volkskunde- und Naturhistorisches Museum Jeju

Nicht weit vom Samseonghyeol-Schrein steht das **Volkskunde- und Naturhistorische Museum Jeju** ⑦, das aus dunklem Vulkangestein erbaut wurde. Das Museum gibt einen kleinen aber

feinen Überblick über die spezifische Kultur der Insel. Mit lebensecht nachgestellten Szenen wird ein lebendiger Eindruck vom Alltag Jejus vermittelt, während sich eine weitere Abteilung mit dem vulkanischen Ursprung der Insel befasst.

Jeju-Nationalmuseum

Das etwas klobig geratene **Jeju-Nationalmuseum** ⑧ zeigt frühgeschichtliche, historische und zeitgenössische Artefakte, die Kultur und Geschichte der Insel dokumentieren. Bemerkenswert ist u.a. das Stadtmodell des wehrhaften alten Jeju.

AM STADTRAND VON JEJU-SI

Jeju-Folk-Museum

Fünf Kilometer östlich der Stadt und nur wenige 100 Meter von der großen steinernen **Samsaseok-Stele**, wo die legendären drei Brüder das Land unter sich aufgeteilt hatten, gibt es im **Jeju-**

» Stadtplan S. 153, Karte S. 150-151, Info S. 164-165

Folk-Museum ❷ eine weitere interessante Sammlung von Alltags- und Ritualgegenständen, Kunsthandwerk und Fotografien, die die Besonderheiten der Insel herausarbeiten.

★Tamna Mokseogwon

Der ★Tamna Mokseogwon ❸, ca. 9 km südlich der Stadt, ist das seröse Gegenstück zum Loveland (siehe unten). Die Anlage ist Garten und Skulpturenpark in einem und zeigt rund 1500 von der Natur gestaltete Stein- und Wurzelformationen und Skulpturen (Mokseog). Einige der liebevoll zusammengetragenen Werke stehen als Einzelkunstwerke für sich, andere sind zu Geschichten, insbesondere der bekannten Geschichte von Gadpori und seiner Frau über Redlichkeit und Vertrauen zusammengefügt, und auch die typischen „Steinernen Großväter" sind vertreten.

Oben: Ein Dol Harubang begrüßt die Besucher des Naturhistorischen Museums in Jeju-si.

★Halla Arboretum

Im Südwesten der Stadt – rund 5 km südlich des Flughafens, nahe dem modernen Hochhausviertel Shin-Jeju – gedeihen im ★Halla Arboretum ❹ über 1100 einheimische und koreanische Pflanzenarten. Der Botanische Garten ist in 11 Bereiche aufgeteilt, darunter immergrüne und tropische Pflanzen, Heilkräuter, einen Bambuswald und Blumen. Es gibt eine Reihe Gewächshäuser, Teiche und auch Wege, die durch die Anlage mäandern und den Lärm der Stadt vergessen lassen.

Jeju Loveland und ★Jeju Museum of Art

Für die vielen Paare, die auf Jeju ihre Flitterwochen verbringen, haben Kunststudenten den eigenwilligen Skulpturenpark Jeju Loveland ❺ geschaffen – eine Art 3D-Kamasutra: 140 überdimensionale Erotik-Skulpturen sollen Frischvermählte in die Kunst der körperlichen Liebe einführen und An-

154   ≫ Karte S. 150-151, Info S. 164-165

regungen zu neuen Varianten geben – nach koreanischer patriarchalischer Sitte geht die Braut nämlich jungfräulich, ohne einschlägige Vorbildung, in die Ehe. (8 km südwestlich der Uferpromenade),

Das benachbarte, 2009 eingeweihte ★**Jeju Museum of Art** hat Jeju um ein Stück anspruchsvoller Kultur bereichert. Allein schon das kubische, lichtdurchflutete Gebäude ist sehenswert, aber auch die Dauer- und die temporären Ausstellungen moderner visueller Kunst bieten höchste Qualität. Für Kinder gibt es eine eigene Galerie, die sie an die moderne Kunst heranführen soll.

★Hyeopjae-Strand und Insel Biyang-do

Das verschlafen wirkende **Hallim** ist das Zentrum der Fischerei an der Westküste und der größte Ort dort. Das Hinterland wird von Feldern, auf denen Zwiebeln, Knoblauch, Kartoffeln und andere Gemüse gedeihen, geprägt.

Vier Kilometer westlich lädt der weite, im Sommer viel besuchte ★**Hyeopjae-Strand ❻** mit weißem Sand und felsigen Abschnitten zum Sonnenbaden ein, im Meer davor lässt es sich an den Felsen herrlich schnorcheln. Ein Stück weiter lockt mit dem **Geumneung-Strand** ein weiteres Badeparadies.

Die kleine runde Insel **Biyang-do ❼**, 3 km vor dem Hyeopjae-Strand, entstand erst im Jahr 1002 durch Vulkanismus und wird heute von rund 300 Menschen bewohnt. Man kann die mit Gras und Busch bewachsene Insel entlang einer Ringstraße in 1,5 Stunden umrunden oder auf den 114 m hohen Gipfel steigen (mittags Fähre ab Hallim Port).

★★Hallim-Park

Gegenüber dem Hyeopjae-Strand, auf der anderen Seite der Hauptstraße, beginnt der ★★**Hallim-Park ❽**. Selbst wenn man nur wenig Zeit für Jeju-do hat – dieser faszinierende Garten sollte in jedem Fall auf dem Programm stehen. Die private Anlage gliedert sich in einen **Botanischen Garten** und einen **Bonsai-Garten**, einen Steinskulpturenpark, ein Höhlensystem aus Lava und ein Mini-Volkskundedorf.

Mit der Gestaltung des sehr gepflegten Gartens wurde 1971 begonnen, mittlerweile umfasst er über 2000 subtropische Pflanzenarten. Noch spannender ist der Besuch des über 17 km langen ★★**Lavaröhrensystems**, Teil des UNESCO-Weltnaturerbes, das unter anderem aus den beiden teilweise zugänglichen Höhlen ★★**Hyeopjae** und ★★**Ssangyong** sowie der 2500 m langen **Seocheon-Höhle** besteht. Die beiden letzteren sind über einen Pfad miteinander verbunden. Das Röhrensystem wurde 1955 durch Zufall entdeckt, als ein Schüler durch eine Öffnung in eine Höhle stürzte. Entstanden ist es vor zwei Millionen Jahren, nachdem flüssige Lava unter bereits erkalteter Lava hindurchfloss und die Röhren formte. Eindrucksvoll und ungewöhnlich sind die Stalagmiten und Stalaktiten im Lavagestein: Kalkhaltiger Sand wurde vom Wind auf den Boden über dem Höhlensystem geblasen, und der vom Regen gelöste Kalk sickerte über hunderttausende von Jahren mit dem Regenwasser in die Höhle ein und bildete die eiszapfenähnlichen Säulen. Diese Lava-Tropfsteinhöhlen sind weltweit die einzigen bekannten ihrer Art.

★Bunjae Artpia

Südlich von Hallim kann man in der Ortschaft **Jeoji** das Lebenswerk von Sung Bum-young bewundern, der Zeit seines Lebens Bonsais (*Bunjae*) gesammelt und gezüchtet hat. 1992 machte er seine Sammlung ★**Bunjae Artpia ❾** aus über 1000 **Bonsais**, die größte Zwergbaumsammlung der Welt, der Öffentlichkeit zugänglich. In der ständigen Ausstellung sieht man 700 der bis zu 500 Jahre alten Miniaturbäume, die sogar Staatsbesuchern gezeigt werden.

6

Jeju-do

Glass Castle

Im Themenpark **Glass Castle** ❿, un-weit vom Bonsai-Garten, ist alles aus Glas. 250 gläserne Kunstwerke schu-fen hier Künstler aus aller Welt, so den größten gläsernen Ball und den größ-ten „gläsernen Diamant" der Welt; man kann durch ein gläsernes **Labyrinth** spazieren, gläserne Dol Harubangs an-schauen und sich in einem **Spiegelsaal** aus 5000 Spiegeln verlieren.

★O'Sulloc-Teemuseum

Nicht weit vom Glass Castle kom-men Teetrinker auf ihre Kosten: Die 52 ha große **Sulloc-Teeplantage** an den Westhängen des Hallasan gehört mit weiteren Plantagen in der Region zu den größten Anbaugebieten für grü-nen Tee (*Nokcha*) in Korea. Neben Tee-sträuchern gibt es das kleine, aber feine

★**O'Sulloc-Teemuseum** ⓫, das über Tee-Geschichte und Herstellung infor-miert und die verschiedenen grünen Teesorten vorstellt. Man kann durch die Plantage spazieren und im Laden Grün-tee-Kuchen und -Eis kosten.

Gapa-do und ★Mara-do

Vom Hafen **Moseulpo** ⓬, dem größ-ten Ort im Südwesten der Insel, fahren **Fähren** zu den beiden kleinen windum-tosten Eilanden Gapa-do und Mara-do. **Gapa-do** ⓭ ist die erste und etwas grö-ßere der beiden Inseln; 1 km² groß, flach und von etwa 200 Familien bewohnt. Viel zu tun gibt es nicht, aber man kann einmal um die Insel wandern. Interes-santer ist ★**Mara-do** ⓮, der südlichste Zipfel Koreas. Ursprünglich war diese Insel bewachsen, aber 1870 wurden die Bäume von den ersten Siedlern gefällt, um Anbauflächen zu schaffen. Heute leben hier rund 90 Menschen, es gibt einen buddhistischen Tempel und dank des Tourismus zahlreiche Restaurants und einige Unterkünfte.

Oben: Fotogene Kunstwerke aus vulkanischem Ge-stein im Hallim-Park. Rechts: Die Grüntee-Zeremo-nie als Souvenir.

Foto: Beiska (Dreamstime)

★Sanbanggulsa-Grotte

Der 395 m hohe felsige Gipfel des **Sanbangsan** ragt 6 km östlich von Moseulpo wie eine Ausstülpung in die Höhe. Tatsächlich handelt es sich um den Kern eines erodierten Vulkans. Die Geschichte der Insulaner über seine Entstehung ist fantasievoller: Einst waren die Ebenen von Jeju-do nur von sehr wenigen Menschen bewohnt, während der Hallasan Sitz der Götter war. Eines Tages ging ein Mann am Berg auf die Jagd. Er war kein guter Bogenschütze, und sein Pfeil traf versehentlich einen der Götter. Als der Jäger seinen Irrtum bemerkte, flüchtete er nach Hause. Der erzürnte Gott aber riss den Gipfel des Hallasan ab und warf ihn nach dem Unglücklichen. Das Gipfelstück aber blieb dort, wo es runterfiel, liegen und wurde fortan Sanbangsan genannt. Sehenswert ist die ★**Sanbanggulsa-Grotte** ⓯, die seit der Goryeo-Dynastie als heilige Stätte dient. Sie befindet sich auf halber Höhe des Berges. An der Rückwand sitzt ein **Buddha**, der auch die schöne, weite **Aussicht** über die Küste hinweg zu genießen scheint.

Yongmeori

Auf der anderen Straßenseite der Höhle führt ein Pfad bergab zur spektakulären Yongmeori-Küste. Der **Drachenkopf** ⓰ *(Yongmeori)* bildet ein dem Sangbangsan vorgelagertes Kap mit einem grasbewachsenen Hinterland und einem dramatischen Küstenweg vorbei an zerklüfteten Klippen, natürlichen Bogengängen und engen Spalten. Vermutlich war dies der Ort, an dem 1653 das holländische Schiff *De Sperwer* zerschellte. 36 Holländer konnten sich retten und wurden die ersten Europäer, die koreanischen Boden betraten. Hier hat die holländische Regierung zusammen mit Südkorea eine Gedenkstätte mit dem **Hamel-Museum** errichtet. Zu sehen gibt es einen Nachbau des damals benutzten Schiffes und eine Dokumentation zum Leben von Hendrik Hamel und seinen Kameraden.

Nur einen Kilometer weiter erreicht

Foto: Koreanische Zentrale für Tourismus

man den **Hwasun-Strand**, allerdings wird dessen Ästhetik durch ein Kraftwerk in der Nähe etwas beinträchtigt.

Jeju Art Park

Der einen halben Quadratkilometer umfassende **Jeju Art Park** ⑰ am Nordhang des Sanbangsan zeigt 150 **Skulpturen** von koreanischen Bildhauern und Künstlern. Die meisten Plastiken sind aus Stein und Metall, und jede hat einen Aspekt des menschlichen Lebens zum Thema.

★Jungmun-Resort

Der Ruf Jejus als Hawaii-ähnliches Urlaubsparadies gründet vor allem auf einem herrlichen Strand im Südwesten der Insel: Das ★**Jungmun-Resort** ⑱ bietet den schönsten weißen **Sandstrand** Koreas, an einer 500 m langen, palmenbestandenen Bucht.

Oben: Zerklüftete Küste am „Drachenkopf" Yongmeori. Rechts: Hengstkampf auf Jeju-do.

Damit den Urlaubern nicht langweilig wird, gibt es eine Reihe von Attraktionen, die man während des Aufenthaltes in einem der vielen schicken Resort-Hotels besuchen kann.

Die bekannteste Sehenswürdigkeit ist der ★**Cheonjeyeon-Wasserfall (Cheonjeyeon Pokpo)**, der tief in einer bewaldeten Schlucht die Felsen hinab rauscht. Der Wasserfall, laut einer Legende, die Badestelle von sieben himmlischen Nymphen, gehört zu einer Reihe von drei Kaskaden und Pools. Der erste stürzt beinahe direkt unterhalb der Straßenbrücke 8 m über eine Basaltwand in die Tiefe. Der zweite Wasserfall ist etwas höher und breiter, während die dritte und kleinste Kaskade bereits ein ganzes Stück Richtung Meer liegt. Pfade und Stufen verbinden die Wasserfälle und enden unten am Meer an einem Jachthafen.

In der Nachbarschaft lockt der ★★**Botanische Garten Yeomiji** mit einem riesigen **Gewächshaus**. In diesem gläsernen Palast wachsen über 2000 seltene Pflanzen in Miniaturregenwäldern,

Foto: Koreanische Zentrale für Tourismus

-wüsten und anderen Landschaftsformen. Vom **Aussichtsturm** kann man bis nach Mara-do blicken.

Für die seltenen Regentage empfiehlt sich ein Besuch der verschiedenen Museen Jungmuns. Das etwas krude **Teddybär-Museum** zeigt nicht etwa die Geschichte des putzigen Kuscheltiers, sondern stellt mit ihrer Hilfe Szenen aus der Geschichte des 20. Jh. nach.

Gleich nebenan steht das **Sound Island Museum**, das sich ganz den Klangerlebnissen und der Musik verschrieben hat. Man erfährt nicht nur das eine oder andere über alte Musikinstrumente, sondern kann auch selber Musik machen.

Gleich über dem Jungmun-Strand inszeniert **Pacific Land**, ein überdachtes Ozeanarium, **Delfin-, Seehund- und Affenshows**.

Auf der östlichen Seite des Flusses, der sich von den Wasserfällen kommend ins Meer ergießt, bietet sich ein Besuch des **Museum of African Art** an, dessen Gebäude der grandiosen Moschee von Djenné in Mali nachemp-

funden ist. Südlich davon, am Küstenabschnitt **Jusangjeolli**, ragen **Basaltsäulen** fotogen aus dem Meer.

Auf dem Weg nach Seogwipo lohnt ein Abstecher zu dem erst jüngst, aber im Stil der frühen Joseon-Periode erbauten, von einem dreistufigen Dach gekrönten, imposanten **Yakcheon-Tempel**. Mit ihren 30 m Höhe und 2652 qm Grundfläche sollte dies die größte Tempelhalle Asiens sein. Sie ist dem Ur-Buddha Vairocana geweiht, den eine 5 m hohe Statue repräsentiert. Von Interesse ist auch die in eine natürliche Höhle gebaute **Halle der Lehre**. Ein Temple-Stay-Aufenthalt ist hier möglich.

★Seogwipo

Das Ambiente für die Fußball-Weltmeisterschaft 2002 hätte schöner nicht sein können – die mit 85 000 Einwohnern zweitgrößte Stadt der Insel, einer der Austragungsorte der WM, liegt inmitten einer fantastischen Landschaft. Die steilen, zerfurchten Hänge des Hallasan im Rücken und die zerklüftete Küstenlinie zu ihren Füßen, ist das alte ★**Seogwipo** ⑲ mit seinen grünen Parks, einer Schlucht, zwei herrlichen Wasserfällen und dem wärmsten Klima der Insel ein angenehmer Ort und Ausgangspunkt für einige Sehenswürdigkeiten der Umgebung.

Zu Füßen der Stadt stürzt der ★**Cheonjiyeon-Wasserfall** *(Cheonjiyeon Pokpo)* 22 m in die Tiefe. Der herrlich in einer malerischen, bewaldeten Schlucht gelegene Wasserfall ergießt sich in einen Pool, der Legende nach, ebenfalls ein Badeort himmlischer Nymphen, und ist über einen Pfad vom Parkplatz nahe der Flussmündung zu erreichen. Wer ein wenig Zeit hat, kann eine längere Rundwanderung unternehmen, die vom Wasserfall zunächst zum **Einsamen Felsen** *(Oedolgae)* führt. Diese aus dem Meer ragende und von Kiefern bewachsene Felsnadel ist vor 1,5 Millionen Jahren durch vulkanische Eruptionen entstanden. Der Legende nach soll in der späten Goryeo-Dynastie General Cheo Yeong den Felsen so verkleidet haben, dass er einem gigantischen General ähnelte. Auf diese Weise konnten die mongolischen Soldaten in die Flucht geschlagen werden. Unabhängig vom Wahrheitsgehalt der Geschichte, genießt man von diesem Ort einen der schönsten Blicke auf die Küste. Ein Pfad führt vom Felsen hinauf in den **Sammaebong-Park** und auf den gleichnamigen, von einem Pavillon gekrönten **Gipfel**. Von hier führt der Weg dann wieder hinab zum großen Parkplatz am Fluss.

Eine Viertelstunde Fußweg vom Zentrum Richtung Osten gelangt man zum zweiten großen Wasserfall der Stadt, dem ★**Jeongbang-Wasserfall** *(Jeongbang Pokpo)*. Er stürzt aus 23 m Höhe direkt ins Meer und soll der einzige dieser Art in Asien sein. Im Eintrittspreis enthalten ist der Besuch der **Seobok Exhibition Hall**, in der die Geschichte

von Seobul, dem Abgesandten eines chinesischen Kaisers, der das Geheimnis der Unsterblichkeit lüften sollte, nachgezeichnet wird.

Die Tauchbasis *BigBlue 33* im Hafenviertel bietet **Tauchausflüge** an: Im subtropischen Meer – um kleine Inseln wie z.B. **Munsom**, direkt vor Soegwipo – locken bunte **Weichkorallen**, Anemonen, Schwämme und sogar einige Hartkorallen; dazwischen tummelt sich originelle Meeresfauna wie Kugelfisch oder Skorpionfisch. Auch ein **Touristen-U-Boot** steuert Munsom an.

★★Hallasan-Nationalpark

Der 1950 m hohe ruhende Schildvulkan ★★**Hallasan** ⑳ bildet die Insel Jeju. Sein zerklüfteter Kraterrand prägt die Gipfelregion, mit dem **Weißhirsch-Kratersee** *(Baengnokdam)* im Zentrum. Laut einer Legende sollen Wächtergottheiten hier auf weißen Hirschen vom Himmel herabgestiegen sein um zu spielen. Der Hallasan, dessen Gipfel man von fast jedem Punkt der Insel sieht, ist mit seiner üppigen Vegetation subtropischer und gemäßigter Breiten Heimat vieler bedrohter Pflanzenarten.

Die Besteigung des Vulkans gehört zu den Höhepunkten einer Reise nach Jeju-do. Wichtig ist die richtige Ausrüstung, auch im Sommer kann sich das Wetter auf dem Gipfel schlagartig ändern. Eine Jacke, Mütze und Handschuhe sollten das Minimum sein. Der ★★**Hallasan-Nationalpark** hat fünf Hauptzugänge. Die **Parkverwaltung** befindet sich am **Eorimok-Eingang** ㉑ im Nordwesten. Es kann vorkommen, dass die Parkaufseher Besuchern aus Sicherheitsgründen untersagen, den Gipfel alleine zu besteigen. In diesem Fall wird einen eine koreanische Gruppe bereitwillig aufnehmen. Eine empfehlenswerte Tagestour ist die Besteigung über die Eorimok-Route und der Abstieg über die Yeongsil-Route: Der ★**Eorimok Trail** beginnt 15 Minuten Fußweg hinter der Bushaltestelle

---

Rechts: Blick über Azaleen-Matten zum 1950 m hohen Hallasan, dem höchsten Berg Südkoreas.

Foto: Koreanische Zentrale für Tourismus

Jeju-do **6**

Eorimok und ist 4,7 km lang. Nach rund 2,5 Stunden erreicht man auf etwa 1700 m Höhe die **Witseoreum-Hütte**, wo es Getränke und Nudelsuppen zu kaufen gibt. Der restliche Weg zum Gipfel darf von hier nicht begangen werden, da sich auf dieser Kraterseite die Vegetation regenerieren soll; nur der Soengpanak- und der Gwaneumsa-Trail führen derzeit bis hinauf zum Gipfel (siehe unten). Der Abstieg erfolgt über den landschaftliche fantastischen ★★**Yeongsil Trail**, der 3,7 km lang ist. Man benötigt etwa 1,5 Stunden von der Hütte bis zur Straße und noch einmal 30 Minuten bis zur Bushaltestelle Yeongsil.

Von Süden windet sich der **Donnaeko Trail** über 9.1 km hinauf zur Hütte.

Wer den 8,7 km langen **Gwaneumsa Trail**, den landschaftlich schönsten zum Gipfel, oder den 9,6 km langen, gemächlicher zum Gipfel führenden **Seongpanak Trail** gehen will, muss früh aufbrechen, unterwegs kann man nicht übernachten. Beide Routen bieten dramatische Blicke in den Krater.

Namwon

Auf der Fahrt von Seogwipo nach Osten passiert man kurz vor der Ortschaft **Namwon** ㉒ das **Shinyoung Cinema Museum** – die Insel Jeju diente schon in vielen koreanischen Filmen als Kulisse, und rund um Namwon gibt es eine Reihe von Originalschauplätzen. Im Museum erhält man eine Einführung in die Welt des koreanischen Films, dessen Movies asienweit Exportschlager sind, auch technisches Gerät und diverse Memorabilien sind zu bewundern.

★Jeju Folk Village

Wer noch kein Volkskundedorf in Südkorea besucht hat, kann das hier im ★**Jeju Folk Village** ㉓ nachholen. Mehrere Dutzend bis zu 300 Jahre alte Häuser wurden auf der ganzen Insel abgebaut und hier am herrlichen **Strand von Pyoseon** wiedererrichtet. In den verschiedenen Sektionen erfährt man einiges über die Schamanen, das Leben der Adligen (*Yangban*) und den Unter-

Foto: Volkmar F. Janicke

schied zwischen Berg-, Land- und Mee-reskommunen. Es gibt **Folklorevorfüh-rungen**, und man kann Handwerkern bei der Arbeit zusehen.

★Seongeup Folk Village

Im Hinterland, 8 km von Pyoseon, gibt es ein weiteres Volkskundedorf: ★**Seongeup** ㉔. Es ist die einzige grö-ßere Ortschaft im Inland und war von 1423 bis 1913 eines von drei administrativen Zentren der Insel. Die Ansammlung an traditionellen, strohgedeckten **Steinhäusern**, ein Konfuzius-Schrein, das rekonstruierte Regierungsgebäude, die Reste der Stadtmauer und zahlreiche **Dol Harubang** versetzen einen zurück ins Mittelalter. Die meisten Häuser sind noch bewohnt, und einige Bewohner bieten Führungen an, so dass man auch Einblick in das Innere der Häuser erhalten kann.

Oben: Am halbmondförmigen Sinyang-Strand. Rechts: Der „Sonnenaufgangsgipfel" Ilchulbong bei Seongsan.

Sinyang-Strand

Im Osten ist der halbmondförmige, 15 km lange **Sinyang-Strand** ㉕ ein Paradies für Windsurfer, da konstante Winde die Ostausläufer des Hallasan hinunter wehen. Hier kann man zum **Seopjikoji** spazieren, einer Felsnase, die schon während der Joseon-Dynastie einen Leuchtturm trug.

★★Seongsan Ilchulbong

Am östlichsten Punkt Jeju-dos liegt **Seongsan**, am Fuß des über dem Dorf wachenden 182 m hohen, ruhenden Vulkans ★★**Ilchulbong** ㉖. Der „Sonnenaufgangsgipfel" ist über Stufen in 20 Minuten zu bezwingen. Man kann in den 600 m breiten **Krater** schauen, der seltene Pflanzen beherbergt. Die Attraktion hier ist für die meisten Besucher der **Sonnenaufgang** auf dem Kraterrand. Wer ihn erleben möchte, muss in Seongsan übernachten und früh aufbrechen. Wer am 31. Dezember hier weilt, kann am **Seongsan Sunrise**

Foto: Volkmar F. Janicke

Festival teilnehmen und den ersten Sonnenaufgang des neuen Jahres auf dem Gipfel begrüßen.

U-do

3,5 km vor Jeju-do ragt **U-do ㉗**, die „Insel der Kühe" aus dem Meer. Auf der gemütlichen, von 1800 Menschen – meist Fischern und Bauern – besiedelten Insel ist trotz wachsender Touristenströme moderne Hektik noch fern.

Kulturelle Sehenswürdigkeiten gibt es nicht, aber man kann wandern, auf der 17 km langen Straße um die Insel radeln, motorrollern oder in die Touristenbusse steigen, die in der Nähe interessanter Punkte halten. Dazu zählen der der **Leuchtturm** und das **Dorf** in der Inselmitte und der schöne weiße Korallensandstrand **Hongjodangoe Haebin** am hier herrlich blauen Meer, wo es auch Unterkünfte und Lokale gibt. Auf U-do leben noch etliche **Haenyeo-Taucherinnen** vom Ernten von Meeresfrüchten wie Abalone und Schnecken. In der gut gemachten Ausstellung im **Haenyo-Museum** im Küstendorf Hado erfährt man mehr darüber.

★★Manjanggul

Die Lavahöhle **★★Manjanggul ㉘** an der Nordostküste ist eine außergewöhnliche Natursehenswürdigkeit: Mit 13,4 km Länge, 2-23 m Breite und 2 bis 30 m Höhe ist sie die längste **Lavahöhle** der Welt und zählt zum UNESCO-Welterbe. Besichtigen kann man die beleuchteten ersten 1000 m. Die Temperaturen liegen ganzjährig konstant bei 10°C, also besser eine Jacke mitnehmen.

Sangumburi

Südlich der Höhlen ragt der dritte bedeutende **Krater** der Insel auf: **Sangumburi ㉙** – ein fast perfekter Krater mit einem Umfang von etwa 2 km und einer Tiefe von rund 140 m. Wegen der über 400 seltenen Pflanzen, die hier wachsen, darf man nur bis zum Kraterrand hinauf wandern und muss denselben Weg zurückgehen.

JEJU-SI (☎ 064)

Tourist Information Center, Jeju Airport, Tel. 742 8866, tgl. 8-22 Uhr, Jeju-si Ferry Terminal, Tel. 758 7181, tgl. 10-20 Uhr, Parkplatz am Drachenkopffelsen, Tel. 750 7768, tgl. 9-20 Uhr, http://english.jeju.go.kr, www.jejusi.go.kr.

Jejumok Gwana, tgl. 7-19 Uhr.
Samseonghyeol-Schrein, März-Okt. Tgl. 8-18.30 Uhr, Nov.-Feb. 8-18 Uhr.
Volkskunde- und Naturhistorisches Museum Jeju, März-Okt. 8.30-18.30 Uhr, Nov.-Feb. 8.30-17.30 Uhr, http://museum.jeju.go.kr.
Nationalmuseum Jeju, März-Okt. Di-Fr 9-18 Uhr, Sa-So 9-21 Uhr, Nov.-Feb. Di-Fr 9-18 Uhr, Sa-So 9-19 Uhr, http://jeju.museum.go.kr.
Jeju Folklore Museum, tgl. 9-19 Uhr, Busse 1, 2, 10, 20, 28, 38.
Jeju Museum of Art, Okt.-Juni Di-So 9-18 Uhr, Juli.-Sep. Di-So 9-20 Uhr, http://jmoa.jeju.go.kr.

PARKS: Halla Arboretum, tgl. 9-18 Uhr, Highway 1100, Busse 6, 7 oder 300 bis Endstation. **Jeju Loveland**, tgl. 9-24 Uhr, ab 18 Jahren, Highway 1100, www.jejuloveland.com.
Tamna Mokseogwon, Feb.-Nov. tgl. 8-18.30, Dez.-Jan. 8-17.30 Uhr, Bus 500 ab Intercity Bus Terminal.

Viele Restaurants gibt es im Areal rund um die City Hall. Entlang der Uferpromenade reihen sich zahlreiche Fischrestaurants auf, während sich weiter nach Westen Richtung Drachenkopffels viele Cafés befinden.
E-Mart Foodcourt, der etwas schäbig wirkende Imbiss-Komplex befindet sich in der 5. Etage, bietet Meerblick und viele preiswerte Lokale, tgl. 10-21 Uhr, Tapdongno.
Haejin Seafood Restaurant, größtes und bestes Lokal für koreanischen Rohfisch, tgl. 10.30-24 Uhr, Sashimi Street, östliches Ende der Waterfront Promenade, Tel. 722 4584.
Yeongcheon Hoejip, neben gutem Sashimi gibt es hier auch gebratenen Fisch, tgl. 12-22 Uhr, Sashimi Street, gleich in der Nachbarschaft, Tel. 752 4285.

Wichtigstes Ausgehviertel ist das Areal südwestlich des Gwangyang-Kreisverkehrs und die abendliche Fußgängerzone mit ihren vielen Seitengassen westlich der City Hall.
Modern Time Jeju Brewery, sieben Sorten Bier gibt es hier zur Auswahl, dazu herzhaftes Essen, tgl. 11-3 Uhr, 263-6 Yeon-dong, Shin Jeju (nahe Jeju Grand Hotel).
White Beach Hotel Bar, eine coole Bar oben auf dem White Beach Hotel mit herrlichem Meerblick und einer Außenterrasse, tgl. 14-2 Uhr.

Der **Dongmun-Markt** südlich der Ost-Westmagistrale Gwandeongno im Zentrum breitet sich über viele Straßen aus. Unter der Gwandeongno befindet sich das **Jungang underground shopping center**, während sich gleich nördlich davon das Einkaufsviertel **Chiseongno** mit vielen Boutiquen ausbreitet.

FLUG: Flüge gibt es zu rund einem Dutzend Städte. Allein nach Seoul gibt es alle 10 Minuten einen Flug. Zu den Ferienzeiten muss man dennoch frühzeitig buchen. Bus 100 fährt vom Flughafen zum Bus Terminal, Bus 300 ins Zentrum. **BUS:** Vom Flughafen fährt der Limousine Bus 600 zu allen großen Hotels und Resorts im Südteil der Insel, darunter Jungmu Resort und Seogwipo. Vom Bus Terminal gibt es laufend Busse in alle Teile der Insel.
FÄHRE: Vom Fährhafen gibt es u.a. Schiffe nach Busan (11 Std.), Incheon (13 Std.), Mokpo (4,5 Std.) und Wan-do (3 Std.).
AUTOVERMIETUNG: Am unabhängigsten ist man mit dem Mietwagen. Alle großen Verleihfirmen wie Avis (www.avis.co.kr) und Kumho/Hertz (www.kumhorent.com) sind vertreten. Auch die großen Hotels haben meist Schalter der Autovermietungen.

DER WESTEN VON JEJU-DO

Hangpaduri, tgl. 9-17 Uhr, Bus 887 bis Goseong-ri

HALLIM

Boyeong Banjeom, hier gibt es in netter Atmosphäre gute und preiswerte chinesische Küche, an der Hauptstraße nicht weit von der Kirche, Tel. 796 2042.

Hallim-Park, Sep-Juni, tgl. 8.30-18 Uhr, Juli-Aug. tgl. 8.30-19.30 Uhr, die Busse von Jeju-si Richtung Westen halten vor dem Parkeingang, www.hallimpark.co.kr.

Bunjae Artpia, März-Okt. Tgl. 8.30-19.30 Uhr, Nov.-Feb. tgl. 8.30-18 Uhr, Anfahrt mit dem Bus von Hallim nach Gosan oder Taxi, www.spirited-garden.com.

Glass Castle, tgl. 9-18 Uhr, Taxi ab Hallim.

O'Sulloc-Teemuseum, tgl. 10-17 Uhr, Taxi ab Hallim, www.osullocmall.com.

BIYANG-DO

Um 9 und 15 Uhr gibt es eine Fähre vom Pier in Hallim zur Insel.

GAPA-DO UND MARA-DO

Fähren ab Hafen Moseulpo; nach Gapa-do tgl. 8.30 und 14 Uhr (30 Min.), nach Mara-do tgl. 12 Fähren (45 Min.).

Sanbanggulsa-Grotte, tgl. 8.30-19 Uhr, Busse ab Seogwipo nach Sanbangsan.

YONGMEORI

Hamel-Museum, tgl. 8.30-19 Uhr, Busse ab Seogwipo nach Sanbangsan.

Jeju Art Park, Apr.-Okt. tgl. 8.30-20 Uhr, Nov.-März tgl. 8.30-17.30 Uhr, Bus von Moseulpo oder Seogwipo Richtung Sangbangsan bis Art Park Busstop, www.jejuarts.com.

JUNGMUN-RESORT

Jungmun Tourist Information Center, tgl. 9-18 Uhr, am Resorteingang, Tel. 739 1330.

Botanischer Garten Yeomiji, Apr.-Okt. tgl. 9-18.30 Uhr, Nov.-März tgl. 9-17.30 Uhr, www.yeomiji.or.kr.

Teddybär-Museum, Sep.-Juni tgl. 10-19 Uhr, Juli-Aug. tgl. 10-20 Uhr, www.teddybearmuseum.com.

Sound Island Museum, tgl. 9-20 Uhr.

Museum of African Art, Sep.-Juni tgl. 9-19 Uhr, Juli-Aug. tgl. 9-22 Uhr.

Gallery Challa, gemütliche Galerie mit Café und Restaurant mit vegetarischer Küche, tgl. 10-21 Uhr, an der Ostseite des Sound Island Museum, Tel. 738 1061.

Island Gecko's, berühmtester Ausländertreff hier im Süden, gesellig und gemütlich, Di-So 10-2 Uhr, kurze Taxifahrt von Jungmun, Tel. 739 0845, www.geckosterrace.com.

SEOGWIPO

Tourist Information Center, am Ticketbüro zum Cheonjiyeon-Wasserfall, tgl. 9-18 Uhr, Tel. 732 1330.

Seobok Exhibition Hall, März-Okt. tgl. 7.30-18.30 Uhr, Nov.-Feb. tgl. 7.30-17.30 Uhr.

Die meisten Lokale liegen an der „Restaurant Street", der westlichen Parallelstraße zur Nord-Südmagistrale Jungangno.

Busse fahren von Seogwipo nach Osten oder Westen um die Insel oder entlang der Nord-Südstraße Richtung Jeju-si.

HALLASAN-NATIONALPARK

www.hallasan.go.kr.

NAMWON

Shinyoung Cinema Museum, Sep.-Juni tgl. 9-18.30 Uhr, Juli-Aug. tgl. 9-19.30 Uhr.

Jeju Folk Village, tgl. 8.30-18 Uhr, Direktbusse von Jeju-si und Seogwipo, www.jejufolk.com.

DER OSTEN VON JEJU-DO

Seongsan Ilchulbong, tgl. vor Sonnenaufgang bis Sonnenuntergang

U-do, Fähren stdl. ab Seongsan-ri-Hafen, letzte Fähre zurück um 18 Uhr, Fahrrad- und Motorradmiete auf U-do möglich. **Manjanggul**, März-Okt. tgl. 9-18 Uhr, Nov.-Feb. tgl. 9-17 Uhr, Bus von Jeju-si nach Seongsan Ilchulbong.

Sangumburi, tgl. 9-18 Uhr, Bus von Jeju-si Richtung Seongeup.

6

Jeju-do

摩訶大法王

Andacht vor der Haupthalle des Beomeosa

Foto: Oliver Fülling

GYEONGSANGNAM-DO

JAGALCHI-FISCHMARKT
HAEUNDAE
TONGDOSA
HAEINSA

GYEONGSANGNAM-DO

Land der rauen Küsten

Die Provinz Gyeongsangnam-do (Süd-Gyeongsang) bedeckt den Südosten der Halbinsel. Die touristisch wenig attraktive große Industrie- und Hafenstadt **Ulsan**, Heimat des Hyundai-Konzerns, wurde 1997 aus Gyeongsangnam-do ausgegliedert und als Metropolitan City zu einer eigenen Provinz.

Das Sobaek-Gebirge bildet mit dem 1915 m hohen Jirisan die natürliche Grenze zu Nord- und Süd-Jeolla. Nirgendwo sonst im Land ist die Küste so dicht besiedelt, und dank einiger der besten natürlichen Häfen Südkoreas sind die hiesigen Fangflotten besonders groß. Daneben gibt es auch eine solide industrielle Basis und dank weiter Ebenen entlang der Flussläufe ist auch die Landwirtschaft ein wichtiger Wirtschaftszweig.

Gyeongsangnam-do bietet eine faszinierenden Mischung aus Kulturschätzen und schöner Natur, pulsierenden Metropolen wie Busan, Dörfern, unzugänglichen Gipfelregionen und weißen Sandstränden.

Links: Auf dem Jagalchi-Fischmarkt.

Busan

Als „Gruppe von fünf Küstenplätzen mit einer Bevölkerung von etwa 30 000 Seelen, die sich vom Fischfang und dem geringen Handel ernähren", beschrieb der Weltreisende Ernst von Hesse-Wartegg 1894, kurz vor Ausbruch des chinesisch-japanischen Krieges, die heute 3,7 Millionen Einwohner zählende Industriestadt **Busan** ❶, und obwohl der kritische Globetrotter wenig gute Worte für den Ort fand, bewunderte er doch den riesigen Fischmarkt, der bis heute nichts von seiner Faszination verloren hat.

Aus der „Siedlung mit strohgedeckten Lehmhütten ohne Sträucher, Bäume oder Gärten" ist eine moderne Handels- und Industriemetropole, der größte Exporthafen und die zweitgrößte Stadt Südkoreas geworden, die 1995 in den Rang einer von der Provinz unabhängigen *Metropolitan City* erhoben wurde und heute den fünftgrößten Hafen der Welt besitzt.

Busan bedeutet „Kessel-Berg" und bezieht sich auf den die Altstadt am Südhafen umgebenden Hügelkranz. Nachdem die Ebenen an der stark zergliederten Küste zugebaut waren, breitete sich Busan bis zum Hangfuß der Küstenberge aus. Diese bewaldeten Erhebungen brechen die Struktur der langgestreckten Stadt auf und teilen sie in übersichtlichere Segmente, so dass

7 Gyeongsangnam-do

» **Karte S. 174–175, Info S. 182–183**   169

GYEONGSANGNAM-DO

Gimhae Int'l. Airport (19 km)

Mangangno

Line 1

Samiljang
Yeogwan

Boramgil

Choryang
Foreigners
Street

Busan Railway
Station

Gwangjang
Tourist Hotel

Jeongmilgil

Busan Stn.
Square

Busan
Station

CHINA-
TOWN

Arirang
Pusan

Shanghai
Gate

Daecheong
Park

Busan Tunnel

Dongyeonggil

Yeongjugil

Daeyeongno

Yeongju
Overpass

Jungangno

Junjangno

East
Harbour

Municipal
Library

Democracy
Park

Hillside

Commodore

Toyoko
Inn

Yeongseongnogobaetgil

Police

Seoul
Hotel

Jungang-dong

Customs
Office

Immigration
Office

Pier 2

International
Ferry Terminal

Daecheongno

Sorabol

Busan Modern
History Museum

Taejongno

Sumireu
Park

Pier 1

Jungang Cathedral

Busan
Tower

Elysee

Tower

GWANGBOK-

Daegaksa
Temple

Busan

Daegyoro

Coastal
Ferry
Terminal

Gukje
Market

DONG

Yongdusan
Park

Jokbalgolmok

Royal

Escalator

PIFF
Square

NAMPO-

Phoenix

DONG

Gwangbokno

Nampo-dong

Lotte
Department Store &
Aqua Mall

Busan Bay

Jagalchi

Nonghyup
Market

Line 1

Gudeokno

Sincheonji
Market

Sindonga
Fish Market

Jamsugi-
Suhyup
Market

Dry Fish
Market

Lotte
Tower
(under
construction)

Busandaegyo
Bridge

BUSAN ①

Jagalchi Fish Market

Nummern: ①–⑦

0   200 m

© Nelles Verlag GmbH

South Harbour

Yeongdodaegyo
Bridge

YEONGDO-GU

170

Foto: Volkmar E. Janicke

7

Gyeongsangnam-do

man nicht überall das Gefühl hat, in einer Millionenstadt zu sein.

★Jagalchi-Fischmarkt

Auf dem Fischmarkt, schrieb Ernst von Hesse-Wartegg 1894, kauften die Koreaner das Fleisch riesiger Haifische, während die Chinesen und Japaner nur die Flossen als Delikatesse genossen. Die Zeiten mögen sich geändert haben, aber der ★Jagalchi-Fischmarkt ① ist die aufregendste Sehenswürdigkeit der Stadt geblieben: Endlos zieht er sich mit Hunderten Geschäften und Marktständen am Ufer des Südhafens mit seiner riesigen Fischereiflotte hin. Zu kaufen gibt es alles, was das Meer hergibt und das Beste ist, man kann es an Ort und Stelle braten lassen und auf kleinen Schemeln sitzend verspeisen, wenn man sich von der lärmenden, derben Atmosphäre nicht abschrecken lässt.

Nur 500 m östlich des alten Marktge-

Oben: Eine Ginseng-Händlerin in Busan bietet ihre Ware an.

ländes entstand eine neue Landmarke, ein Shopping-Tempel des 3. Jahrtausends: **Lotte Town**. Daneben soll künftig das Superhochhaus *Lotte World Tower* 510 m hoch in den Himmel ragen.

★Nampo-dong und Gwangbok-dong

Die Gegend um den Fischmarkt heißt ★**Nampo-dong** ② und ist der hippe **Einkaufs-, Vergnügungs- und Restaurantbezirk** der Stadt. Die schmalen Straßen und ihre Seitengassen sind vollgestopft mit trendigen Boutiquen und nobleren Shoppingmöglichkeiten. Zwar ist hier den ganzen Tag viel los, aber bei Sonnenuntergang, wenn die glitzernden Neonreklamen angehen, wird es richtig voll von Menschen, die hier fröhlich den Tag ausklingen lassen.

Nördlich schließt sich das Mode- und Einkaufsviertel **Gwangbok-dong** an, mit der **Gwangbok-no** als Haupteinkaufsstraße und der **Food Street** – in deren Ostabschnitt, 250 m nördlich der Jagalchi-Station – als „Fressgasse".

» **Stadtplan S. 170, Info S. 182-183**
171

Foto: Volkmar E. Janicke

Yongdusan-Park

Man kann von Nampo-dong nach Norden über das Areal des **Gukje-Markts**, der als Schwarzmarkt nach dem Krieg begonnen hatte und auf dem heute alles mögliche verkauft wird, spazieren und dann zum **Yongdusan-Park** ③ abbiegen. Den Hügel dieses Naherholungsgebiets krönt der **Busan Tower**, der 118 m hohe Fernsehturm der Stadt. Wenn die Sicht klar ist, blickt man vom Turm auf endlose Hafenanlagen – Busan besitzt den größten Containerhafen Koreas.

Busan Modern History Museum

Gleich nördlich des Parks bietet sich ein Besuch im **Busan Modern History Museum** ④ an, das einen Überblick über die Entwicklung der Stadt seit ihrer erzwungenen Öffnung für den Außenhandel Ende des 19. Jahrhunderts gibt. Nachdem Busan bereits 1592 einmal

Einfallstor der Japaner nach Korea war, später dann seinen Hafen für fremde Handelsschiffe freigeben musste und in der ersten Hälfte des 20. Jahrhunderts sehr unter der japanischen Kolonialregierung litt, ist die Ausstellung stark antijapanisch gefärbt.

Choryang Foreigners Street

Gegenüber vom hypermodernen Glaspalast der **Busan Station**, wo auch die KTX-Züge einlaufen, beginnt die **Choryang Foreigners Street** ⑤, auch **Texas Street** genannt. Ihr schließt sich im südlichen Abschnitt die **Chinatown** ⑥ an; der Zugang erfolgt über das schmucke rote **Shanghai-Tor** ⑦, das nicht darüber hinwegtäuschen kann, dass das sündige **Vergnügungsviertel** der amerikanischen GIs etwas in die Jahre gekommen ist. Tagsüber vor allem von Läden mit russischem Angebot geprägt, zeigt sich nachts der Rotlichtcharakter deutlicher, wenn hier philippinische und russische Barmädchen auf durstige Matrosen warten.

Oben: Am Fischereihafen der Millionenstadt Busan.

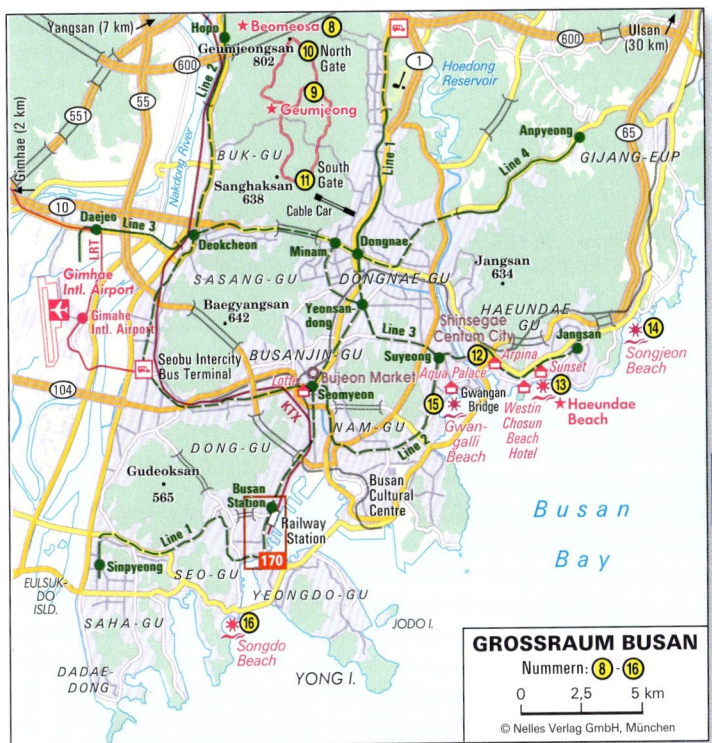

GROSSRAUM BUSAN

★Beomeosa

Im Norden der Stadt schmiegt sich Busans schönster Tempel ★Beomeosa (8) an den Hang des 790 m hohen Geumjeongsan. Pilger und Ausflügler, die hier zu Wanderungen starten, bevölkern die Anlage, die Uisang 678 gründete. Die heutigen Gebäude stammen jedoch aus dem 17.-18. Jahrhundert.

★Geumjeong

Die zwischen 1703 und 1807 in den Bergen über dem Beomeosa erbaute Zitadelle ★Geumjeong (9) sollte als Bollwerk gegen zukünftige Angriffe die-

nen. Nach seiner Fertigstellung war es das größte Festungsareal Koreas – allerdings gab es keine Invasionen mehr. Die 17 km lange **Mauer** schloss ein 8 km² großes Areal ein. Mehrere Abschnitte der Mauer wurden restauriert, Pavillons und vier Tore wiederaufgebaut und ein Park angelegt.

Eine schöne, gut ausgeschilderte **Wanderung** führt links am Beomeosa vorbei zum **Nordtor** (10) und dann über 8 km zum **Südtor** (11), wo man die **Seilbahn** ins Tal nehmen kann.

Shinsegae Centum City

Ein Shoppingzentrum der Superlative im neuen Stadtteil **Centum City**, wo laufend neue Wolkenkratzer entste-

» Stadtplan S. 173, Info S. 182-183

hen, ist **Shinsegae Centum City** 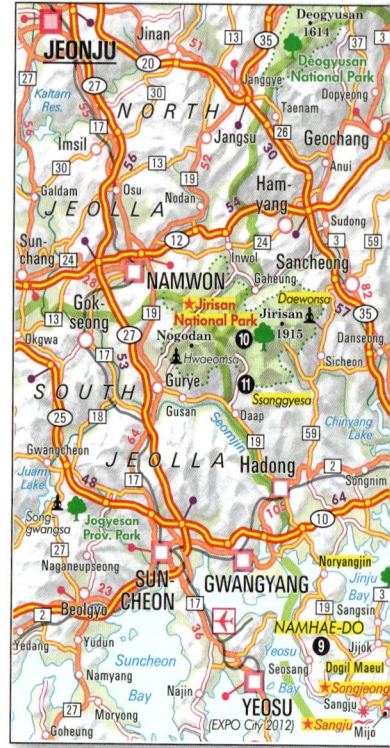 – 2009 von Guinness geadelt als größtes Kaufhaus der Welt. Auf mehr Fläche als Macy's in New York bietet es neben unzähligen Shops u. a. Kino, Kunstgalerie, Spa, Eislaufbahn und einen Dachgarten.

Busans Strände

Busan besitzt nicht nur große Kaianlagen, sondern auch acht Strände, die man während der Sommersaison mit Abertausenden teilt und die abends teils zu echten Partyhotspots werden. Der berühmteste Beach Südkoreas ist ★**Haeundae** ⑬, ein 2 km langer, von den Koreanern gerne optimistisch „Waikiki" genannter **Sandstrand**. Jährlich zieht er Millionen Badelustige an, darunter viele Familien und junge Leute, die hier – vor allem im August – ihren Spaß haben und sich im Wasser mit großen Schwimmringen vergnügen. Die Sonnenschirme stehen hier dichter als auf Mallorca.

Weitere beliebte Strände sind der **Songjeon** ⑭ – wegen der Wellen beliebt bei Surfern, die sich hier gern in der *Blowfish Bar* treffen –, **Gwangalli** ⑮ – 1500 m Sand an einer Bucht, die die nachts illuminierte **Gwangan-Brücke** überspannt – und **Songdo** ⑯, der schmalste von den vieren und dem Stadtzentrum am nächsten. Sie alle sind mit Strandboulevards, Restaurants und Bars und was sonst zum Strandvergnügen dazu gehört ausgestattet.

Gimhae

Auf der Westseite des Nakdong-Flusses, in dessen Delta sich Busan ausbreitet, wurde **Gimhae** ❷ schon früh besiedelt. Im 4. Jh. v. Chr. stießen die tungusischen Pyonhan bis zur Südküste vor. Suro, ein Abkömmling der bis heute einflussreichen Gimhae-Kim-Sippe aus dem benachbarten Silla, vereinte im Jahr 42 fünf Pyonhan-Stämme zum kleinen Königreich Gaya, das sich beidseitig des Nakdonggang bis in die Gaya-Berge

erstreckte. In der Zeit von Groß-Silla war Gimhae eine von fünf zweitrangigen Hauptstädten des Landes. Mit dem Fall Sillas verlor Gimhae an Bedeutung, und erst im 20. Jahrhundert konnte die Stadt dank des benachbarten Busan am allgemeinen Aufschwung teilnehmen. Der Besuch lohnt vor allem, wenn man sich für die Geschichte des alten Königreichs Gaya interessiert.

Hauptgrund für einen Besuch ist das **Grab von König Suro**, das sich mitten in der Stadt befindet. Der elegante Grabhügel wurde während der Joseon-Dynastie durch Zufügung von Wächterfiguren und des Sungseong-Pavillons verändert. Jedes Jahr im Frühling und im Herbst werden **Gedenkzeremoni-**

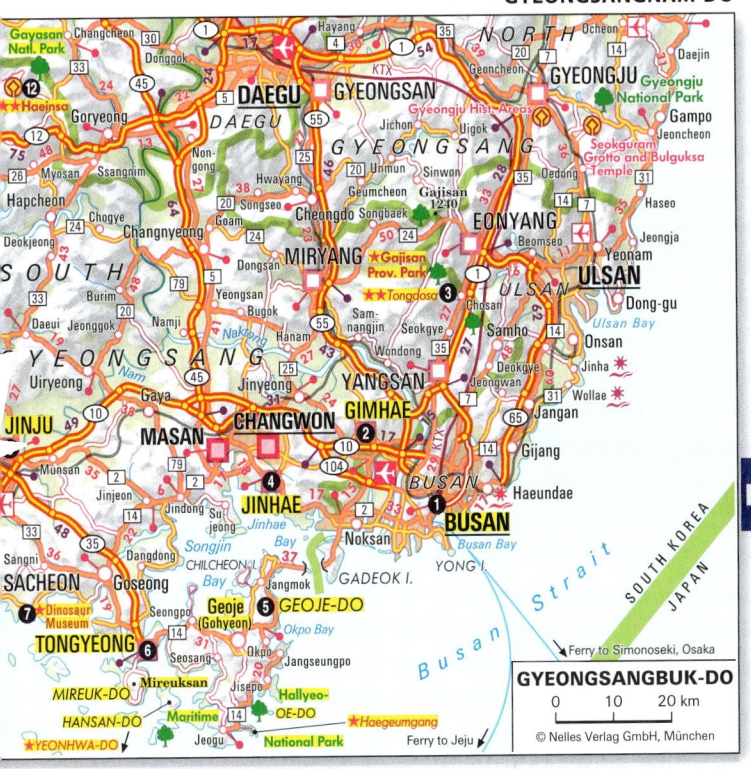

en zu Ehren des Königs abgehalten. Im Frühjahr findet parallel das **Garak Cultural Festival** mit Feuerwerken und Kulturevents statt.

Etwa 30 Minuten zu Fuß auf der Hauptstraße nach Norden erreicht man das **Grab von Suros Frau** Königin Heo, eine archaische Rasenkuppe ohne jeglichen Außenschmuck. Gleich in der Nachbarschaft steht das **Gimhae National Museum**, dessen Schwerpunkt auf Funden aus dem alten Königreich Gaya liegt.

Zwei geöffnete Gräber und Funde aus den Gräbern von Adligen werden im **Daeseong-dong Ancient Tomb Museum**, ein Stück südlich des Nationalmuseums, ausgestellt.

★Gajisan-Provinzpark und ★★Tongdosa

Im Nordosten Gyeongsangnam-dos bilden die **Yeongnam-Alpen** mit acht über 1000 m hohen Gipfeln das Zentrum des ★**Gajisan-Provinzparks**, der in drei Abschnitte geteilt ist. Im dem kleinsten, westlich der Autobahn von Busan nach Gyeongju, steht der ★★**Tongdosa ❸**, Koreas größter Tempel und als „Tempel des Buddha" das dritte der „Drei Juwelen des koreanischen Buddhismus". Gegründet wurde er 646 durch den Mönch Jajang, der königlichen Geblüts war, jedoch alle hohen Ämter ablehnte und zum Studium nach China ging. Der Name des Tempels

≫ Karte S. 174-175, Info S. 182-183
175

Foto: Volkmar E. Janicke

bedeutet „Errettung der Welt durch die buddhistische Lehre".

Über einen malerischen Weg, der durch den „Kiefernwald, der im Winter tanzt" führt, gelangt man zum Klosterkomplex mit seinen rund drei Dutzend Gebäuden. Das Gelände zwang zu einer Ausrichtung der Anlage in Ost-West-Richtung, die wichtigsten Kulthallen stehen jedoch in der nach geomantischen Richtlinien segensverheißenden Nord-Süd-Achse. Hinter dem zweiten **Tor der vier Himmelskönige (Sacheongwanmun)** steht rechts der fünfstufigen Pagode die ★**Halle des Heiligen Berges (Yongsanjeon)**, die an Buddhas Lehrreden auf der Geierkuppe von Rajagriha in Nordostindien erinnert. Gegenüber der Eingangswand hängen in vier Glasvitrinen acht Gemälde aus seinem legendär verklärten Leben.

Links der Pagode lohnt das ★**Tongdosa-Museum** den Besuch. Hier gibt es Tempelschätze, Ritualgeräte, astrono-

mische Instrumente, Buch- und Bildrollen und eine Sammlung buddhistischer Bilder zu sehen. Zusätzlich wird hier ein kompletter Abdruck der Tripitaka Koreana aus dem Haeinsa aufbewahrt.

Den Höhepunkt bildet die prachtvoll dekorierte ★★**Haupthalle (Geumgang Daeungjeon)**, die, einzigartig in Korea, keine Buddhaskulptur birgt. Hier wird der Kernsatz der buddhistischen Lehre verwirklicht, nach dem Figuren, Bilder, Götter, Himmelswesen und Paradiese nur Durchgangsstadien, Vorstufen zur höchsten Wahrheit sind: der allumfassenden Leerheit.

Jinhae

Reist man von Gimhae oder Busan weiter nach Westen, gelangt man schon bald nach **Jinhae** ❹ an der gleichnamigen weiten Bucht. Man kann kaum glauben, dass es so nah an der hektischen Metropole Busan eine so ruhige und gemächliche Stadt geben kann, die dazu noch zu den schönsten und angenehmsten Kommunen an der Südküste

---

Oben und rechts: Koreas größter Tempelkomplex ist der Tongdosa.

Foto: Thomas Stankiewicz

gehört. Der japanische Einfluss ist noch immer in der Architektur sichtbar, verschwindet aber zunehmend aus dem Stadtbild, während das alte, im russischen Stil erbaute **Postamt** im Zentrum Jinhaes unter Denkmalschutz gestellt wurde. Einmal im Jahr, zur Kirschblüte, erwacht das Städtchen zum Leben, wenn hier das 12 Tage dauernde ★**Kirschblütenfest** (*Gunghangje*) Ende März bis Anfang April stattfindet. Gefeiert wird es in den Straßen der Stadt, den Parks und entlang der mit 40 000 Kirschbäumen gesäumten Straße zum **Jangbok-Park**, 4 km nördlich der Stadt, mit Feuerwerken, Paraden, Wachwechseln der Ehrengarde, einer Miss-Kirschblüten-Wahl, Musik u.v.m.

Geoje-do

Geschützt wird die Bucht von Jinhae durch Südkoreas zweitgrößte Insel **Geoje-do** ❺, eines der größten Schiffbauzentren Koreas. Mit dem Großraum Busan ist sie durch einen **Tunnel** unter dem Meer, mit Tongyeong durch zwei

Brücken verbunden. Im Norden der Insel liegt das Verwaltungszentrum **Gohyeon / Geoje City**; hier lohnt ein kurzer Aufenthalt, um den ★**Geoje POW Camp Historical Park** zu besuchen: Das von den Amerikanern im Koreakrieg auf dem Gebiet der heutigen Stadt Gohyeon gebaute Lager für Kriegsgefangene *(prisoners of war)* war eines der größten des Landes, um gefangene Nordkoreaner und Chinesen zu internieren. Auf dem Höhepunkt des Krieges waren hier 170 000 Gefangene untergebracht, so viele wie die heutige Gesamtbevölkerung der Insel. Einige der alten Gebäude sind im Süden der Stadt erhalten und bilden mit der **POW Camp Site Exhibition Hall** eine Gedenkstätte.

Entspannter geht es auf der privaten, mit Ausflugsschiffen zu erreichenden Insel **Oe-do** im Südosten von Geojedo zu, die von einen hübschen **Botanischen Garten** eingenommen wird. Ganz im Südosten von Geoje-do bilden die aus dem Meer ragenden Felsen von ★**Haegeumgang** einen landschaftlich dramatischen Abschluss der Insel.

» Karte S. 174-175, Info S. 182-183 177

Foto: D/D.E. Koelle

Tongyeong

In der schön gelegenen Hafenstadt **Tongyeong** ❻ bietet sich ein Stopp an. 1955-95 hieß sie Chungmu, „Ehre und Tapferkeit", zu Ehren von Admiral Yi Sun-sin, dem man 1609 im Norden der Stadt den Gedenkschrein **Chungyeolsa** errichtete. 1km östlich davon steht mit der ★**Saebyeonggwan** eine der drei größten, ältesten Holzhallen Koreas. Sie war einst Teil eines größeren Komplexes, der 1597 bis 1896 als Marinehauptquartier diente. Auf der anderen Straßenseite illustriert das **Tongyeong Folklore and History Museum** die Geschichte der Stadt. Ein Bummel durch das ★**Hafenviertel Gangguan** empfiehlt sich: Am Nordende der Hafenpromenade sind der Nachbau eines **Schildkrötenschiffes** von Yi Sun-sin und ein quirliger ★**Fischmarkt** zu sehen. Oder man wandert durch den **Unterwasser-**

tunnel hinüber zur **Insel Mireuk-do**.

Per **Seilbahn** fährt man zum Gipfel des **Mireuksan** und genießt den herrlichen Blick über Tongyeong und seine Inselwelt bis zur japanischen Insel Tsushima. Über 150 Inseln und Inselchen umfasst der **Hallyeo-Meeresnationalpark**. Lohnend ist die Überfahrt zur Insel **Hansan-do**, wo 1592 der erste große Sieg über die japanische Flotte gefeiert wurde. Ein Monument im Norden der Insel erinnert daran. 1593-97 hatte Admiral Yi hier sein Hauptquartier; der Nachbau seines Befehlsstands **Jeseungdang** ist zu besichtigen.

Schön ist die Insel ★**Yeonhwa-do** mit ihren ★**Yongmeori-Felsen**.

★Geosong Dinosaur Museum

25 km südöstlich von Sacheon lockt das ★**Dinosaur Museum** ❼ mit großen Skeletten, imposanten Saurier-Nachbildungen, Fossilien, einem schönen **Küstenpark** und versteinerten ★**Saurierspuren** aus der Kreidezeit direkt am Meer.

Oben: Ein Highlight an der Südküste – das Geosong Dinosaur Museum. Rechts: Beim Laternenfest in Jinju verzaubern Leuchtfiguren den Nam-Fluss.

Foto: Koreanische Zentrale für Tourismus

Jinju

Mit 340 000 Einwohnern ist das Regionalzentrum **Jinju** ❽ eine gastfreundliche Stadt, mit teils europäisch anmutender Innenstadt und baumbestandenen Einkaufsstraßen. Bekannt ist Jinju für feinste Seide, traditionelle Silbermesser, Stierkampf, Kunst, Kultur und das große ★**Laternenfest** Anfang Oktober: Abertausende Lampions und fantasievolle Leuchtfiguren verwandeln dann den **Nam-Fluss** in ein Lichtermeer; ein Feuerwerk krönt das Ganze.

Die örtliche *Bibimbap*-Variante verwendet rohes, mariniertes Rindfleisch.

Jinju-Fort *(Jinjuseong)*

Im Imjin-Krieg, dem siebenjährigen Invasionskrieg (1592-98) der Japaner, war Jinju eines ihrer ersten Angriffsziele. Über 60 000 Koreaner verloren 1593 hier ihr Leben, das **Jinju-Fort *(Jinjuseong)*** wurde zerstört. Die Anfänge der „Burg der hochgetürmten Felsen" reichen bis ins Königreich Gaya. Nach 1598 wurde die Festung wieder aufgebaut und ist heute (neben Suwon) das besterhaltene städtische Fort des Landes. Innerhalb der Mauern gibt es zahlreiche Bauten. Im Westen steht der kleine **Tempel zum Schutz des Landes *(Hoguksa)***, einst ein Stützpunkt der Kampfmönche, die der Armee 1593 gegen die Japaner halfen. Die Treppen hinaufsteigend passiert man den **Changnyeolsa**, der die Gedenktafeln von 39 Patrioten bewahrt, die bei der Schlacht ums Leben kamen. Im Südteil steht der **Chokseongnu**, einer von vier berühmten Pavillons in Südkorea. 1365 erbaut, diente er während der Joseon-Dynastie als Militärquartier und Prüfungsort für die konfuzianischen Beamtenexamina.

Nahebei liegt der **Uigisa**, ein Gedenkschrein für die Unterhaltungsdame *Nongye*, eine Nationalheldin: Sie hatte den japanischen Oberbefehlshaber an einen Abgrund über dem Nam-Fluss gelockt und mit in die Tiefe gerissen.

Das ★**Nationalmuseum Jinju** widmet sich mit über 6000 Exponaten der Geschichte des Imjin-Krieges.

Namhae

Wer nach dem Geschichtsunterricht in Jinju wieder die Unbeschwertheit des Meeres sucht, kann mit dem Bus zur Insel **Namhae** ❾ fahren: ★Sangju und ★Songjeong im Inselsüden zählen zu den besten Stränden des Landes.

Gleich im Norden der Insel, im Ort **Noryangjin** am südlichen Ende der imposanten, 80 m hohen und 660 m langen **Namhae-Brücke**, steht die **Chungyeolsa**, die ursprüngliche Begräbnisstätte von Admiral Yi sun-sin, der nicht weit von hier bei seiner letzten großen, siegreichen Schlacht starb.

Ein Kuriosum in Korea ist das **Deutsche Dorf (Dogil Maeul)**, eine im deutschen Stil um 2004 errichtete Einfamilienhaus-Ansammlung mit Meerblick: Überwiegend aus Deutschland zurückgekehrte koreanische Ex-Krankenschwestern leben hier mit ihren deutschen Ehemännern, zudem einige heimgekehrte Ex-Bergarbeiter.

★Jirisan-Nationalpark (östlicher Teil)

1915 m ragt der Jirisan, Koreas zweithöchster Berg, in der einsamen Bergwelt im Osten Gyeongsangnam-dos in die Höhe und bildet mit 12 weiteren über 1000 m hohen Gipfeln einen 40 km langen, mächtigen Grat und das Herz des ★Jirisan-Nationalparks ❿ (s. S. 132). Hier wurden im Jahr 2001 erstmals wieder **Kragenbären** gesichtet, die in freier Wildbahn als ausgestorben galten; fast 50 sollen heute wieder hier leben. Wie in anderen Nationalparks sind große Tempelanlagen zugleich die Startpunkte für ein ein- bis mehrtägige Wanderungen in der Gebirgsregion; hier in Gyeongsangnam-do bilden der **Ssanggyesa** im Süden (siehe unten) und der **Daewonsa** im Nordosten die Zugänge zum Park.

Rechts: Die hölzernen Druckstöcke des Tripitaka Koreana zählen zum UNESCO-Welterbe.

Zwillingstal-Kloster (Ssanggyesa)

Eine Legende erzählt, dass die Mönche Daebi und Sambeop im Jahr 722 mit einem Schädelknochen des sechsten Zen-Patriarchen Huineng aus China zurückgekehrt seien. Im Traum war den beiden ein alter Mönch erschienen, der ihnen die Vorberge des Jirisan zur Errichtung eines Reliquien-Schreins empfahl. Dort angekommen, fanden sie Blumen, die im Schnee wuchsen und gründeten an dieser Stelle den Jadefluss-Tempel. Gut hundert Jahre später brachte der berühmte Zen-Meister Jingam Teesamen aus China mit, führte den Teeanbau ein und erweiterte den kleinen Reliquienschrein zu einem großen Heiligtum. Die Anlage wurde in **Zwillingstal-Kloster** ⓫ (Ssanggyesa) umbenannt, weil es in einer Flussschleife angesiedelt ist. In der Folge entwickelte es sich zu einem der bedeutendsten Klöster des Landes und ist heute das 13. Distrikt-Hauptquartier der Jogye-Sekte. Noch immer wird in der Region Tee angebaut, und die Einführung des Tees wird mit dem **Teefestival** zum Ende des Frühlings gefeiert. Entlang der Straße zum Tempel wachsen zahllose Kirschbäume und verwandeln die Gegend während der **Kirschblüte** Ende März/Anfang April in ein Blütenmeer.

Vom Kloster kann man in gut 1,5 Stunden zum 2,5 km entfernten ★Buril-Wasserfall (Buril Pokpo) aufsteigen. 60 m stürzt er in die Tiefe und ist damit einer der größten Wasserfälle Südkoreas. Für den Hin- und Rückweg sollte man 3 Stunden einplanen.

Gayasan-Nationalpark und ★★Haein-Tempel

Mitten im **Gayasan-Nationalpark**, der nach dem alten Königreich Gaya benannt ist, und am Südausläufer des mächtigen 1430 m hohen Granitblocks Gayasan steht der malerische, über einen kurzen Wanderweg erreichbare Komplex des ★★Haein-Tempels

Foto: Koreanische Zentrale für Tourismus

⑫ *(Haeinsa)* mitten im Wald. Bereits im Jahr 802 hatten die beiden medizinisch versierten Mönche Suneung und Ijeong nach ihrer Rückkehr aus China eine Einsiedelei an diesem Ort gegründet. Nachdem es den beiden gelungen war, die Gattin von König Aejang (reg. 800-809) von einer schweren Krankheit zu heilen, stiftete der König die Gelder zum Ausbau der Einsiedelei zu einem Kloster. Immer wieder wurde es durch Brände zerstört, sodass fast alle Gebäude aus dem 19. oder 20. Jh. stammen.

Der größte Schatz des Haein-Tempels ist die wie durch ein Wunder erhalten gebliebene weltberühmte Bibliothek mit den 81 258 hölzernen, geschnitzten **Druckstöcken der Tripitaka Koreana**, der ältesten erhaltenen und umfangreichsten Sammlung chinesischer Übersetzungen buddhistischer Schriften weltweit. Seit der Silla-Dynastie waren buddhistische Schriften und Tempel für patriotische Zwecke eingesetzt worden, und schon seit dem 11. Jh. hatten koreanische Könige den Druck buddhistischer Schriften in Auftrag gegeben, um

sich vor den Angriffen der Steppennomaden aus dem Norden zu schützen.

1232 fiel das erste, 5000 Bände umfassende Werk der Zerstörungswut der Mongolen zum Opfer, aber König Gojong gab eine neue Tripitaka in Auftrag, mit deren Herstellung 1237 begonnen wurde. Nach der Fertigstellung 1251 lagerten die Druckstöcke anfangs im Tempel der vererbten Lampe *(Jeondeungsa* s. S. 74) auf der Insel Ganghwa, wurden dann aber Ende des 14. Jh. wegen anhaltender Überfälle, die das Ende der Goryeo-Dynastie einleiteten, im Haein-Tempel versteckt. König Seongjong (reg. 1469-1494) ließ für ihre Aufbewahrung 1488 schließlich zwei lange ★★**Lagerhallen** *(Janggyeong Panjeon)*, die gute Belüftung gewährleisteten, errichten. Die imposanten Magazine mit den Druckstöcken zählen zum UNESCO-Welterbe.

Der Haeinsa ist als Tempel der Lehre eines der „Drei Juwelen des koreanischen Buddhismus" (s. S. 134). Das **Museum** zeigt einige der Tempelschätze.

» Karte S. 174-175, Info S. 182-183 181

BUSAN (☎ 051)

Tourist Information Center, Busan Station Office, Tel. 441 6565, tgl. 9-20 Uhr. Gimhae Int'l. Airport Domestic Terminal Tel. 973 4607, tgl. 6.30 Uhr bis zum letzten Flug; International Terminal, Tel. 973 2800, tgl. 7-21 Uhr. International Ferry Terminal, Tel. 465 3471, tgl. 9-18 Uhr. Haeundae, neben dem Busan Aquarium am Haeundae Beach, Tel. 749 5700, tgl. 9-18 Uhr. http://english.busan.go.kr

Jagalchi-Fischmarkt, U1: Jagalchi, Exit 10.
Nampo-dong, Yongdusan-Park, U1: Nampo-dong.
Choryang Foreigners Street, U1: Busan Station, Exit 1.
Busan Modern History Museum, Di-So 9-18 Uhr, U1: Jungang-dong, Exit 5 oder 7, www.museum.busan.kr.
Beomeosa, tgl. 7-19 Uhr, U1, Beomeosa Temple, Exit 5, dort die Straße 1 Block zum Busparkplatz hochgehen und weiter mit Bus 90 zum Tempel, www.beomeosa.co.kr.

Fisch steht im Mittelpunkt der Küche Busans. Wer mit Freunden Essen geht, sollte ein Rohfisch-Dinner (*hoe*) probieren. Weitere Spezialitäten der Stadt sind marinierte gegrillte Rindfleisch-Rippchen (*so galbi*) und gegrilltes Ziegenfleisch (*yeomso gogi*).
Yeyije, so speisten die Könige von Korea: perfektes Ambiente und raffinierte Küche in zahlreichen Gängen, tgl. 11-23 Uhr, Haeundae-Strand rechts vom Paradise Hotel, Tel. 731 1100, U2: Haeundae, Exit 3 oder 5.
Let's Eat Alley (*meokja golmok*), einer der besten Orte für koreanisches Finger Food, das abends an mobilen Ständen (*bojang macha*) serviert wird, tgl. ab 17 Uhr auf dem Areal des Gukje-Markts, U1: Jagalchi, Exit 7.

Die angesagten Bars und Clubs befinden sich am Gwangallin-Strand entlang der Strandstraße (U2: Gwangan, Exit 3), in Haeundae an der Strandfront, (U2: Haeundae) und den Parallelstraßen dahinter, rund um die beiden Universitäten Kyungsung und Pukyong (U2: Kyungsung Univ.-Pukyong Nat'l Univ., Exit 1 oder 3) und in Seomyeon (U1, U2: Seomyeon, Exit 5 oder 7).

Ol'55, ungezwungen, hier fließt das Bier in Strömen, Mo-Do 19-2 Uhr, Fr-Sa 19-5 Uhr, Kyungsung-Pukyong Universities.
Noran Mahura, Zeltkneipe 3 km östlich vom Haeundae-Strand, wo man den Sonnenuntergang feiert und den Sonnenaufgang anschaut, tgl. 14 Uhr bis Sonnenaufgang, Cheongsapo, Anfahrt von Haeundae per Taxi.

Busan Cultural Center, hier gibt es alles unter einem Dach: Philharmonie, Modern Dance, Oper, Theater usw., U2: Daeyeon, Exit 3 oder 5, http://culture.busan.go.kr

Shinsegae Centum City, weltgrößtes Shopping- und Vergnügungszentrum mit riesigem Food Park mit Lokalen aller Küchen und Preislagen., U2: Centum City, Exit 3.
Bujeon-Markt, der größte und beste Markt in der Innenstadt für Obst und Gemüse, U1: Bujeon-dong, Exit 5.

Internationales Filmfestival Busan, im Oktober, eines der bedeutendsten Asiens, www.piff.org

FLUG: Vom Gimhae International Airport gibt es Verbindungen nach Seoul, Jeju-do und ganz Asien. Busan-Gimhae Light Metro bis Gimhae Airport.
ZUG: Von der Busan Station fahren Züge in alle Landesteile.
BUS: Vom **Dongbu-Terminal** an der Station Nopo-dong der U1 fahren sowohl die Intercity als auch die Express-Busse in die nördlichen Landesteile, darunter Gyeongju und Tongdosa ab. Vom **Seobu Intercity Bus Terminal** an der U-Bahnstation Sasang der Linie 2 fahren die Busse Richtung Westen, darunter Geoje-do, Jinju, Namhae und Tongyeong.
FÄHRE: Vom **International Ferry Terminal** gibt es Fähren zu verschiedenen japanischen Städten. Vom **Coastal Ferry Terminal** nebenan fahren Schiffe nach Jeju-do.
U-BAHN: Busan hat fünf U-Bahnlinien. Wer nur einen Tag hier ist, kann eine preiswerte Tageskarte erwerben.
BUSAN CITY TOUR: BusanCity Tour bietet Ausflugsbuslinien an, die feste Touren abfahren. Infos unter Tel. 464 9898, www.citytourbusan.com

GIMHAE (☎ 055)

Tourist Information am Grab von König Suro, tgl. 9-18 Uhr, Tel. 338 1330, http://english.gimhae.go.kr

Busan – Gimhae Light Metro ab U2, Sasang.

Grab von König Suro, Nov.-Feb. tgl. 9-17 Uhr, März-Okt. tgl. 9-18 Uhr.
Gimhae National Museum, Di-Fr 9-18 Uhr, Sa 9-19 Uhr, http://gimhae.museum.go.kr.
Daeseong-dong Ancient Tomb Museum, März-Nov. Di-So 9-18 Uhr, Dez.-Feb. Di-So 9-17 Uhr.

JINHAE (☎ 055)

www.jinhae.go.kr.

GEOJE-DO (☎ 055)

http://english.geoje.go.kr.

Geoje POW Camp Historical Park, März-Okt. tgl. 9.30-18 Uhr, Nov.-Feb. tgl. 9-17 Uhr.
POW Camp Site Exhibition Hall, März-Okt. tgl. 9.30-18 Uhr, Nov.-Feb. tgl. 9-17 Uhr.
Oe-do, tgl. 8-17 Uhr, www.oedobotania.com

TONGYEONG (☎ 055)

Tourist Information Center, am Intercity Bus Terminal (tgl. 9-18 Uhr), vor dem Unterwassertunnel (tgl. 10-17 Uhr) und am Excursion Terminal (tgl. 9-18 Uhr), alle: Tel. 1330, http://eng.tongyeong.go.kr.

Tongyeong Folklore and History Museum, März-Okt. Di-So 10-18 Uhr, Nov.-Feb. Di-So 10-17 Uhr.

Excursion Terminal: Vom Ausflugsterminal starten unter anderem Rundfahrten zum Jeseungdang (11-16 Uhr, stündlich).

JINJU (☎ 055)

Tourist Information Office, tgl. 9-18 Uhr, Osttor des Jinju-Forts, Tel. 749 2485, www.jinju.go.kr

Jinju-Fort, So-Fr 9-18 Uhr, Sa 9-19 Uhr.
Nationalmuseum Jinju, Apr.-Okt. Di-Fr, So 9-20 Uhr, Sa 9-bis 21 Uhr, Nov.-März Di-Fr, So 9-18 Uhr, Sa 9-19 Uhr, http://jinju.museum.go.kr

Namgang-Laternenfestival im Oktober, Lampions u. Leuchtfiguren treibenvauf dem Fluss, www.yudeung.com

NAMHAE (☎ 055)

www.namhae.go.kr

JIRISAN-NATIONALPARK (☎ 055)

Ausgangspunkt ist die Stadt Hadong 25 km südl. des Parks. Direktbusse zum Ssangye-Tempel ab Busan und Jinju.

Ssanggye-Tempel, v. Sonnenaufgang bis -untergang, www.ssangyesa.co.kr

HAEIN-TEMPEL (☎ 055)

www.haeinsa.or.kr.

Direktbusse fahren ab Jinju und Daegu Seobu Intercity Terminal.

Haein-Tempel, tgl. 8.30-18 Uhr. **Tempelmuseum**, Mi-Mo 9-17.30 Uhr, www.haeinsamuseum.com/

TONGDOSA (☎ 055)

Tourist Information Office, am Haupteingang, Tel. 382 4112, www.tongdosa.or.kr

Direktbusse ab Busan Dongbu Terminal.

Tongdosa-Museum, März-Okt. Mi-Mo 9-18 Uhr, Nov.-Feb. Mi-Mo 9-17 Uhr, www.tongdomuseum.or.kr

GEOSONG (☎ 055)

Geosong Dinosaur Museum, März-Okt. Mi-Mo 9-18 Uhr, November-Februar Mi-Mo 9-17 Uhr; http://english.visitkorea.or.kr/enu/ATR/SI_EN_3_1_1_1.jsp?cid=826

7

Gyeongsangnam-do

Historische Brücke auf dem Weg
zum Bulguksa

GYEONGSANGBUK-DO

YANGNYEONGSI
GYEONGJU
BULGUKSA
HAHOE

GYEONGSANGBUK-DO

Eine konfuzianische Provinz

Mit 19 500 km² Fläche ist Gyeongsangbuk-do (Kurzform: „Gyeongbuk") Südkoreas größte Provinz. Der Nakdonggang, mit 522 km längster Fluss des Landes, durchfließt sie vom Norden, der stark von diesem Flusssystem geprägt ist, nach Süden. Umgeben vom Taebaek-Gebirge und dem „Ostmeer" (Japanischen Meer), das kaum Gezeitenschwankungen kennt, im Osten und dem Sobaek-Gebirge im Norden und Westen ist sie die im Sommer heißeste und zugleich die kulturell interessanteste Provinz, die den Beinamen „Museum ohne Mauern" zu Recht trägt.

Trotz seiner langen Küstenlinie war Gyeongsangbuk-do, das bis 1896 mit dem südlichen Nachbarn Gyeongsangnam-do die Provinz Gyeongsang-do bildete, immer ein inlandorientiertes Agrarland mit einer überaus traditionsbewussten Bevölkerung. Noch immer leben in Gebieten wie Andong oder Yeongju Abkömmlinge des alten *Yangban*-Adels, die noch ganz der traditionellen konfuzianischen und agrarischen Lebensweise verpflichtet sind.

Allerdings haben es die alten Traditionen schwer, gegen die Moderne zu bestehen. Bedeutende Wirtschaftszweige wie die Stahl-, Elektronik- und Textilindustrie sowie der Dienstleistungssektor ziehen modern denkende, junge Leute aus dem ganzen Land an – im Verbund mit Daegu ist dies heute ein potenter Wirtschaftsraum.

Im ersten Jahrtausend – mit Gyeongju als Hauptstadt – das Herz des Silla-Reichs, entstanden aus dieser Region heraus die bis heute die koreanische Gesellschaft prägenden Normen sowie ein klar umrissenes Staatsgebiet, das noch bis Anfang des 20. Jh. existierte. Hier entwickelte sich über eine gemeinsame Sprache und Kultur eine eigene Identität, die den *Korean Way of Life* prägte.

Anfangs wurde das Reich von Schamanenkönigen regiert, ab dem 4. Jh. wurde die Herrscherwürde im Kim-Clan erblich. Aus dem Herrschergeschlecht der Kim sollten 38 Könige hervorgehen, deren erster König Michu (reg. 262-284) war. Nach der offiziellen Annahme des Buddhismus 527 und seit der Reichseinigung 668 öffnete sich das „barbarische" Silla der chinesischen Kultur. Weltbild und Herrscherideologie wandelten sich. In China geschulte Denker formten einen mit daoistischen und konfuzianischen Elementen durchsetzten Buddhismus als Staatslehre und Moralregel.

Links: Einer der vier „Himmelskönige" des Bulguksa.

8

Gyeongsangbuk-do

» Karte S. 188-189, Info S. 209-211   187

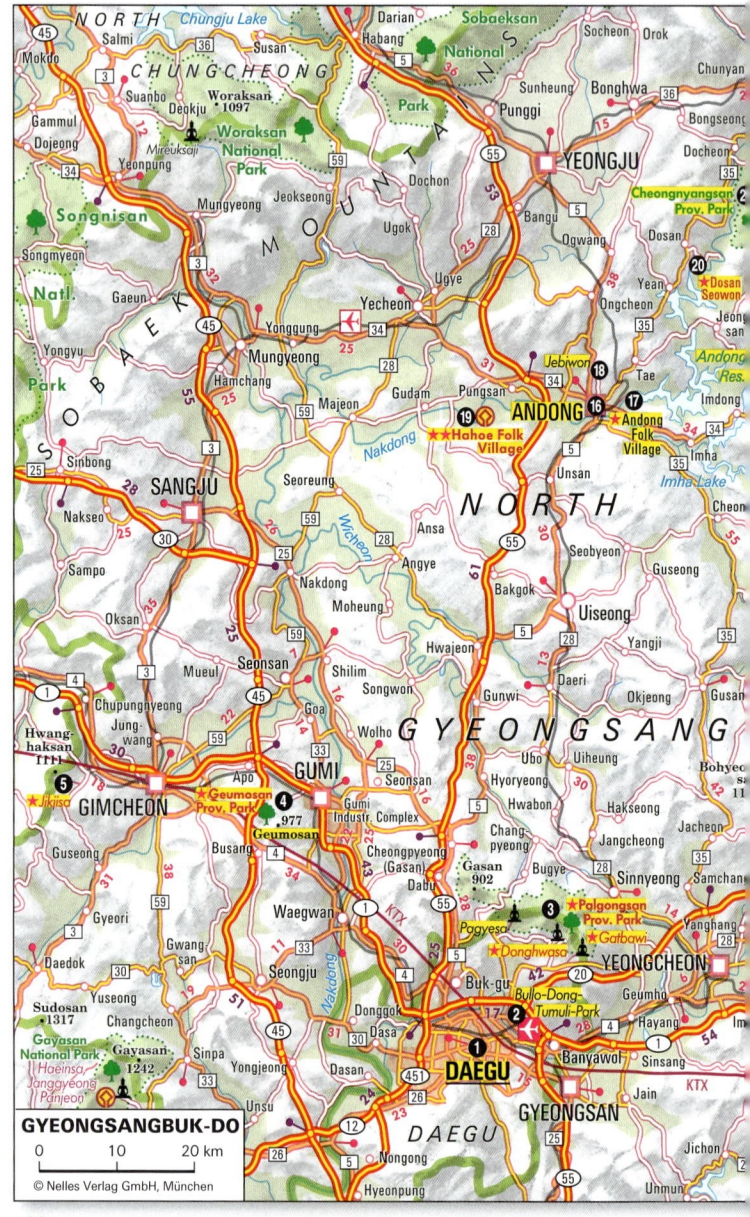

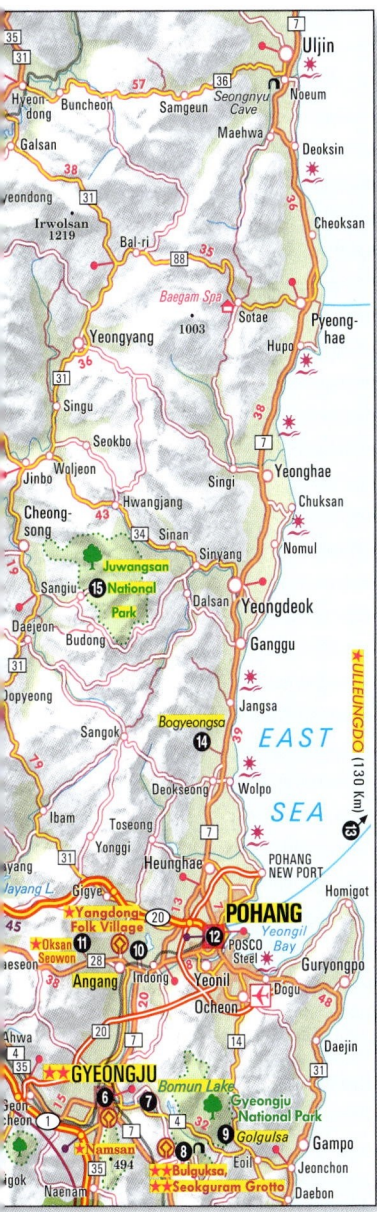

Verwaltung und Regierung orientierten sich am chinesisch-konfuzianischen Vorbild.

Die Wurzeln des Konfuzianismus

Himmel, Erde, Mikro- und Makrokosmos waren im chinesischen Denken von der selben Natur. Selbst die soziale Ordnung der Menschen unterschied sich im chinesischen Selbstverständnis nicht von der Ordnung im Kosmos – der „Himmelsgedanke" bedeutete „wie oben, so unten"; alle wichtigen Sternzeichen waren auch im menschlichen Körper wiederzufinden. Stoff und Geist waren nichts Getrenntes, insofern konnte man den Kosmos auch als ein System von Verhaltensweisen auffassen.

Die naturalistisch verstandene Welt und der Mensch bilden nach dieser Auffassung eine harmonische Einheit, in der der Mensch keine Sonderstellung einnimmt. Einziger Vorzug des Menschen ist es, dass er an der Bewahrung der Harmonie mitwirken kann, indem er die soziale Ordnung, die der kosmischen entspricht, bewahrt.

Ziel der Konfuzianer war es, die Harmonie durch Erschaffung einer perfekten Gesellschaft zu erhalten, und zwar durch hierarchiegerechte Verhaltensweisen und durch genaue Befolgung von Ritualen. Praktisch wurde der Konfuzianismus so zu einer Ordnungslehre, der es darum ging, das Verhältnis zwischen den Menschen ein für allemal zu stabilisieren. Dazu wurde das Ich quasi ausgeschaltet und an seine Stelle eine interpersonelle, stark hierarchische Ordnung gesetzt.

Mit der Konsolidierung des Konfuzianismus wurde die Vorstellung vom gesellschaftlichen Chaos jedem Koreaner zutiefst zuwider, und jeder nahm ganz selbstverständlich den ihm zukommenden Platz ein. Damit ist Ordnung im Konfuzianismus weniger die Konsequenz von Gesetzen, sondern vielmehr von hierarchiegerechten Verhaltensweisen.

Gyeongsangbuk-do

8

» **Karte S. 188-189, Info S. 209-211**

Rechts: Eine der originellen Kreationen in der Reiskuchenstraße von Daegu.

Daegu

Nur wenige archäologische Funde belegen die 2500jährige Geschichte der Stadt **Daegu ❶**, deren Name „Großer Hügel" vermutlich von einer bronzezeitlichen Lehmfestung herrührt. Das moderne Daegu, mit 2,5 Millionen Einwohnern viertgrößte Stadt Südkoreas und seit 1981 eine Metropolitan City mit Provinzstatus, scheint auf den ersten Blick geschichtslos.

Zu den Besonderheiten zählt Daegus Binnenlage – heißeste Stadt im Sommer und kälteste im Winter; deshalb ideal für den Apfelanbau, den ein amerikanischer Missionar um 1880 einführte. Später wurde Daegu zum Zentrum der koreanischen Textilindustrie. Heute spielt die Mode- und Designindustrie eine wichtige Rolle, und so ist Daegu mit seinen Märkten und Einkaufszentrum eines der großen Shoppingparadiese des Landes.

★Dongseong-ro

Dass Daegu ein Einkaufsparadies ist, macht sich schon am **Bahnhof** bemerkbar. Von hier läuft die ★**Dongseong-ro ❶** als **Fußgängerzone** in einem leichten Bogen nach Süden und formt das kommerzielle Herz der Stadt. Hier und in den Seitenstraßen des Einkaufsviertels Dongseongno reihen sich in einer endlosen Folge Kaufhäuser, Boutiquen, Buchläden, Kinos, Pubs *(Hof)*, Karaoke-Bars und Restaurants aneinander. Und abends, wenn die vielen bunten Neonlichter angehen, füllen sich die Straßen zudem noch mit fliegenden Händlern.

Am südlichen Ende buhlen nach Osten hin in der ★**Yasigolmok ❷** Tag und Nacht Boutiquen um ein modehungriges Publikum.

Südlich der Yasigolmok werden die Modegeschäfte allmählich von den Galerien, Studios, Ateliers und Geschäften für Künstlerbedarf der ★**Bongsan Culture Street ❸** verdrängt. Jeden Oktober findet hier ein **Kunst- und Kulturfestival** statt.

Foto: Oliver Fülling

★Heilkräutermarkt (*Yangnyeongsi*)

Die lange Reihe von Handelsfirmen für Heilkräuter und Naturarzneien in der „Medizingasse" *Yakjeon Golmok* weist daraufhin, dass Daegu der bedeutendste ★**Heilkräutermarkt** ④ *(Yangnyeongsi)* des Landes ist. Der Markt wurde bereits im Jahr 1658 gegründet und wickelt heute rund 40 % des gesamten Medizinkräuterhandels in Südkorea ab.

Beginnt man die Erkundung an der **U-Bahnstation Banwoldang** der Linien 1 und 2, passiert man als erstes die **Reiskuchenstraße**, wo sich ein Geschäft für die fantasievollen, farbenfrohen Reiskuchenkreationen neben das andere reiht. Unter Verwendung von Naturfarben werden die Reiskuchen *tteok* in Regenbogenfarben (daher der Name *Mujigae-tteok*, „Regenbogen-Reiskuchen") eingefärbt und dann in einem Topf gedämpft. Nachdem die Farben in das weiße Mehl eingezogen sind, präsentieren sich die Reiskuchen in den leuchtendsten Farben. Traditionell gibt es diese Speise zum ersten Geburtstag eines Kindes. Man braucht nun nur dem intensiven Kräutergeruch zu folgen, und schon steht man mitten zwischen den unzähligen Apotheken, Heilkräutergeschäften und Praxen für Naturheilkunde. Wer Hintergrundinformationen dazu sucht, sollte die **Yangnyeongsi Exhibition Hall** besuchen, die eine Einführung in Kräuterkunde und -medizin bietet.

★Seomun-Markt

Westlich des Heilkräutermarktes kann man das Einkaufserlebnis auf dem ★**Seomun-Markt** ⑤ fortsetzen. Dieser riesige Bereich aus mehreren vielstöckigen Komplexen mit über 4000 Geschäften bietet viel Kleidung, Stoffe und Schneidereien, aber auch Kunsthandwerk, Geschirr, Gemüse – Kohl darf in Korea nie fehlen –, Obst (natürlich auch die berühmten Äpfel der Region), Fisch, Meeresfrüchte und etliche, für das westliche Auge recht originelle Imbissstände, die z. B. diverse Schweinedarm-Spezialitäten offerieren.

» **Stadtplan S. 190, Info S. 209-211**

Foto: Volkmar E. Janicke

★Daegu Hyanggyo

Die 1398 gegründete ehemalige konfuzianische Lehranstalt ★**Daegu Hyanggyo** ⑥ im Süden der Stadt ist idealtypisch für eine einst vom Staat unterstützte konfuzianische Schule der späten Joseon-Dynastie. 1973 zog sie an ihren jetzigen Standort um und wurde vollständig restauriert. Im Mittelpunkt stehen zwei Haupthallen, der **Konfuzius-Schrein** *(Daeseongjeon)* und dahinter die **Lehrhalle** *(Myeongyundang)*. Im 2. und 8. Monat des Mondkalenders werden hier ★**Rituale** *(Seokjeon)* zu Ehren von Konfuzius und verdienter konfuzianischer Gelehrter aus Daegu abgehalten. Die Lehrhalle dient heute als Schule für klassisches Chinesisch und koreanische Etikette.

Nationalmuseum Daegu

Das **Nationalmuseum Daegu** ⑦ ist vielleicht kein großes Highlight, aber man bekommt hier einen Einblick in die alte Begräbniskultur und die Innengestaltung historischer Gräber. Maßstabgetreue Modelle von Gebäuden wie der Konfuzianischen Akademie und viele Gegenstände aus dem konfuzianischen Gelehrtenalltag, darunter Schreibpinsel, Tuschesteine usw. werden ausgestellt. Zusätzlich gibt es zahlreiche archäologische Funde aus der Provinz, Buddhastatuen und Seladon-Keramiken zu sehen.

Bullo-Dong-Tumuli-Park

Auf einem Hügel im Norden von Daegu breitet sich, nicht weit vom Flughafen, der alte Friedhof **Bullo-Dong-Tumuli-Park** ❷ aus. Auf einer Fläche von 330 000 m² ragen zahllose grasbewachsene Erhebungen aus dem Boden, **Hügelgräber** von Adligen und sonstigen wohlhabenden Bürgern, die hier zwischen dem 2. und 6. Jahrhundert begraben wurden. Je höher auf dem Hügel das Grab platziert ist, desto höher der Rang der hier begrabenen Person.

Oben: Wekzeuggeschäfte in Daegu.

★Palgongsan-Provinzpark

Nur 20 km nördlich von Daegu, noch innerhalb der Verwaltungsgrenzen der Stadt, ragt der 1192 m hohe **Palgongsan** auf, der höchste Berg der Region. Sein Name bedeutet „Berg der acht verdienstvollen Offiziere" – zu Ehren von acht Generälen, die Wang Geon, dem Gründer der Goryeo-Dynastie, einst das Leben retteten. Der Hauptkamm des Gebirges verläuft in einem Bogen von Ost nach West und bildet den ★**Palgongsan-Provinzpark** ❸, mit 122 km² der größte Südkoreas. An die Hänge schmiegen sich größere Tempel und zahlreiche Einsiedeleien. Viele, zum Teil steile, aber dennoch gut zu bewältigende Wanderwege laden zum Trekken ein oder man fährt mit der **Palgongsan Skylinie Cable Car** nicht weit vom Donghwa-Tempel auf einen 820 m hohen Vorgipfel, von dem man bei klarem Wetter eine schöne ★**Aussicht** über Daegu genießt. Alternativ kann man die Strecke auch wandern: Vom Parkdorf führt ein 1,5 km langer **Wanderweg** hinauf zum oberen Terminal der Seilbahn. Von hier sind es noch 1 km bis zur Einsiedelei **Yeombulam**, 2 km bis zum 1155 m hohen **Dongbong** (Ost-Gipfel) und bzw. 3 km zum 1041 m hohen **Seobong**. Vom Dongbong gibt es einen Weg hinab zum Donghwa-Tempel (ca. 1,5 Std.).

★Donghwa-Tempel *(Donghwasa)*

Östlich der Seilbahnstation steht der 493 vom Mönch Geukdal gegründete ★**Donghwa-Tempel** *(Donghwasa)*, der damals noch Yugasa hieß. 771 wurde er von Jinpyo Yulsa und 832 vom Mönch und Künstler Simji erweitert. Von Simji stammt das **Felsrelief** am Parkplatz vor dem alten Eingang: ein Buddha in Meditationshaltung. Während der Schaffensperiode sollen die Blauglockenbäume selbst im Winter geblüht haben, und so wurde der Yugasa in Blauglockenbaum-Tempel *(Donghwasa)* umbenannt. Heu-

te ist der Komplex das Hauptquartier des neunten Distrikts der Jogye-Sekte. Das schönste an der Anlage ist seine malerische Lage in den Bergen, aber bemerkenswert ist auch das 1634 erbaute **Einsäulentor** *(Iljumun)*, durch das man die Anlage betritt. Vorbei an Flaggenmasten und über die pittoreske **Haetal-Bogenbrücke** erreicht man schließlich das **Tor der vier Himmelskönige** (*Sacheongwanmun*), eine weitere Torhalle und schließlich die **Haupthalle** mit schönen Malereien und Schnitzwerken.

Buin- und Pagye-Tempel

Westlich vom Donghwasa – von dort mit einem Shuttlebus zu erreichen – steht der **Buin-Tempel** *(Buinsa)*. Seinen Namen „Tempel der Dame" erhielt er zu Ehren von Königin Seondeok (reg. 632-647), die als erste Königin in Silla über die Region herrschte. Einst verwahrte man hier die Druckstöcke der 5000 Bände der *Tripitaka Koreana* (s. S. 181), doch während der Invasion der Mongolen 1232 wurden Tempel und Druckplatten vollständig zerstört. Heute dient die Anlage als Kloster für buddhistische Nonnen.

Vom Buin-Tempel fährt der Bus noch weiter nach Westen bis zum 804 vom umtriebigen Simji gegründeten **Pagye-Tempel** *(Pagyesa)*. Kleiner und kompakter als der Donghwa-Tempel bietet er mehr meditative Abgeschiedenheit.

★Gatbawi

In der Osthälfte des Palgongsan-Provinzparks sitzt auf dem 850 m hohen Gwanbong der Medizinbuddha ★**Gatbawi**, eine imposante Felsskulptur, die über die südlichen Ausläufer des Gebirges blickt. Berühmt ist sie für ihren flachen, 15 cm dicken, äußerst ungewöhnlichen **Hut**, der der ganzen Skulptur, die vermutlich im 9. Jh. entstand, ein eigenwilliges Gepräge verleiht. Unter Buddhisten heißt es, dass, wenn man Gatbawi am 1. oder 15. des Mondmo-

8

Gyeongsangbuk-do

nats ein Opfer bringt, alle Wünsche erfüllt werden. Aus diesem Grunde wurde vor der Figur auch ein weiter Platz geschaffen, um die vielen Pilger an diesen Tagen aufzunehmen.

★Geumosan-Provinzpark

Westlich vom Palgongsan-Provinzpark und rund 60 km nordwestlich von Daegu erreicht man über die kleine Stadt Gumi den ★Geumosan-Provinzpark ❹ mit dem 977 m hohen Geumosan im Zentrum. Während der Silla-Dynastie soll ein Mönch in die Gegend gekommen sein, um hier einen Tempel zu gründen. Als er am Fuß des Berges eintraf, bemerkte er eine Krähe, die von den Strahlen der Abendsonne golden angeleuchtet wurde. Der Mönch sah das als ein Omen, nannte den Berg Goldener Krähenberg (Geumosan) und baute ein Kloster. Das Kloster ist längst nicht mehr vorhanden, aber der Name blieb.

Ausgangspunkt für Erkundungen ist das Dorf am Parkeingang. Hier kann man unter anderem die Jaemijeong, eine rekonstruierte Studierhalle aus der Goryeo-Dynastie bewundern, die einst der neokonfuzianische Gelehrte Gil Jae (1353-1419) errichten ließ. Die heutige Halle stammt aus dem Jahr 1768 und ehrt diesen konfuzianischen Gelehrten, der dem letzten König von Goryeo gedient hatte und nach der Gründung der Joseon-Dynastie aus Loyalität die Zusammenarbeit mit dem neuen König verweigerte. Von hier führt ein 2 km langer Wanderweg durch ein enger werdendes Tal und durch ein rekonstruiertes Tor einer alten Festungsanlage der Goryeo-Dynastie zum 27 m hohen ★Myeonggeum-Wasserfall (Myeonggeum Pokpo) und dem nahegelegenen Tempel Haeunsa aus der späten Silla-Zeit. Der Pfad führt am Wasserfall vorbei zur flachen Höhle Doseon-gul, die

einem Mönch namens Doseon und später Gil Jae als Unterschlupf und ab 1592 als Versteck vor den Japanern diente.

★Jikji-Tempel *(Jikjisa)*

An einem Bach am Fuß des Hwanghaksan, 10 km westlich der Stadt Gimcheon, steht der malerische, 1600 Jahre alte ★Jikji-Tempel ❺ *(Jikjisa)*. Die Gründung geht auf den Mönch Ado zurück, der 424 erstmals in Silla missionierte. Laut einer Legende soll Ado, als er den Hwanghaksan erblickte, auf den Berg gezeigt und den Bau des Tempels am Fuß des Berges angeregt haben, daher der merkwürdige Name „Direkt Angezeigt" *(Jikji)*. Im ehrwürdigen Kloster wirkten viele Gelehrte und Ratgeber der Könige. Während der japanischen Invasion 1592 gingen fast alle 40 Gebäude in Flammen auf, wurden aber ab 1602 wieder aufgebaut. Ein Highlight ist die Haupthalle *(Daeungjeon)* mit herausragenden Malereien und Bilderrollen buddhistischer Heilsgestalten. In der kleinen Halle des Medizin-Buddhas *(Yaksajeon)* wurde die künstlerisch wertvollste Plastik des Klosters, ein „König der Heilmittel" aus der Silla-Zeit verehrt. Sie befindet sich heute im Museum für buddhistische Kunst ebenfalls auf dem Tempelareal.

★★Gyeongju

Bis weit ins 20. Jh. war ★★Gyeongju ❻ ein verschlafenes Städtchen und alles andere als eine Tourismusdestination. Die archäologische Fachwelt hatte allerdings bereits in den 1920er Jahren aufgehorcht: Die ersten Königsgräber der im 7.-9. Jh. n. Chr. in Hochblüte stehenden Reichshauptstadt waren geöffnet worden, und sensationelle Goldfunde rechtfertigten auf einmal den alten Namen der Stadt „Goldfestung" *(Geumseong)*: Der Kim-Clan *(Kim* oder *Geum* = Gold) hatte dank der Ausbeutung der Goldminen Koreas enorme Summen in den Ausbau ihrer Goldfestung stecken

---

Rechts: Die familiäre Pension „Sarangchae" in einem traditionellen Hanok in Gyeongju.

Foto: Oliver Fülling

können. Das Samguk Yusa, die „Überlieferung der Drei Königreiche", schildert den Luxus der damaligen Zeit: Für eine Buddhafigur im Yeongmuyosa wurde im Jahr 764 Gold im Gegenwert von fast 1,5 Millionen Kilogramm Reis aufgewendet.

Glanzvolle Hauptstadt

Fast tausend Jahre – 57 v. bis 935 n. Chr. – war Gyeongju der Mittelpunkt eines anfangs kleinen, dann immer mächtigeren und schließlich gesamtkoreanischen Staates. Die Hauptstadt ließen die Könige nach dem Vorbild der chinesischen Metropole Chang'an (Xi'an) im 7.-9. Jh. zu einem der glanzvollsten Kulturzentren Asiens ausbauen. Koreaner studierten in China buddhistisches und klassisches Schrifttum. Gesandte, Künstler, Gelehrte und Händler aus vielen Ländern gingen in Sillas wohl fast eine Millionen Einwohner zählender kosmopolitischer Hauptstadt ein und aus. Späterem Bedeutungsverlust entging Gyeongju zwar nicht, wohl

aber seiner Zerstörung: König Taejo der Goryeo-Dynastie hatte nach 918 seine Tochter mit dem entmachteten König von Silla vermählt und das alte Zentrum Sillas nicht angerührt. Geumseong wurde dann in Gyeongju umbenannt und der Schleier des Vergessens legte sich über Stadt. Zwar gab es in den folgenden Jahrhunderten Heimsuchungen durch Mongolen und Japaner, aber die Gräber blieben unangetastet, und ihre Schätze werden nun nach und nach gehoben.

1979 kam Gyeongju auf die UNESCO-Liste der 10 bedeutendsten antiken Kulturstädte der Welt, und zwar sowohl wegen seiner Rolle in der kulturellen Entwicklung Ostasiens als auch wegen seiner Bedeutung bei der Schaffung der koreanischen Nation. 1995 wurden zunächst die Seokguram-Grotte und der Bulguk-Tempel zu UNESCO-Welterbestätten erklärt, 2000 kamen dann der Hwangnyong-Tempel, das Sanseong-Fort und drei als Gürtel bezeichnete Areale, nämlich Tumuli-Park-, Wolseong- und Namsan-Gürtel dazu.

» Stadtplan S. 196-197, Info S. 209-211

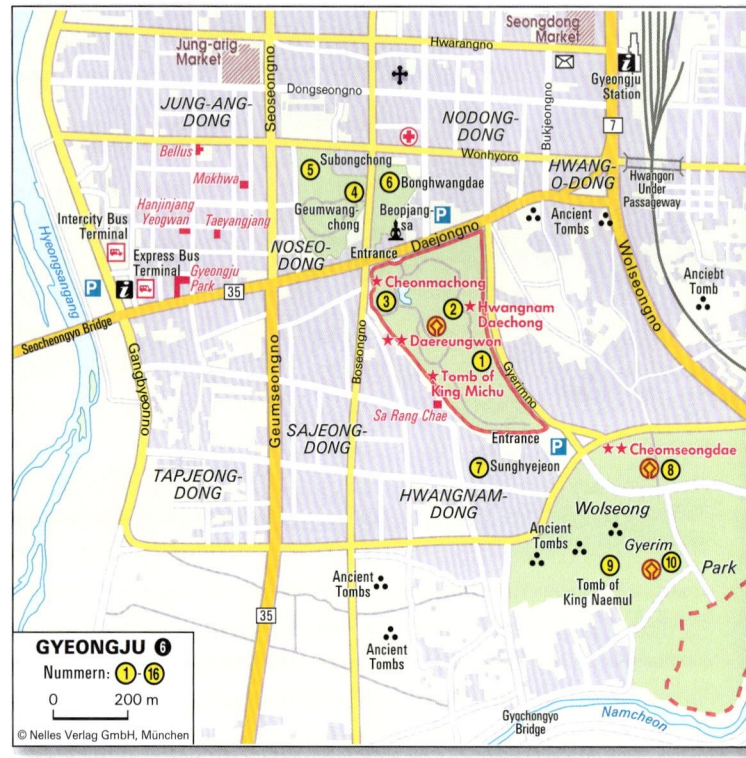

Gyeongju ist bei allem Rummel eine eher gemütliche Stadt geblieben; Wolkenkratzer sind hier nicht erlaubt. Vieles kann man zu Fuß erreichen, aber man sollte seine Zeit gut einteilen, wenn man auch nur die wichtigsten Sehenswürdigkeiten besichtigen möchte.

STADTZENTRUM

★★ Tumuli-Park

Die Könige und Aristokraten Sillas wurden in gewaltigen Hügelgräbern beigesetzt und so ragen in und um Gyeongju zahlreiche bis zu 25 m hohe Rasenkuppen auf, die die Einheimischen jahrhundertelang für – wenn auch selt-

same – natürliche Erhebungen hielten. Gleich südlich vom Stadtzentrum findet man im ummauerten ★★ Tumuli-Park (*Daereungwon*) eine der dichtesten Konzentrationen königlicher Gräber, 30 an der Zahl.

Betritt man die Parkanlage über den **Südeingang**, sieht man hinter dem Eingangstor das ★ **Grab von König Michu** ①, dem 13. König von Silla und ersten Herrscher des Kim-Clans. Michu genoss als Schützer des Reichs hohe Verehrung. Der Legende zufolge eilte der Geist des Königs den Silla-Truppen, bei einem Angriff japanischer Truppen im 3. Jh., mit bambusverhüllten Gespenstersoldaten, die aus seinem Grab kamen, zu Hilfe. Aus diesem Grund wird

sein Grabhügel auch „Bambus-Grab" genannt. In der Grabkammer wurden Kronen aus Gold, Jade und Glas sowie goldene Ohrringe und zahllose Töpferwaren geborgen.

Dahinter führt der Weg an dem monumentalen ★**Doppelhügelgrab ②** *(Hwangnam Daechong)* vorbei. Es ist das größte Grab in Gyeongju, 23 m hoch, 123 m lang und 80 m breit. Die Grabkammer selbst war keine Holzkiste, sondern – einmalig in Korea – eine Blockhütte. Vermutlich handelt es sich um das Grab von König Soji (reg. 479-500) und seiner Frau, die im etwas höheren Doppelhügel beigesetzt wurde. Bemerkenswert war, dass die Königin und nicht der König die Goldkrone und

den prächtigeren Schmuck trug. Da die erste Herrscherin erst für das 7. Jh. überliefert ist, kann die Bestattete jedoch keine regierende Königin gewesen sein. Dadurch erhärtete sich die Vermutung, die Silla-Kronen seien nicht Zeichen der Königswürde, sondern schamanistische Zeremonialkronen. Ein mitbestattetes Mädchen lässt auf Menschenopfer schließen (was König Jijeung erst 502 verbot).

Links vom Doppelhügelgrab, neben einem Lotosteich, steht das 13 m hohe ★**Grab des Himmlischen Pferds ③** *(Cheonmachong)*. Es ist **das einzige zugängliche Grab** im Park und bietet einen ausgezeichneten Einblick in die Anlage der Silla-Gräber: Man sieht die rekonstruierte Holzkammer und den Überbau aus Steinen, denen Lehmbindung Halt und Schutz gegen Sickerwasser verlieh. Berühmtheit erlangte das um 500 n. Chr. angelegte, fast 50 m breite Grab durch Malereien des Himmelspferdes auf zwei Paar rechteckigen Schabracken aus mit Leder vernähten Schichten weißer Birkenrinde. Das galoppierende Pferd stellt das mythische Gründungspferd Sillas oder die Jenseitsreise des Bestatteten in überirdische Gefilde dar. Zudem fand man in dem Grab über 12 000 weitere **Grabbeigaben**, die heute im Nationalmuseum von Gyeongju ausgestellt sind; etliche **Kopien** kostbarer Funde sind jedoch im Grab zu besichtigen.

Goldkronengrab *(Geumwangchong)*

Verlässt man den Tumuli-Park durch den Nordeingang, sieht man auf der anderen Straßenseite einen weiteren, frei zugänglichen Park mit einer Reihe von Grabhügeln inmitten von Häusergruppen. Hier befindet sich mit dem **Goldkronengrab ④** *(Geumwangchong)* das erste Grab, das 1921 geöffnet wurde. Die Erforschung erfolgte eher zufällig. Viele Erdaufschüttungen waren abgetragen und die Geröllsteine zum Mauerbau verwendet worden – bis spielende

Gyeongsangbuk-do

8

Foto: Thomas Stankiewicz

Kinder eigentümliche Glasperlen fanden. Nun setzten die ersten ernsthaften Grabungen ein. Immer neue und großartigere Funde, über deren Zuordnung mangels Inschriften bis heute gerätselt wird, kamen zu Tage. Der Höhepunkt war der Fund einer Goldkrone, die dem Grab seinen Namen eintrug, und eines goldenen Gürtels.

Eine weitere goldene Krone entdeckte man in dem dahinter aufragenden **Grab des Glücklichen Phönix ⑤ (Subongchong)**. Auf der anderen, östlichen Straßenseite prangt die **Terrasse des Kaiserlichen Phönix ⑥ (Bonghwangdae)**, mit 25 m der höchste Grabhügel der Stadt, der abends schön angeleuchtet wird.

Sunghye-Schrein (Sunghyejeon)

Nahe dem Südeingang zum Tumuli-Park steht der **Sungyhe-Schrein ⑦ (Sunghyejeon)**, den König Yeongjo (reg. 1724-1776) für drei Kim-Könige errich-

ten ließ. Hier werden König Michu als erster Herrscher seiner Familie, Munmu als Reichseiniger (668) und Gyeongsun als letzter König des Silla-Reichs verehrt.

WOLSEON-GÜRTEL

★★Observatorium
(Cheomseongdae)

Ein Fußweg führt vom Parkplatz am Südeingang des Tumuli-Parks in den **Wolseong-Park** und zum eigenwilligen, flaschenförmigen Steinturm ★★**Cheomseongdae ⑧**, der „Terrasse zur Betrachtung der Sterne" – möglicherweise das älteste **Observatorium** Ostasiens (Bild S. 12). Es diente kosmologischen Beobachtungen zur Festlegung der Jahreszeiten, des Saat- und Erntekalenders und der Prophezeiung der Landesgeschicke. In Auftrag gab den Turm Königin Seondeok (reg. 632-647), wohl als Sitz für die Sterndeuter und als königlicher Zeremonialturm. Das scheinbar so schlichte Bauwerk steckt voller Zahlensymbolik. Drei mal

---

Oben: Hügelgräber im Tumuli-Park von Gyeongju.

vier **Fundamentsteine** repräsentieren die zwölf Monate und vier Jahreszeiten. Die quadratische Basis gilt als Zeichen der Yin-Kraft, die aufsteigende Kreisform als Sinnbild des Yang-Prinzips. 365 Granitblöcke beziehen sich auf die Anzahl der Jahrestage, ihre 27 Schichten auf Seondeok, die 27. Silla-Regentin. Zweimal zwölf Steinreihen von der Basis bis zum Einstieg und von der Fensteroberkante bis zur Spitze veranschaulichen die 24 Stunden des Tages.

Hahnenwald (*Gyerim*)

Sillas Hauptstadt war quadratisch gen Süden ausgerichtet und nach geomantischen Richtlinien nordwärts abgeschirmt. Von der gewaltigen Stadtmauer mit ihren 20 Toren blieb kaum etwas erhalten. 25 Straßenzüge von Norden nach Süden und 20 von Osten nach Westen durchschnitten die Stadt schachbrettartig. Gegenüber vom Observatorium befand sich die Innenstadt; dort sieht man noch die Fundamentsteine für die Säulen eines Tempels und, wiederum weiter nach Süden, mehrere Grabhügel, darunter das **Grab von König Naemul** 9.

Jenseits der Freifläche beginnt der **Hahnenwald** 10 *(Gyerim)*. Hier soll der Stammvater des Kim-Clans, Kim Alchi, aus einem Goldkästchen geboren worden sein. Einer Legende nach erblickte König Talhae im Jahr 65 über dem Wäldchen eine prächtige Purpurwolke. Er folgte einem weißen Hahn, der ihn zu einem Baum, an dem eine goldene Schatulle hing, führte. Als er diese öffnete, entstieg ihr ein glänzender Knabe. Der König adoptierte das Wunderkind und nannte die Baumgruppe Hahnenwald.

Halbmondfestung (*Banwolseong*)

Weniger mythisch geht es ein Stück weiter östlich zu. Dort, wo der Süd-Fluss (*Namcheon*) nach Süden abknickt und das Zentrum der alten Hauptstadt bildete, lag die königliche **Halbmondfestung** 11 *(Banwolseong)*, an deren Wehrmauern, Tore und Gebäude nur noch spärliche Erdwälle in einer schönen Parkanlage erinnern. Gleich innerhalb des Nordwalls steht das interessante **Eishaus** 12 *(Seokbinggo)*, eine tonnengewölbte, unterirdische Steinkammer aus dem frühen 18. Jh., die zur Aufbewahrung von Eis während der Sommermonate diente. Ähnliche Anlagen sind bereits aus der Regierungszeit von König Jijeung Anfang des 6. Jh. überliefert.

★Anapji-Teich

Spaziert man vom Observatorium oder der Banwolseong-Festung weiter nach Osten, passiert man auf dem Weg zum Nationalmuseum den berühmten ★**Anapji-Teich** 13, dessen schlichte Erscheinung heute kaum mehr die alte Pracht erahnen lässt. König Munmu hatte aus Anlass der Reichseinigung die Halbmondfestung durch einen prächtigen Nebenpalast, den *Donggung* erweitern lassen. Nach dem Muster der großartigen Landschaftsgärten der chinesischen Tang-Dynastie wurde ein großer Weiher, der Mond-Teich (*Wolji*) in der Form des Silla-Reiches ausgehoben. Später bekam das Gewässer den Namen Teich der Enten und Gänse (*Anapji*), weil es schon bald Enten und Gänse anzog. Das wichtigste Gebäude am See hieß „Halle am Meer" (*Imhaejeon*). Am Nordufer erhoben sich die „Zwölf Gipfel des Schamanengebirges", und es gab sogar einen Zoo für Bären und Raubkatzen. Was für eine Ironie des Schicksals war es doch, dass Sillas letzter König im Donggung, der auf dem Gipfel der Macht Sillas erbaut wurde, abdanken und das Königreich an den Goryeo-König Wang Geon übergeben musste. 1975 begann man mit der Ausgrabung und legte den Teich trocken. Was sich den Blicken der Archäologen bot, war atemberaubend: 33 000 Objekte, wie Lack- und Metallgegenstände, Dekorfliesen, Keramiken,

8

Gyeongsangbuk-do

Foto: Volkmar E. Janicke

Würfel mit übermütigen Trinksprüchen, kostbare Buddha-Statuetten und vieles mehr, gaben Aufschluss über den luxuriösen Lebensstil und den schamanistisch-buddhistischen Mischkult jener Zeit.

★★Nationalmuseum Gyeongju

Unter den Nationalmuseen von Südkorea ist das ★★**Nationalmuseum Gyeongju** ⑭ mit Abstand das interessanteste und am besten ausgestattete. Auf dem Areal gibt es drei Gebäude.

Das zentrale Bauwerk birgt die ★**Archeology Hall** mit vier Abteilungen. Im Raum 1 sind prähistorische Funde bis hin zur Frühzeit von Silla ausgestellt. Die großartigen Schätze aus den geöffneten Königsgräbern kann man in der Halle 2 bestaunen, während sich die dritte Halle mit Artefakten aus der Zeit bis zur Einigung des Reiches zu Groß-Silla be-

schäftigt. In der Gukeun Memorial Hall werden Teile einer Privatsammlung von Dr. Lee Yang-seon, dessen Künstlername Gukeun lautete, gezeigt.

Das zweite Gebäude ist die ★**Art Hall**, die ebenfalls in vier Abteilungen gegliedert ist. Die ersten beiden Hallen befassen sich mit der buddhistischen Kunst Sillas, darunter wahre Meisterwerke der Bildhauerei. Im Inscriptions Room sieht man zahlreiche Inschriftensteine und -stelen, die Aufschluss über die Geschichte Sillas geben. Die letzte Halle hier ist der Hwangnyongsa Room, in dem Funde aus dem einst als Königspalast erbauten Hwangnyong-Tempel gezeigt werden.

Das dritte Gebäude auf dem Areal ist die ★**Anapji-Halle**, eigens gebaut, um 600 der herausragenden Funde aus dem Anapji-Teich zu präsentieren. Auch in den Außenanlagen gibt es einige Highlights, darunter Skulpturen, Pagoden und Steinlaternen zu bewundern. Berühmt ist die 3,3 m hohe, 771 zu Ehren von Sillas 33. König Seongdeok gegossene ★**Emille-Glocke** mit einem

Oben: Der Anapji-Teich im Herbst. Rechts: Einer der spektakulärsten Funde aus dem Teich – die Emille-Glocke.

Foto: Koreanische Zentrale für Tourismus

Umfang von 2,3 m. Sie ist die größte und schönste des Landes und eine der besten Glocken, die je in Asien gefertigt wurden. Ihr Klang soll, schon wenn man sie nur mit der Faust anschlägt, bis 3000 m weit, an einem klaren Wintertag hingegen soll sie, richtig geschlagen, bis zu 40 km weit zu hören sein.

★ Bunhwang-Tempel *(Bunhwangsa)*

Nordöstlich vom Anapji-Teich steht der noch immer von gläubigen Buddhisten besuchte ★ **Bunhwang-Tempel** ⑮ *(Bunhwangsa)*. Von der ursprünglich viel größeren Anlage – dies war einer der vier Silla-Staatstempel – blieb nur die im Jahr 634 unter Königin Seondeok errichtete, einzigartige **Steinpagode** erhalten, an der ein Baumeister aus Baekje chinesische Tonziegel in Stein nachahmte; auch die vier **Wächterlöwen** an den Ecken der großen Terrasse folgen Vorbildern der chinesischen Tang-Dynastie. Die Pagode ist die älteste datierbare Koreas und zusammen mit dem Observatorium eines der ältesten

erhaltenen steinernen Bauwerke des Landes.

Gleich südlich schließt sich das Areal des ehemaligen **Kaiserlichen Drachentempel** ⑯ *(Hwangnyongsa)* an, der größte Staatstempel von Silla mit dessen Bau 553 begonnen wurde. Über 40 000 Artefakte, die heute im Nationalmuseum ausgestellt werden, wurden hier zwischen 1976 und 1983 ausgegraben.

NAMSAN-GÜRTEL

Sehenswertes am ★ Südberg *(Namsan)*

Im Süden Gyeongjus erhebt sich mit dem bis zu 494 m hohen ★ **Südberg** *(Namsan)* der alte Schamanensitz, der sich nach der offiziellen Anerkennung des Buddhismus zu einem buddhistischen Zentrum entwickelte. In den Tälern, auf Anhöhen und an den Hängen sollen zur Blütezeit des Buddhismus über 150 Tempel gestanden haben. Noch heute zeugen 147 Klosterruinen

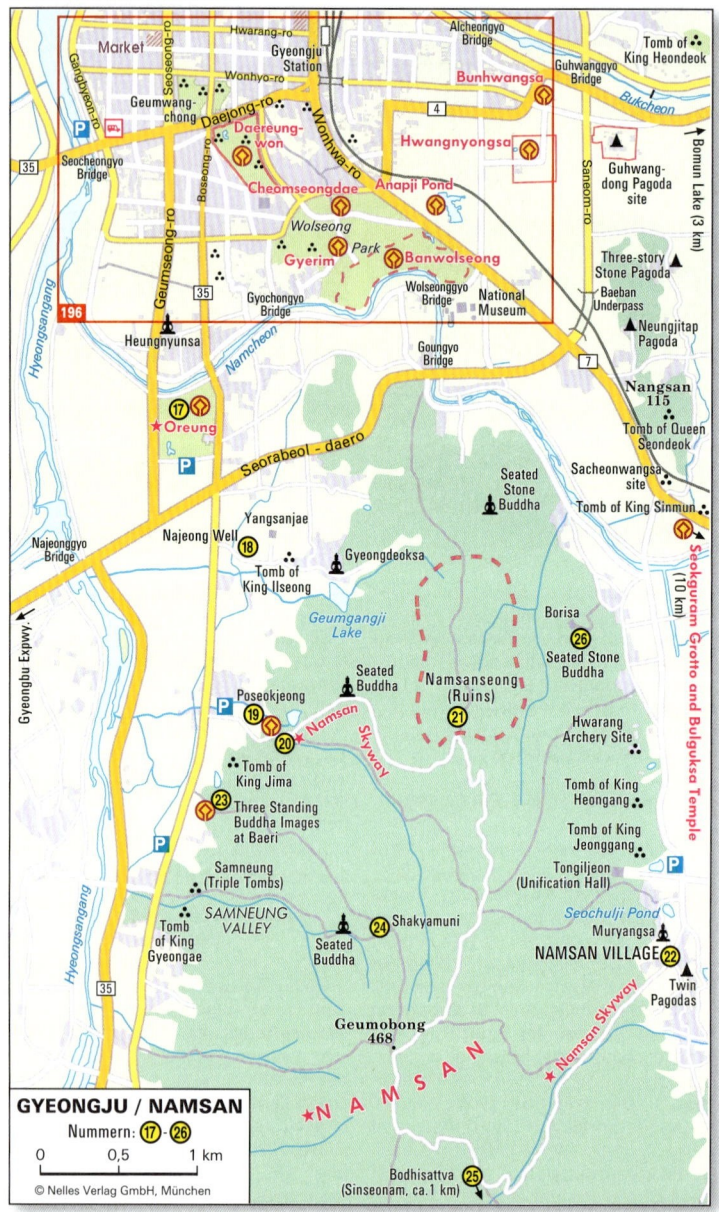

Market
Hwarang-ro
Gyeongju Station
Alcheongyo Bridge
Tomb of King Heondeok
Guhwanggyo Bridge
Bukcheon
Wonhyo-ro
Bunhwangsa
Gangbyeon-ro
Geumwang-chong
Daejong-ro
Daereung-won
Wonhwa-ro
4
Hwangnyongsa
Boseong-ro
Cheomseongdae
Anapji Pond
Guhwang-dong Pagoda site
Bonun Lake (3 km)
Seocheongyo Bridge
35
Wolseong
Three-story Stone Pagoda
Geumseong-ro
Gyerim
Park
Banwolseong
Baeban Underpass
Saneom-ro
196
Gyochongyo Bridge
Namcheon
Wolseonggyo Bridge
National Museum
Neungjitap Pagoda
Heungnyunsa
Goungyo Bridge
7
Nangsan 115
17 Oreung
Seorabeol - daero
Tomb of Queen Seondeok
Sacheonwangsa site
Tomb of King Sinmun
Najeonggyo Bridge
Yangsanjae
Najeong Well
18
Tomb of King Ilseong
Gyeongdeoksa
Seated Stone Buddha
Seokguram Grotto and Bulguksa Temple (10 km)
Geumgangji Lake
Gyeongbu Expwy.
Borisa
26 Seated Stone Buddha
Poseokjeong
19
Seated Buddha
Namsanseong (Ruins)
21
Namsan
20
Skyway
Hwarang Archery Site
23 Tomb of King Jima
Three Standing Buddha Images at Baeri
Tomb of King Heongang
Tomb of King Jeonggang
Tongiljeon (Unification Hall)
Samneung (Triple Tombs)
SAMNEUNG VALLEY
Seochulji Pond
Hyeongsangang
24 Shakyamuni
Muryangsa
NAMSAN VILLAGE 22
Tomb of King Gyeongae
Seated Buddha
Twin Pagodas
35
Geumobong 468
★ N A M S A N
Namsan Skyway

GYEONGJU / NAMSAN

Nummern: 17 - 26

0   0,5   1 km

© Nelles Verlag GmbH, München

Bodhisattva (Sinseonam, ca.1 km) 25

und aktive Tempel, 120 Buddhaskulpturen und Reliefs, 96 Pagoden und 22 Steinlaternen und einige Königsgräber von der einst überragenden Bedeutung der Region, und noch immer werden neue Stätten und Artefakte entdeckt.

Die Geschichte des Südbergs ist eng mit der Reichsgründung und der ersten Herrscherfamilie Bak verbunden. Zwischen Südfluss und Südberg befindet sich im ★Park der Fünf Königsgräber ⑰ (Oreung) eine Gruppe von gewaltigen Rasenkuppen, in denen das erste Herrscherpaar König Heokgeose und Königin Alyeong sowie der zweite, dritte und fünfte Nachfolger Namhae, Yuri und Pasa bestattet wurden.

Etwas weiter südlich erinnert der ummauerte Najeong-Brunnen ⑱ an die Geburtsstätte des tausendjährigen Silla-Reiches. Hier sollen sechs Dorfälteste dank der Führung durch ein weißes Pferd ein goldenes Ei in Form eines Kürbis (Bak) entdeckt haben, dem der erste König Bak Hyeokgeose entstieg.

Weiter nach Süden gelangt man zur Poseokjeong-Stätte ⑲, jenem Ort, an dem die königlichen Rituale ausgeführt wurden. In der Spätphase Sillas fand an diesem Ort die glanzvolle Dynastie den Anfang vom Ende, als der vorletzte König Gyeongae hier 927 Selbstmord beging, um sich nicht dem Herrscher von Hu Baekje ergeben zu müssen.

Am Parkplatz der Poseokjeong-Stätte beginnt der ★Namsan Skyway ⑳, der am ehemaligen Südberg-Fort ㉑ (Namsanseong) vorbei über den Höhenzug des Südbergs zum Dorf Namsan ㉒ führt, das einen historischen Teich mit Pavillion, einen kleinen Tempel mit Glockenpavillion und zwei Granitpagoden besitzt. Unterwegs sieht man zahlreiche buddhistische Fundstätten. Viele weitere Wanderwege führen durch das Gebiet.

Interessante Skulpturen und Reliefs findet man in den westlichen und öst-

Oben: Kunsthistorisch wertvoll – die Schatzpagode des Bulguksa.

Foto: Keith Brooks (Dreamstine)

lichen Ausläufern des Namsan. Berühmt ist die Buddha-Triade von Bae-ri ㉓, die im Drei-Buddha-Tempel (Sambulsa) ausgestellt wird: Die drei Statuen entstanden im 6. bis 7. Jh. und gehören zu den ältesten Skulpturen im Land.

Die Figur des Shakyamuni ㉔ im Samneung-Tal ist mit 7 m Höhe und 5 m Breite die größte sitzende Buddha-Skulptur am Namsan.

Größere kunsthistorische Bedeutung haben das Felsrelief eines sitzenden Bodhisattva ㉕, der in eine Felswand in Sinseonam gemeißelt wurde, und der auf einem doppelten Lotossockel thronende Buddha im Mireuk-Tal ㉖, wo auch das Kloster Bori (Borisa) aus dem 9. Jh. steht.

★★Bulguk-Tempel und ★★Seokguram-Grotte

Auf dem Weg zum berühmten Bulguk-Tempel passiert man nach 5 km den weitläufigen Bomun-See ❼ (Bomunho), ein künstlicher See, an dessen Ufer viele Resorthotels stehen. Vergnü-

Foto: Volkmar E. Janicke

gungsparks, die Möglichkeit, Fahrräder zu mieten, Ruderboote und vieles mehr runden den Freizeitwert ab.

5 km weiter östlich ließ im Jahr 751 der mächtige Premierminister Kim Daeseong einen „Buddha-Land-Tempel" (*Bulguksa*) errichten – das „Buddha-Land" wird als irdische Entsprechung eines friedvollen Heilsreiches verstanden, in dem erlöste, den materiellen Fesseln enthobene Wesen wohnen. Von Kim wird erzählt, dass er der Sohn einer armen Witwe gewesen sei, die von Buddha die Heilung ihres todkranken Kindes erflehte. Ihre Gebete wurden erhört und das Kind im königlichen Kim-Clan wiedergeboren. Zu Ehren der Kim-Familie ließ der Premierminister den ★★**Bulguk-Tempel** ❽ *(Bulguksa*, „Tempel des Landes Buddhas") und zu Ehren der Seelen seiner ersten Eltern die Seokguram-Grotte (siehe unten) errichten. Zerstörung und Zerfall mach-

ten zwar nicht Halt vor den Toren der Anlage, aber die großartigen originalen Steinteile – zwei Pagoden, die Fassade mit den beiden „Brücken" und die Möglichkeit, eine sonst in Korea nicht mehr vorhandene klassische Tempelanlage aus der Silla-Zeit zu sehen, haben den Bulguk-Tempel nicht nur zum bekanntesten des Landes gemacht, sondern ihn auch auf die Liste des UNESCO-Welterbes gebracht.

Auf dem Weg überschreitet man als erstes die **Haetalgyo-Brücke**, die ein Symbol für den Austritt aus der Welt der Leiden ins Nirvana ist. Kurz darauf steht man vor der einzigartigen **Tempelfassade**, die, abgesehen von Balustradenergänzungen, im Originalzustand aus dem 8. Jh. erhalten ist. Der repräsentative Aufstieg über die beiden **Steintreppen** ist nicht erlaubt. Die höhere, rechte der beiden Steintreppen leitet auf 33 Stufen – Symbol der 33 Stufen der Erleuchtung – zum **Purpurnebeltor** *(Jahamun)*. Im unteren Abschnitt heißt sie die „Brücke der Blauen Wolke", ein Sinnbild für das Wasser und den

Oben: Die imposante Fassade des aus dem 8. Jh. stammenden Bulguksa. Rechts: In der Seokguram-Grotte.

Foto: Thomas Stankiewicz

Antrieb des Lebens, im oberen Teil Brücke der Weißen Wolke, Symbol für den feinstofflichen Äther und die reine Geistigkeit. Die kleinere, linke Treppe führt über 17 Stufen durch das **Angangmun** in den West-Komplex, der dem „Reinen Land", dem Lotosparadies des Buddha Amitabha in Richtung Sonnenuntergang geweiht ist.

Beim Betreten des großen Hofes über den Seiteneingang bietet sich dem Besucher der klassische, aus China überlieferte Klosterplan, allerdings ist die ★**Haupthalle** in die umlaufenden Wandelgänge eingebunden.

Vor der Halle stehen zwei 751 geschaffene Pagoden. Die schlichte, 7,4 m hohe **Shakyamuni-Pagode (Seokgatap)** soll Reliquien des historischen Buddha enthalten. Die außergewöhnliche ★★**Schatzpagode (Dabotap)**, über 10 m hoch, zählt zu den bedeutendsten Kunstwerken der buddhistischen Welt und ziert deshalb auch die 10-Won-Münze. Ihre komplizierte Konstruktion bezieht sich auf eine Stelle im Lotos-Sutra und übersetzt das bud-

dhistische Weltbild, die Ureinheit der Gegensätze und den stufenweisen Erleuchtungsweg in Stein. Einer von einst vier **Wächterlöwen** ist noch erhalten.

★★Seokguram-Grotte

Über einen **Wanderweg** (1 Std. bergauf), der rechts vor dem Eingang zum Bulguk-Tempel beginnt, oder mit dem Bus gelangt man zur ★★**Seokguram-Grotte**, einer Felshöhleneinsiedelei mit großartigen **Skulpturen** aus dem 8. Jahrhundert – der Blütezeit des Silla-Reichs –, die zu den herausragenden Kunstwerken der buddhistischen Welt zählen. Ihr Standort oben auf dem 745 m hohen Tohamsan und die Blickrichtung nach Osten unterstreichen die Annahme, dass sie Feinde aus diesem Einfallswinkel, besonders aber wohl japanische Piraten, magisch abwehren sollte. Die Koreaner kommen gerne zum Sonnenaufgang hierher, um den Blick übers Meer zu genießen.

Bei der Seokguram-Grotte verbindet sich in einzigartiger Weise eine künstli-

»» Karte S. 188-189, Info S. 209-211   205

Foto: Koreanische Zentrale für Tourismus

che Höhle mit einem tiefgründigen, seltenen kosmischen Bildprogramm und virtuoser Steinmetztechnik. Die Höhle gilt als Mutterschoß, aus der unsere vielfältige Erscheinungswelt hervorgeht. Der zentrale, in einzigartiger Weise in sich ruhende **Buddha** in Erdanrufungsgeste bewahrt im Gegensatz zur vollendeten Eleganz der ihn umgebenden Figuren des Reliefs eine Massigkeit, die als Zeichen von Würde und Hoheit und als Ruhepol jenseits der Dynamik seines Gefolges zu sehen ist.

Golgulsa

Golgulsa ❾ („Steinbuddhatempel"), etwa 15 km östlich von Gyeongju, ist der einzige echte **Höhlentempel** Koreas – sein Äußeres mit Holzwänden und Dach täuscht. Er stammt aus dem 6. Jh. und birgt einen verwitterten **Maya-Tathagata-Buddha**. Weitere, kleinere Felshöhlen hier am **Hamwol-Berg** sind

über schmale, in den Fels gehauene Treppen zu erreichen; man passiert sie, wenn man hinauf zu dem über 1500 Jahre alten **Buddharelief** (Bild S. 31) steigt, dessen obere Hälfte noch recht gut erhalten ist. Heute birgt das Tempelgelände auch ein Zentrum der traditionellen Meditationsweise *Seonmudo*, einer Zen-Kampfkunst, und begrüßt in- und ausländische Besucher zu seinem beliebten **Templestay-Programm**.

★Yangdong Folk Village

4 km östlich der Ortschaft **Angang** und 20 km nördlich von Gyeongju erreicht man von der Bushaltestelle nach 30 Minuten Fußweg entlang der Bahnlinie das herrliche alte Dorf ★**Yangdong Folk Village ❿**, das schon seit dem 15. Jh. existiert. Hier haben über 180 Häuser von Adligen (*Yangban*) aus der Joseon-Dynastie dem Zahn der Zeit widerstanden. Zumeist leben hier Angehörige der Son- und Yi-Familien. Im Ort wuchs der große konfuzianische Gelehrte und Staatsmann Yi Eon-jeok (1491-1553)

Oben: Yangdong Folk Village mit Häusern des Adels.
Rechts: Am Strand von Pohang.

auf, und sein **Herrschaftshaus** *(Hyang-dang)*, das er errichten ließ, nachdem er Gouverneur wurde, ist zu besichtigen.

★Oksan Seowon

Im Westen der Ortschaft **Angang** befindet sich die berühmte konfuzianische Akademie ★**Oksan Seowon** ⓫, die 1592 zum Gedenken an Yi Eon-jeok errichtet wurde. Sie gilt als eine der ältesten und wichtigsten Akademien des Landes, und jahrhundertelang studierten hier Knaben aus den Adelsfamilien die konfuzianischen Klassiker. Nur zehn Minuten Fußweg von der Akademie errichtete Yi Eon-jeok seine herrschaftliche Residenz ★**Dongnakdang**, die er nach seiner Pensionierung bewohnte.

Pohang

Mit über 500 000 Einwohnern ist **Pohang** ⓬ die größte Stadt der Provinz Gyeongsangbuk-do (ohne Daegu), gelegen an der Mündung des Hyeongsan, umgeben von bewaldeten Hügeln. Trotz des riesigen POSCO-Stahlwerks – das drittgrößte der Welt – ist Pohang eine erstaunlich angenehme Hafenstadt, mit zwei Spitzenunis, die in Metallurgie, Robotik und Biotechnologie forschen. Interessant ist Pohang als Ausgangspunkt für die **Fährüberfahrt** zur Insel Ulleung-do und den Besuch des Bogyeong-Tempels (siehe unten).

★Ulleung-do

Die 73 km² große Insel ★**Ulleung-do** ⓭ liegt 130 km vor der Küste, drei Fährstunden von Pohang, im Ost-Meer. Ihre rund 10 000 Bewohner leben v.a. von Sepia-Fischerei und Fremdenverkehr. Das grüne, bewaldete Eiland ist beliebt bei Wanderern; noch bis 1976 gab es keine Straße. Vor 2,5 Millionen Jahren ist Ulleung-do als Vulkan entstanden; der letzte Ausbruch geschah vor 9000 Jahren. Hauptgrund für einen Besuch ist die raue, dramatische Landschaft,

Foto: Volkmar E. Janicke

die sich 984 m hoch aus dem Meer erhebt, sowie Schiffsausflüge entlang der dramatischen Felsküste und zum Inselchen **Juk-do**. Der Hauptort, beim Fähranleger, heißt **Dodong-ri**. Von hier kann man zum **Leuchtturm** oder zum 984 m hohen Gipfel **Seonginbong** (ca. 5 Stunden hin und zurück) wandern. Ebenfalls von Dodong-ri erreicht man – via **Jeodongri**, das jüngst einen neuen Hafen bekommen hat – den **Bongnae-Wasserfall** (Zufahrt erdrutschgefährdet), eine Hauptattraktion der Insel.

Bogyeong-Tempel *(Bogyeongsa)*

Etwa 30 km nördlich von Pohang steht der 602 gegründete **Bogyeong-Tempel** ⓮ *(Bogyeongsa)* am Rand eines wunderschönen Tals mit mehreren Wasserfällen, Schluchten, Einsiedeleien und Wanderwegen, die die Sehenswürdigkeiten miteinander verbinden.

Im frühen 8. Jh. waren zwei Wandermönche mit heiligen Schriften und einem magischen Spiegel aus Indien zu ihrem Kloster zurückgekehrt. Der

» **Karte S. 188–189, Info S. 209–211**
207

Foto: Koreanische Zentrale für Tourismus

wachsen und die man schon nahe dem Parkeingang – ca. 12 km südöstlich von Cheongsong beim **Daejeon-Tempel** – am Beginn des Haupttals bewundern kann, das 700-800 m hohe Berge flankieren. Daneben gibt es auf Wanderungen Schluchten, kleine Höhlen und Wasserfälle zu sehen.

Andong

Das gut 180 000 Einwohner zählende **Andong** ⓰ ist eine gemütliche, etwas verschlafen wirkende Stadt im ländlich geprägten Norden Gyeongsangbuk-dos. Seit je war der Ort ein Marktzentrum für die Bauern der Umgebung und ein Hort der Tradition, insbesondere der konfuzianischen Familienstrukturen. Die Einwohner sind stolz auf ihr Erbe und versuchen, es mit der Moderne zu vereinbaren. Einen guten Eindruck vom traditionellen Leben bekommt man beim großen ★**Andong Folk Festival** (Ende September/ Anfang Oktober).

★Andong Folk Village

Nach fünf Jahren Bauzeit wurde 1976 der 83 m hohe und 612 m breite Andong-Staudamm fertig. Der entstehende 30 km lange **Stausee** verschlang zahlreiche Dörfer. Mehrere alte Gebäude – Gehöfte, Adelsresidenzen, sogar ein Eiskeller von 1712 wurden in das ★**Andong Folk Village** ⓱ unterhalb des Staudamms, 3 km westlich von Andong verbracht, wo sie heute als Filmkulisse und Freilichtmuseum dienen. Gleich nebenan steht das **Andong Folk Museum**, das einen Querschnitt durch das traditionelle Leben bietet.

Jebiwon

Rund 5 km nördlich der Stadt lohnt sich ein Besuch des Felsheiligtums **Jebiwon** ⓲: eine etwa 12 m hohe, im 8. oder 9. Jh. aus dem Fels gemeißelte **Buddhafigur**, die die Zufahrt zur Stadt schützen sollte.

Abt vergrub den Spiegel und benannte das Kloster in „Tempel des kostbaren Spiegels" um. Später wirkte der Berater und Nationallehrer von König Gojong, Wonjin, im Spiegeltempel, dessen Abt er 1215 wurde. In der Zeit des japanischen Krieges verschanzte sich hier die Mönchsarmee unter dem Zen-Meister Sosan. Heute besteht das Kloster noch aus 13 harmonisch gruppierten Gebäuden. Die älteste erhaltene Halle ist die **Jeokwangjeon** gleich hinter dem **Tor der Vier Himmelkönige** *(Sacheongwangmun)*, unter der der geheimnisvolle Spiegel vergraben sein soll.

Juwangsan-Nationalpark

Auf halbem Weg zwischen Pohang und Andong lockt ein stilles Naturparadies: der 107 km² große **Juwangsan-Nationalpark** ⓯. Charakteristisch für ihn sind die Kalksteinfelsen, die scheinbar aus dem Nichts in die Höhe

Oben: Mask Dance Festival im Hahoe Folk Village bei Andong.

★★Hahoe Folk Village

Das Dorf ★★**Hahoe** ⓳, 24 km westlich von Andong am Ufer des Nakdonggang, gehört zu den schönsten traditionellen Dörfern Südkoreas und zeigt noch das klassische konfuzianische Muster aus der Joseon-Zeit. 500 Einwohner halten Hahoe mit seinen strohgedeckten Lehmhäusern und alten Rittergütern am Leben und vermitteln einen authentischen Eindruck vom alten Korea. Viele hohe Gelehrte und Beamte wurden hier geboren, wie auch der berühmte schamanistische **Hahoe-Maskentanz**, dessen Wurzeln man im 1000 m vor dem Dorf platzierten **Hahoe-Maskenmuseum** zurückverfolgen kann. Täglich gibt es dort **Tanzvorführungen**, die man sonst nur bei großen Festen wie dem internationalen ★**Mask Dance Festival** (Ende September/ Anfang Oktober) zu sehen bekommt.

★Dosan-Akademie (*Dosan Seowon*)

30 km nördlich von Andong wurde 1574 die ★**Dosan-Akademie** ⓴ *(Dosan Seowon)* gegründet, zu Ehren des führenden konfuzianischen Gelehrten der Joseon-Zeit, Yi Hwang (alias *Togye,* 1501-70). Sein Porträt ziert die 1000-Won-Note. Jahrhundertelang war dies die Eliteschule für alle, die in höchste Ämter aufsteigen und die Beamtenprüfung ablegen wollten. Die wunderschöne Anlage mit ummauerten Höfen steht zwischen Reisterrassen und Bergen.

Cheongnyangsan-Provinzpark

Nördlich der Dosan-Akademie lädt der **Cheongnyangsan-Provinzpark** ㉑ zum Wandern ein. Höchster Gipfel ist der 870 m hohe Changinbong, größter Tempel der 663 gegründete, schön an einer steilen Bergflanke gelegene **Cheongnyang-Tempel** *(Cheongnyangsa)*.

DAEGU (☎ 053)

Tourist Information, tgl. 9-18 Uhr, im Duryu-Park, U 2: Duryu, Tel. 627 8900, Filialen: Bahnhof, Dengseong-no u. Airport, http://english.daegu.go.kr

Heilkräutermarkt, Mo-Sa 9-18 Uhr, So geschl., U1, 2: Banwoldang, Exit 4.
Yangnyeongsi Exhibition Hall, Mo-Fr 9-18 Uhr, Sa 9-17 Uhr, www.herbmart.or.kr
Daegu Hyanggyo, 735-4 Namsan-dong, Jung-gu, Bus 401 oder 402.
Nationalmuseum Daegu, Di-Fr 9-18, Sa-So 9-19 Uhr, U 2: Manchon, Exit 3 und weiter mit Bus 3 nach Beomul-dong, http://daegu.museum.go.kr.

Die meisten Lokale und Cafés sind im Viertel **Yasigolmok**, zwischen den U-Bahnstationen Banwoldang und Jungangno.
Geumgok Samgyetang, mitten in Yasigolmok, mit köstlichem Ingwer-Huhn, gegrilltem Hähnchen u. ä., tgl. 11-22 Uhr, Tel. 424 4449, U 1: Jungangno, Exit 2.
Dijon, mediterrane Küche, nettes Ambiente, Yasigolmok Richtung Kirche, tgl. 11-22 Uhr, Tel. 422 2426, U 1: Jungangno, Exit 2.

Im Einkaufsviertel **Yasigolmok** gibt es viele *Hof* (Bier-Kneipen), Bars und Clubs.
Jagalmadang heißt der Rotlichtbezirk mit seinen sündigen „Cocktail Lounges".
Frog, hier gibt es auf fünf Etagen Hip Hop und Tanz bis zum frühen Morgen, tgl. 21-6 Uhr, Yasigolmok, U1, 2: Banwoldang, Exit 3.
Buddha, coole Mischung aus Bar und Restaurant, tgl. 17-5 Uhr, Yasigolmok, U1, 2: Banwoldang, Exit 3.

Neben den Kaufhäusern und Boutiquen in Yasigolmok laden zahlreiche Märkte zum Bummeln ein.
Seomun-Markt, März-Okt. tgl. 9-18 Uhr, Nov.-Feb. tgl. 9-17 Uhr, jeden 1. und 4. So geschlossen, U 2: Seomun Market, Exit 1.

Heilkräuterfestival: Im Mai, mit Wettbewerben im Kräuterhacken und kostenlosen Gesundheitschecks.

8

Gyeongsangbuk-do

» **Karte S. 188-189, Info S. 209-211**   209

FLUG: Flüge gibt es nach Seoul und Jeju-do sowie in viele asiatische Städte. Anfahrt mit U 1: Anyanggyo, Exit 3 und weiter mit Bus 401, 101 oder Express 1.

ZUG: Es gibt zwei Bahnhöfe, die ältere **Daegu Station** (U 1, Daegu) im Stadtzentrum für Bummelzüge in die Region und **Dongdaegu Station** (U 1, Dongdaegu), wo Züge in alle Regionen des Landes abfahren.

BUS: Es gibt fünf Busterminals. Der **Express Bus Terminal** hat Fernverbindungen ins ganze Land. Nach Osten und zu Städten an der Küste fahren Busse ab **Dongbu Bus Terminal**, in die ländlichen Orte der Umgebung ab **Nambu Bus Terminal**, nach Süden und Westen ab **Seobu Bus Terminal** und nach Norden u. Westen ab **Bukbu Bus Terminal**.

U-BAHN: Es gibt zwei U-Bahnlinien quer durch die Stadt. Eine Fahrt kostet 1100 Won.

CITY BUS TOUR: Wer wenig Zeit hat, schließt sich einer City Bus Tour an, Infos unter www.daegutour.or.kr

AUSFLÜGE VON DAEGU: **Bullo-Dong-Tumuli-Park**, tgl. 9-18 Uhr, U 1 Dongchon und weiter mit dem Taxi.

Palgongsan-Provinzpark, **Donghwa-**, **Buin-** und **Pagye-Tempel**, tgl. 9-18 Uhr, Shuttlebus zwischen den Tempeln.

Gatbawi, Anfahrt mit Bus 401 ab Daegu Station oder Dongdaegu Station.

Geumosan-Provinzpark, Bus 12 ab Bahnhof oder Busbahnhof von Gumi, www.geumo.net.

Jikji-Tempel, März-Okt. tgl. 7-18.30 Uhr, Nov.-Feb. tgl. 7-17.30 Uhr, Bus 11, 111, oder 112 ab intercity bus terminal von Gimcheon.

Museum für buddhistische Kunst, März-Okt. Di-So 9-17.30 Uhr, Nov.-Feb. Di-So 9-16.30 Uhr.

GYEONGJU (☎ 054)

Tourist Information Center, am Bahnhof, Tel. 772 3843, am Express Bus Terminal, Tel. 772 9289, Parkplatz vor dem Bulguk-Tempel, Tel. 746 4747, alle tgl. 9-18 Uhr, www.gyeongju.go.kr.

Tumuli-Park, tgl. 9-18 Uhr.
Cheomseongdae, Apr.-Okt. tgl. 8-18 Uhr, Nov.-März tgl. 9-18 Uhr.

Anapji-Teich, tgl. 8-19 Uhr.
Nationalmuseum Gyeongju, 9-18 Uhr, samstags März-Dez. 9-21 Uhr, http://gyeongju.museum.or.kr

Die meisten Restaurants finden sich in den Gassen des quirligen Zentrums nördlich vom Tumuli-Park. Südöstlich vom Tumuli-Park gibt es spezielle **Ssambap-Lokale**; für dieses Gericht wickelt man Fleisch, Reis und Gemüse in ein Salatblatt.

Viele Pubs und Clubs gibt es im Nordwesten, bei der Dongguk-Universität.

Bomun-Freilichtbühne, von April bis Oktober gibt es hier Fr-So meist um 20.30 Uhr Aufführungen traditioneller koreanischer Musik und Tänze; Programme bei den Touristen-Informationen, Shinpyeong-dong 375-6, am Bomun-See nahe Bomun Lake Shopping Complex, und beim Gyeongsangbuk Tourism Information Center.

FLUG: Gyeongju hat keinen Flughafen. Von der Intercity Bus Station fahren Busse zu den Flughäfen von Ulsan u. Busan.

ZUG: Der **Bahnhof** liegt gleich östlich vom Zentrum. KTX-Züge fahren nach Seoul und Busan, außerdem Zugverbindungen nach Andong, Dongdaegu und Gangneung.

BUS: Express Bus und Intercity Bus Terminal liegen sich im Westen der Stadt gleich gegenüber. Vom **Express Bus Terminal** gibt es Busse nach Seoul, Busan, Daegu und Daejeon. Vom **Intercity Bus Terminal** fahren u.a. Busse nach Busan, Pohang und Ulsan.

AUSFLÜGE VON GYEONGJU: **Bulguk-Tempel**, Apr.-Okt. 6.30-18 Uhr, Nov.-März 7-17 Uhr, Busse 10 oder 11 ab Zentrum oder Bahnhof, www.bulguksa.or.kr.

Seokguram-Grotte, Apr.-Okt. tgl. 6.30-18 Uhr, Nov.-März tgl. 7-17 Uhr, Shuttlebus ab Parkplatz vor dem Bulguk-Tempel.

Yangdong Folk Village, Busse 200-208, 212, 217 ab Bahnhof bis Yangdong village entrance, von dort 1,2 km zu Fuß.

Oksan Seowon, Bus 203 ab Bahnhof.

Dongnakdang, Besuch nur nach Voranmeldung über die Touristeninformationen.

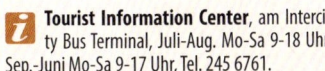

POHANG (☎ 054)

Tourist Information Center, am Intercity Bus Terminal, Juli-Aug. Mo-Sa 9-18 Uhr, Sep.-Juni Mo-Sa 9-17 Uhr, Tel. 245 6761.

FLUG: Der Flughafen liegt 6 km südöstlich der Stadt. Flüge gibt es nach Seoul und Jeju-do.
FÄHRE: Einmal tgl. setzt ein Katamaran in drei Stunden nach Ulleung-do über.
BUS: Vom **Intercity Bus Terminal** gibt es u.a. Verbindungen nach Andong, Busan, Daegu, Gyeongju und Seoul. Vom **Express Bus Terminal** gibt es u.a Verbindungen nach Seoul, Daejeon und Gwangju.

ULLEUNG-DO

Tourist Information, am Fährhafen von Dodong-ri, tgl. 9-18 Uhr, Tel. 790 6454.

FÄHRE: Jeden Nachmittag fährt ein Katamaran nach Pohang. Jeweils um 9 und um 15 Uhr startet vom Hafen ein Schiff zu einer zweistündigen Inselrundfahrt.
BUS: Alle 30 Min. fährt ein Bus von Dogong-ri nach Jeodong-ri. Weitere Busverbindungen gibt es via Namyang-dong nach Cheonbu-ri.

Bogyeong-Tempel, tgl. 7-19 Uhr, Bus 500 fährt vom intercity bus terminal in Pohang nach Cheongha, von wo ein weiterer Bus zum Tempel fährt; dreimal tgl. fährt der Bus bis zum Tempel durch.

ANDONG (☎ 054)

Tourist Information Center, vor dem Bahnhofsgebäude, tgl. 9-8 Uhr, Tel. 852 6800, www.andong.go.kr

Schräg gegenüber vom Bahnhof, auf der anderen Straßenseite, führt die **Restaurantstraße Eumsikwigeori** hinter einem dekorativen Torbogen nach Norden. Hier und in den Seitenstraßen, die zugleich das Zentrum der Stadt bilden, gibt es die dichteste Konzentration an Restaurants.

Andong Folk Village, tgl. 24 Std., Bus 3 ab Bahnhof.
Andong Folk Museum, März-Oktober täglich 9-18 Uhr, Nov.-Feb. tgl. 9-17 Uhr, Bus 3 ab Bus Terminal, www.adfm.or.kr.

Andong Mask Dance Festival: Das zehn Tage dauernde und am letzten Freitag im September beginnende Fest wird parallel zum Andong Folk Festival begangen und zieht Maskentanz-Ensembles aus aller Welt an; Festivalort ist das Hahoe Folk Village.

ZUG: Der Bahnhof befindet sich gleich südlich in Laufweite vom Zentrum. Züge gibt es u.a. nach Daegu, Gyeongju und Seoul.
Bus: Der neue **Express und Intercity Bus Terminal** liegt weit außerhalb im Osten der Stadt. Verbindungen gibt es u.a. nach Busan, Daegu, Daejeon, Gangneung, Gyeongju, Pohang, Seoul und Sokcho.

AUSFLÜGE VON ANDONG: **Hahoe Folk Village**, März-Okt. tgl. 9-19 Uhr, Nov.-Feb. tgl. 9-18 Uhr, Bus 46 ab südlichem Zugang zur Restaurantstraße nahe Bahnhof fährt achtmal tgl. zum Dorf.
Hahoe-Maskenmuseum, tgl. 9.30-18 Uhr, Maskentanzvorführungen Mai-Okt. Sa und So um 15 Uhr, März, Apr. und Nov. nur So um 15 Uhr, www.maskmuseum.com.
Dosan-Akademie, tgl. 9-18 Uhr, Bus 67 ab südlichem Zugang zur Restaurantstraße nahe Bahnhof fährt viermal tgl. direkt zur Akademie.
Cheongnyangsan-Provinzpark, tgl. 8.30-18 Uhr, Bus 67 ab südlichem Zugang zur Restaurantstraße nahe Bahnhof fährt direkt zum Park.

JUWANGSAN-NATIONALPARK

Tourist Information, im 2. Stock des Busterminals, tgl. 9-17.30 Uhr, Tel. 873 0014, http://juwang.knps.or.kr.

BUS: Vom Busbahnhof am Parkeingang gibt es u.a. Direktbusse nach Andong, Busan und Daegu. Für die Weiterfahrt nach Gyeongju muss man einen Bus nach Yeongcheon nehmen und dann dort umsteigen.

8

Gyeongsangbuk-do

Wanderer im Seoraksan-Nationalpark

Foto: Volkmar E. Janicke

GANGWON-DO

SEORAKSAN
SEONGYOJANG
GYEONGPO
HWASEONGUL

GANGWON-DO

Naturprovinz für Stressgeplagte

Mit 1,5 Mio Einwohnern auf 16 870 km² Fläche hat diese zweitgrößte Provinz Südkoreas die geringste Bevölkerungsdichte. Der an vielen Stellen nicht zugängliche gebirgige Norden Gangwon-dos bildet die schwerbewachte Grenze zu Nordkorea. Doch nicht nur der Norden, auch die Küste ist bis weit nach Süden stacheldrahtbewehrt, um nordkoreanische Eindringlinge fernzuhalten. Gangwon-do wurde durch den Koreakrieg in zwei Hälften geteilt, wobei das Nordkorea zugeschlagene Drittel große Mineralvorkommen birgt. Dem Süden blieb der Natur, und so gehörte er noch bis vor wenigen Jahren zu den am wenigsten industrialisierten und entwickelten Regionen des Landes. Die wichtigsten Wirtschaftszweige sind neben Fischerei, Bergbau und Holzwirtschaft der Tourismus.

Die meisten Städte und Dörfer reihen sich entlang der Flusstäler, während der Rest des Landes aus hohen Bergen mit geringen Anbaumöglichkeiten besteht. Auf den Feldern werden hauptsächlich Kartoffeln angebaut, die hier, noch vor dem Reis, das wichtigste Grundnahrungsmittel sind. Koreaner aus anderen Provinzen nennen die Bewohner Gangwon-dos daher gerne „Kartoffelesser" (*gamja bawi*). Die schroffen Gebirge und das harte Leben in den Höhenlagen haben den zähen und sehr unabhängigen Menschen aber auch den Beinamen „Alter Buddha unter dem Felsen" (*amha nobul*) eingebracht.

Gangwon-dos Landschaft wird vom Taebaek-Gebirge, das die Provinz von Nord nach Süd durchzieht, geprägt. Vier große Pässe verbinden die durch schwer zugängliches Bergland isolierte Provinz mit dem Rest der Halbinsel. Das Gebirge fällt nach Osten hin steil ins Meer ab und so gibt es nur eine relativ schmale Küstenzone, die aber viele Sandstrände bietet. Die mächtigen Granitgebirge und malerischen Meeresufer sowie eine Prise Kultur haben Gangwon-do in den letzten Jahren zu einem perfekten Urlaubsparadies gemacht, das viele Sonnenanbeter und Aktivurlauber anzieht.

Den größten Trumpf aber spielt die Provinz im Winter aus: Gangwon-do bietet den meisten Schnee, die besten Wintersportmöglichkeiten und moderne Skiresorts – und 2018 wurden im Landkreis Pyeongchang, einem der Skiparadiese Asiens, erstmals Olympische Winterspiele auf südkoreanischem Boden ausgetragen.

9

Gangwon-do

Links: Der Ulsam Bawi lässt sich über eiserne Treppenstege erklimmen.

»» Karte S. 216-217, Info S. 230-231   215

Chuncheon

Die Hauptstadt der Provinz Gangwon-do wurde während des Korea-Krieges fast vollständig zerstört und die bis dahin im Stadtbild optisch nachvollziehbare Geschichte des Ortes als wichtiges Verwaltungszentrum seit der Silla-Zeit ausgelöscht. Ab dem 17. Jh. war **Chuncheon** ❶ eine von 5 Festungsstädten, die die Aufgabe hatten, Seoul vor Angriffen zu schützen. Nach 1953 wurde die dem Erdboden gleichgemachte Stadt komplett neu aufgebaut. Heute leben hier über 265 000 Menschen und die Stadt hat sich zum bedeutendsten Verkehrsknotenpunkt des Nordostens mit Universitäten und Leichtindustrie gemausert. Dank ihrer reizvollen Lagen zwischen Bergen und Stauseen trägt sie auch den Namen „Stadt der Seen"; den aufgestauten **Han-Fluss** hat sie direkt vor der Tür.

Die in Chuncheon spielende, in ganz Asien erfolgreiche Seifenoper „Winter- Sonate" hat die Stadt nicht nur zu einem begehrten Reiseziel der Serienfans gemacht, sondern auch die „Korean Wave" ausgelöst. Dieser Begriff wurde von chinesischen Journalisten kreiert und bezeichnet die sich mit rascher Geschwindigkeit in ganz Asien ausbreitende Beliebtheit der koreanischen Kultur, angefangen beim Fernsehen und Film über Theater und Musik bis hin zur Kunst. Mittlerweile nimmt Südkorea nahezu eine Milliarde Dollar durch solche Kulturexporte ein.

Das berühmteste Festival ist das ★**International Mime Festival**, Asiens größte Veranstaltung für die Kunst der Pantomime.

Stadtbesichtigung

Die wiederaufgebaute Stadt grenzt an den aufgestauten **Uiam-See (Uiamho)**, dessen Ufer ein beliebtes Naherholungsgebiet ist. Viele Wochenendurlauber kommen aus Seoul zum Angeln, man kann Tretboote mieten und auf

EAST

SEA

Ulleung Island (140 Km)

NORTH KOREA
SOUTH KOREA

Unification Observatory (12 Km)
Daejin
Hwajinpo
Geojin

★4. Invasion Tunnel
Ganseong
Eulji Observatory
Punchbowl
Songjiho
Oho

Haean
Daeamsan 1304
Cheondo
Yongdae-ri
Ulsam Bawi
Cheonjin

Imdang
Namgyo
Baekdamsa
Seorak-dong
SOKCHO
Yeongnangho
Sokcho Beach

Hangye
Wontong
Dacheonbong 1708
Jeongam
Naksansa
Naksan Beach

Yongha
Inje
Osaek
Yangyang
Naksan Prov. Park

Sinnam
Seoraksan National Park
Sangpyeong
Hagwangjeong
Hajodae

Hyeon
Seomrim
Galcheon
Ingu
Jumunjin

Sangnam
Gwangwon
Odaesan Natl. Park
Samsan
Bangnae
Gyeongpo Beach

Dogwang
Changchon
Yuljeon
Odaesan 1563
Gyeongpodae
Gyeongpo Prov. Park

Pungam
Woljeongsa
GANGNEUNG

G A N G W O N
Gusan
Hoenggye
Doma
Jeongdongjin

Balgyosan 998
Changdong
Ganpyeong
YongPyong Resort, Alpensia-Resort

Yudong
Phoenix Park Ski Resort
Hajinbu
Jang-pyeong
Balwangsan 1458
Okgye

Dunnae
Ungyo
Gariwangsan 1562
Jungbong
Gujeol
Imgye
Samhwa
Mukho
DONGHAE

Anheung
Bangnim
Najeon
Yeoryang
Miro
SAMCHEOK

Baedeoksan 1350
Pyeongchang
Jeongseon
Gyoga

Chiaksan Natl. Park
Jucheon
Macha
Chang
Nakdong
Mungok
Hwaam
Gwangdong
Singi
Hawol san
Dongmak

Songhak (Mudo)
Jangneung Royal Tomb
Sindong
Hambaek
Baekjeon
Hwaseon-gul
Daegeumgul
Jangho

JECHEON
Yeongwol
Gossi Cave
Okdong
Seokhang
Nokjeon
Sabuk
Gohan
Sangdong
Taebaek
Tong-ri
Imwon
Wondeok

Guryong
Imhyeon
Maepo
Namhan
Sangni
Taebaeksan Prov. Park
Taebaeksan 1568
Ojeo
Sinnam

C H E O N G
Danyang
Sobaeksan Natl. Park
Socheon
Seokpo

GANGWON-DO

0   10   20 km

© Nelles Verlag GmbH, München

Foto: Koreanische Zentrale für Tourismus

Leihfahrrädern am Ufer auf eigens an-gelegten Radwegen radeln.

Etwas südlich vom Zentrum, dort wo der Gongji-Bach in den See fließt, er-innert das **Denkmal für Äthiopien** an die äthiopischen UN-Soldaten, die hier bei einer der heftigsten Schlachten des Korea-Krieges gefallen sind. Dahinter kann man dem **Skulpturenpark** einen Besuch abstatten.

Im See, gegenüber der Stadt, liegt die kleine **Insel Jung-do**, die man per **Fäh-re** erreicht. Hier gibt es Wander- und Radwege, man kann Wasserski laufen oder sich anders sportlich betätigen.

Im Ostteil der Stadt wurde 2002 das **Nationalmuseum Chuncheon** einge-weiht. Es umfasst vier Hallen mit ständi-gen Ausstellungen zu archäologischen Funden, historischen Dokumenten und buddhistischer Kunst der Provinz. Zwei Hallen dienen für wechselnde Sonder-ausstellungen.

Oben: Eine Liebeserklärung auf Stelzen beim Inter-national Mime Festival in Chuncheon.

Samaksan

Der 645 m hohe **Samaksan** ❷ im Südwesten Chuncheons, jenseits des Flusses, ist quasi der Hausberg der Stadt. Am Fuß des Bergs, nur 100 m von der Straße, rauscht der **Deungseon Wasserfall (Deungseon Pokpo)**. Ein Wanderweg führt an Stromschnellen und kleinen Tempeln wie dem **Heung-guksa** vorbei in etwa 2 Stunden auf den Gipfel. Von oben bietet sich bei klarem Wetter eine schöne Sicht auf die Seen-landschaft und die Stadt.

★Gugok-Wasserfall

4 km südlich des Samaksan bietet der ★**Gugok-Wasserfall** ❸ *(Gugok Pokpo)* ein Naturschauspiel: das Wasser stürzt über eine Felswand 45 m in die Tiefe. Im Winter kommt es vor, dass der Was-serfall gefriert. Dann schlägt die Stunde der Eiskletterer, die sich am Eisfall hin-aufarbeiten. Am Wasserfall vorbei führt ein Wanderweg in 1,5 Std. auf den 486 m hohen Bonghwasan.

Namiseom

Für ostasiatische Touristen ist die halbmondförmige Flussinsel **Namiseom ❹**, 25 km südwestlich von Chuncheon, ein Muss, war doch die 1977 gepflanzte **Urweltmammutbaum-Allee (Metasequoia Lane)** ein romantischer Schauplatz der erfolgreichen TV-Serie Winter-Sonate. Mit Zeltplätzen, Hotel, Schwimmbad und Wassersportangeboten zieht sie Seouler Ausflügler und Familien an (kurze Fährüberfahrt von Gapyong). Mit Leih-Rädern und Elektromobilen lässt sich die kleine Insel erkunden.

★Soyang-See

13 km nordöstlich von Chuncheon wurde 1973 einer der größten Staudämme Südkoreas fertiggestellt. Hinter dem 123 m hohen, 612 m breiten Damm entstand der 63 km lange **★Soyang-See ❺ (Soyangho)**. Die Landschaft um den See hat sich dank der Unzugänglichkeit viel ursprüngliche Natur bewahrt; man kann sie auf einer einstündigen Schiffsrundfahrt genießen.

Cheongpyeong-Tempel (Cheongpyeongsa)

Gleich am ersten nördlichen Seitenarm des Soyang-Sees steht der hübsche kleine **Cheongpyeong-Tempel ❻ (Cheongpyeongsa)**. Eine Fähre setzt vom Pier in der Nähe des Damms zum Tempel über. Vom Anleger sind es dann noch 30 Minuten Fußweg an einem Bach entlang zu dem malerisch gelegenen Tempel im Baustil der Joseon-Ära. Die Gründung der Anlage geht auf das Jahr 973 zurück. Anfangs diente sie als Akademie, später wurde sie in einen Tempel umgewidmet, der Mitte des 15. Jh. seinen heutigen Namen erhielt. Von dem friedvollen Gelände führt ein **Wanderweg** hinauf zum 779 m hohen **Obongsan**. Man kann auf der andern Seite hinunterwandern und gelangt dann zur Straße, die von Chuncheon nach Yanggu führt. Von hier fährt ein Bus zurück in die Stadt.

Eine Alternativroute führt vom Anleger zum **Neun-Klänge-Wasserfall (Guseung Pokpo)** – wenn der Fluss viel Wasser führt, soll der Wasserfall in neun deutlich unterscheidbaren Klangfarben die Felswand hinabstürzen.

Das Grenzgebiet

Etwa 40 km nördlich von Chuncheon liegt am Ostufer des **Paro-Sees (Paroho)** die kleine Ortschaft **Yanggu ❼**. Auf dem Weg ins Grenzgebiet zu Nordkorea bietet sich hier ein Zwischenstopp an, um das **★Prähistorische Museum** zu besuchen. In dem modernen Bau gibt es zahlreiche Funde aus prähistorischen Stätten der Umgebung zu sehen. In einem Außenbereich stehen hierher verbrachte **Dolmen** und **Grubenhäuser** aus der Jungsteinzeit.

20 km weiter gelangt man am Rand des Dorfes Haean-myeon zum berühmten **★Punchbowl ❽**, einem riesigen erodierten Vulkankrater, der 1951 Schauplatz langer, grausamer Schlachten um das heutige Grenzgebiet war. Traurige Berühmtheit erlangten Heart Break Ridge und Bloody Ridge am westlichen Rand des weiten Beckens. Auch die 949 High Ground Battle Zone und die Christmas Battle Zone sind stille Zeugen verlustreicher Kämpfe.

An die Gräuel des Krieges erinnert das **★Yanggu War Memorial** mit Originalwaffen und Videos. Nebenan kann man in der **Unification Hall** den Besuch der 4. Infiltrationstunnels und des Eulji-Observatoriums (siehe unten) beantragen; beide sind nur mit einem Privatwagen oder einer organisierten Tour zu erreichen.

Der **★4. Infiltrationstunnel ❾** darf bis zur **Demarkationslinie** (DMZ) begangen werden. 1990 entdeckt, läuft er von Nordkorea aus etwa 1000 m in südkoreanisches Gebiet hinein. Die Arbeiten an diesem Invasionstunnel dürften

9

Gangwon-do

Oben: Meeresfrüchte-Imbiss am Hafen von Sokcho.

an die 10 Jahre gedauert haben; es wurden sogar Schienen verlegt, um nordkoreanische Soldaten und Kriegsgerät schneller in den Süden zu bringen.

Auf dem Grat über dem Tunnel steht in 1000 m Höhe das ★**Eulji Observatory**. Von oben hat man eine fantastische Aussicht auf den Punchbowl-Krater und das nordkoreanische Territorium mit dem Diamant-Gebirge in der Ferne.

Sokcho

Die 85 000 Einwohner zählende Fischereihafentadt **Sokcho** ❿, 60 km südlich der Grenze zu Nordkorea, hat ein gemächliches Tempo und eine atemberaubenden Kulisse: ImWesten türmen sich die gewaltigen Granitfelsen des Seoraksanmassivs mit dem höchsten Gipfel Daecheongbong (1708 m) auf, die Sokcho vom Rest des Landes isolieren. Wegen der Nähe zum **Seoraksan-Nationalpark** (s. S. 222) ist es idealer Ausgangspunkt für dessen Besuch.

In Sokcho gibt es nicht viel zu sehen, aber es eignet sich für Spaziergänge: Man kann am **Hafen** entlang einer Reihe von Meeresfrüchte-Restaurants zum **Leuchtturm** oben auf einem Hügel spazieren oder über die langgezogene **Mole** zu einem weiteren Leuchtturm laufen und von dort die **Aussicht** auf die überwältigende Kulisse des Seoraksan genießen. Nicht weit von der City Hall im Zentrum führt die Fußgängerzone zu einer kleinen Fähre, der **Gatbae**, deren Besonderheit ist, dass die Passagiere sie an einem Stahlseil selbst ans andere Ufer ziehen müssen.

Auf der anderen Seite des schmalen Meeresarms wartet das Strandgebiet **Cheongho-dong** mit einfachen Restaurants und einem breiten **Sandstrand**. Ein beliebter Strandabschnitt weiter im Süden der Stadt ist der **Sokcho Beach**. Noch weiter südlich, dort, wo die Zufahrt zum Seoraksan-Nationalpark abzweigt, lädt der **Seorak Sunrise Park** zu einer Visite ein. Hier wird es am Neujahrsmorgen sehr voll, wenn sich die Menschen versammeln, um den ersten

Sonnenaufgang des neuen Jahres zu betrachten.

Einen guten ★**Bergblick** hat man von dem markanten, an einen sitzenden Tiger erinnernden Beombawi Rock am Südufer des **Yeongnangho Lake**, im Norden Sokchos.

Unification Observatory

Die Fahrt nach Norden in die Grenzregion führt vorbei an weißen Stränden, die sich wie Perlen entlang der Küste aufreihen. Dass man sich nordkoreanischem Gebiet nähert, ist allerdings nicht zu übersehen; denn so schön die Landschaft auch ist, die gesamte Küste wird von Stacheldrahtzäunen und Wachtürmen der Marine geschützt. Vorbei an den beiden für ihre schöne Umgebung und bunte Vogelwelt bekannten Lagunen Songjiho und Hwajinpo erreicht man **Daejin**, das nördlichste Fischerdorf Südkoreas. Rund 300 m hinter diesem Dorf liegt der **Tongil Security Park**, wo man sich für den Besuch des Observatoriums registrieren lassen muss (Reisepass mitbringen). Mit einem Zubringerbus kann man von hier nur die letzten 12 km zum **Unification Observatory** ⓫ fahren. Diese Region gehörte zwischen 1945 und 1953 noch zu Nordkorea und ist heute der nördlichste Punkt, den Südkoreaner ohne Sondergenehmigung ansteuern dürfen.

Oben gibt es Ferngläser, mit denen man einen Blick auf die Verbotene Welt erhaschen kann. Über die nach Nordkorea führende Straße tief unten und per Schiff durften Südkoreaner von 1998 bis 2008 die **Diamantberge (Geumgangsan)** und das nahe Strandresort in Nordkorea besuchen, dessen Infrastruktur (u. a. Großrestaurants, Thermalbad, Zirkushalle) Hyundai entwickelt und finanziert hatte. Als nordkoreanische Soldaten aber 2008 eine südkoreanische Touristin beim Strandspaziergang erschossen, endete diese Ausflugsmöglichkeit, die schon eine Million Südkoreaner wahrgenommen hatten, abrupt.

Naksan-Tempel

Der im Jahr 671 vom Wandermönch Uisang gegründete **Naksan-Tempel** ⓬ *(Naksansa)*, 12 km südlich von Sokcho, gehört zu den wenigen buddhistischen Tempeln, die am Rand des Meeres stehen und sich nicht in den Bergen verstecken. Um die bizarren Klippen über dem Meer ranken sich zahlreiche Legenden. So soll der Drachenkönig an diesem Ort dem Mönch Uisang ein flammendes Wunschjuwel geschenkt haben, das von den Buddhisten als Zeichen des Sieges der neuen Lehre über den schamanistischen Glauben verstanden wurde. Uisang betete im Anschluss 27 Tage lang vergeblich um eine Vision von Avalokiteshvara, dem Bodhisattva der Barmherzigkeit. Enttäuscht sprang er durch einen Felsspalt in die Fluten, doch dann erschien ihm Avalokiteshvara doch noch, übergab ihm einen Rosenkranz aus Kristall und forderte ihn auf, einen Tempel zu bauen.

Dort, wo sich Uisang ins Meer gestürzt haben soll, steht heute die kleine Einsiedelei **Hongnyeonam**. Der Tempelanlage war trotz ihrer Küstenlage nicht viel Glück beschieden. Immer wieder wurde sie zerstört, zuletzt durch ein Feuer 2005. Die unerschütterlich wirkende, 15 m hohe Statue der **Göttin der Barmherzigkeit** *(Gwaneum)*, eine weibliche Erscheinungsform des Avalokiteshvara, blieb jedoch unversehrt und geleitet die Seelen der Verstorbenen über den Ozean in das westliche Paradies des Buddha Amitabha.

★Naksan-Provinzpark

Der Naksan-Tempel steht am Beginn des sich an der Küste 20 km nach Süden ziehenden ★**Naksan-Provinzparks** ⓭. Entlang des nördlichen Teils befindet sich der schöne 4 km lange ★**Naksan-Strand**, der zu den besten an der Ostküste zählt. Am südlichen Ende des Parks steht der **Hajodae**, ein schön bemalter sechseckiger Pavillon, der an

9

Gangwon-do

Foto: Koreanische Zentrale für Tourismus

einen Vorläuferbau der Joseon-Dynastie erinnert; die heutige Konstruktion stammt von 1998. Südlich des Pavillons, an einer Raststätte an der Nationalstraße 7, erinnert ein wuchtiger Steinblock daran, dass hier der **38. Breitengrad** verläuft – von 1945 bis 1953 gehörte alles Land nördlich dieser Linie zu Nordkorea.

★★Seoraksan-Nationalpark

Der **★★Seoraksan-Nationalpark**, von der UNESCO 1981 als Biosphärenreservat gelistet, ist ein Wall wilder, bizarrer und zerklüfteter felsiger Gipfelregionen, von denen viele über 1500 m hoch aufragen. In den Tälern haben sich Teiche, die von Wasserfällen gespeist werden gebildet, während die Hänge dicht von Kiefern bewachsen sind und sich nach oben hin zu wuchtigen Felslandschaften auswachsen. In dieser, in Ab-

schnitten völlig abgeschiedenen Landschaft leben noch zahlreiche Wildtiere. Bären und Tiger, die hier noch bis vor einigen Jahrzehnten beheimatet waren, sind allerdings nicht mehr zu finden. Mit 398 km² Fläche ist dies der zweitgrößte Nationalpark Südkoreas.

Der **Seoraksan** (Schneegipfel-Berg; seine höchste Spitze heißt Großer Grüner Gipfel / *Daecheongbong*) ist mit 1708 m der dritthöchste Berg Südkoreas. Auch hier gibt es bedeutende Tempel wie den Sinheungsa oder den Baekdamsa. Der Verlauf der Gipfelgrate teilt den Seoraksan-Nationalpark in drei natürliche geografische Bereiche, die nur durch Wanderwege miteinander verbunden sind. Am einfachsten zugänglich und damit auch am populärsten ist der Äußere Seorak, der nach nur 30 Minuten Busfahrt von Sokcho aus erreichbar ist. Der westliche Teil der Gebirgsregion wird Innerer Seorak genannt und ist die am wenigsten kommerzialisierte Region, die man über die Ortschaften Yongdae-ri oder Namgyo-ri am Nordwestrand oder Jangsu-dae am

Oben: Herbstnebel umhüllt die Felsspitzen des Seoraksan. Rechts: Buddha in Erdanrufungsgeste an der Seilbahnstation des Äußeren Seorak.

Südwestrand des Parks erreicht. Der südliche Bereich ist über die Ortschaft Osaek an der Nationalstraße 44, die Inje mit Yangyang verbindet, zugänglich.

Äusserer Seorak

Startpunkt für die Erkundung des **Äußeren Seorak** ist ein großer Parkplatz hinter der kleinen Ortschaft **Seorak-dong ⑭**, einer Ansammlung von Hotels und Restaurants. Hier beginnen **Wanderwege**, auf denen man z. B. schon nach einer Stunde Wasserfälle erreicht. Alternativ kann man mit der **Seilbahn**, deren Station sich einige hundert Meter hinter dem Parkeingang befindet, auf einen Grat schweben. Auf der 1100 m langen Fahrt bieten sich spektakuläre Blicke über den Äußeren Seorak. Oben angekommen, führt ein Weg unterhalb der verfallenen, vermutlich im 13. Jh. errichteten Festungsanlage **Gwongeumseong** zu einer oft windumtosten Felsregion, von der man den mächtigen Granitblock Ulsan Bawi erblickt.

★Sinheung-Tempel

Vom Parkplatz kommend, passiert man zunächst eine große sitzende Buddha-Statue und gelangt dann zum 652 von Jajang und Uisang gegründeten **★Sinheung-Tempel** *(Sinheungsa)*. Der „Tempel des göttlichen Gedeihens" ist der wichtigste Tempel von Seorak und das 3. Distrikthauptquartier der Jogye-Sekte. Am Kreuzungspunkt zu zwei den großen Tälern dieser Gebirgsregion genießt der Tempel einen der schönsten Standorte Koreas. Die Anlage wurde 1644 im Joseon-Stil wiederaufgebaut und zuletzt 1847 erweitert.

Bemerkenswert sind, neben der friedvollen Anlage selbst, vor allem die vier **Wächterstatuen** im **Tor der Vier Himmelskönige**, die zu den schönsten Beispielen dieser Art in Korea gehören. Die vier Könige schützen nicht nur den Tempel vor bösen Einflüssen, sondern auch die ganze buddhistische Lehre.

Foto: Oliver Fülling

★★Gipfelroute

Ansonsten bieten sich vor allem zwei Wanderrouten an. Wer fit ist und genügend Zeit mitbringt, kann vom **Sinheung-Tempel** aus den linken Wanderweg ins **★★Tausend-Buddha-Tal** *(Cheonbul-dong)*, eines der landschaftlich schönsten und wildesten Täler dieser Region, nehmen und zum **Großen Grünen Gipfel ⑮** (*Dacheongbong*, 1708 m ü. M.) aufsteigen. Für den 10 km langen Aufstieg benötigt man mindestens 5 Stunden. Man kann die Tour zwar an einem Tag schaffen, sollte dann aber sehr früh aufbrechen und eine sehr gute Kondition haben. Nach 45 Minuten erreicht man den **Fels der fliegenden Fee** *(Biseon-dae)*, ein weiter, flacher Felsen über den die Stromschnellen des Flusses sich in einen klaren **Pool** ergießen. Laut einer Legende, soll von dem Felsen ein Engel in den Himmel aufgestiegen sein. Hier läuft der Pfad immer tiefer in das Tal hinein, eine Welt aus hunderten von Felstürmen und –gipfeln, die jeder einem Buddha ähneln sollen. Am Ende

9

Gangwon-do

Foto: Ken Brown (iStockphoto)

des Tals passiert man einige Wasserfälle, der schönste darunter ist der ★**Yang-Wasserfall** *(Yangpok)*, zwei Stunden hinter Biseon-dae. Den komplementären **Yin-Wasserfall** sieht man nur wenige Schritte weiter. Unterhalb des Wasserfalls gibt es die **Yangpok-Hütte**, in der man auch übernachten kann. **Huiungak**, **Socheong** und **Jungcheong** sind weitere Unterkunftshütten auf dem Weg nach oben. Ab jetzt geht es immer steiler bergauf bis zum Gipfel, wo es auch im Hochsommer eisig kalt werden kann, also unbedingt eine warme Jacke mitbringen.

★★Ulsam-Bawi-Route

Eine kürzere, 4,3 km lange Wanderung (hin und zurück ca. 5 Std.) führt vom **Sinheung-Tempel** nach rechts ins Tal zum spektakulären 873 m hohen Granitblock ★★**Ulsam Bawi**. Die erste Stunde wandert man eher ge-

Oben: Im Tausend-Buddha-Tal. Rechts: Wird der Heundeul Bawi wackeln?

mütlich bis zur ★**Gyejo-am**, eine von Jajang, dem Gründer des Tongdosa in Gyeongsangnam-do, begründete Einsiedelei, die zwischen mächtigen Felsen erbaut wurde. Hier soll unter anderem der berühmte Uisang meditiert haben. Vor der Eremitage balanciert der mächtige, 16 t schwere und 2,5 m hohe „Wackelstein" **Heundeul Bawi** am Rand einer Felskante. Man kann den Felsblock mit vielen Leuten zwar bewegen, aber nicht von der Kante rollen. Von nun an verläuft der gut ausgebaute Weg steil bergauf bis zum Fuß des abrupt aus der Landschaft aufragenden Ulsam Bawi. Über 800 Metallstufen führen von hier senkrecht auf den Gipfel, der wie eine einsame Insel aus dem Tal ragt.

Innerer Seorak

Der Westen des Seoraksan-Nationalparks wird **Innerer Seorak** genannt. Dieser Teil ist weniger zerklüftet und sanfter, aber dennoch wild und dank weniger Besucher auch unberührter. Am einfachsten ist der Zugang über den Ort **Yongdae-ri** ⑯, von wo aus man nach 1 km den Parkeingang erreicht. Von hier sind es noch 6,5 km bis zum Baekdam-Tempel, eine Strecke, die man wandern oder mit einem Zubringerbus zurücklegen kann. Der 643 vom Mönch Jajang gegründete ★**Baekdam-Tempel** *(Baekdamsa)* markiert das Ende des malerischen Baekdam-Tals und den Beginn des Suryeomdong-Tals. Diese in den ersten Jahrhunderten seines Bestehens Bigeumsa genannte Anlage hat eine etwas eigenartige Odyssee hinter sich. Streitereien zwischen den pazifistischen Mönchen und den Jägern der Region führten Mitte des 14. Jh. zu einer Verlegung des Tempels nach Hangye-ri westlich der Berge. Nach einer Reihe von merkwürdigen Bränden wechselte man erneut den Standort, diesmal nach Yongdae-ri. Doch auch dort brachen immer wieder Feuer aus, und der Tempel kehrte an seinen Ursprungsort zurück – und erneut brach Feuer aus.

Foto: Volkmar E. Janicke

Eines Nachts träumte ein Mönch von einem ehrwürdigen Meister, der Wasser vom Berg ins Tal beim Tempel schüttete. Man interpretierte das als gutes Omen, benannte den Bigeumsa in „Tempel der 100 Teiche" (*Baekdam*) um, und der Feuerteufel war besiegt.

Auch hier gibt es hervorragende Wandermöglichkeiten. Man kann in acht bis neun Stunden zum Daecheongbong aufsteigen, oben in einer der Hütten übernachten und am nächsten Tag Richtung Seorak-dong im Äußeren Seorak absteigen. Eine Alternativroute führt durch das **Suryeomdong-Tal**, zweigt dann zum **Madeung-ryeong-Pass** ab und führt in insgesamt 10 Stunden nach Seorak-dong im Äußeren Seorak.

Südlicher Seorak

Der Zugang zum **Südlichen Seorak** erfolgt über **Osaek** ⑰. Diese Option ist für all jene interessant, die gerne auf den Gipfel des Daecheongbong möchten, aber nicht die Zeit für eine Übernachtung haben. Für Auf- und Abstieg sollte man insgesamt 7 anstrengende Stunden einplanen. Immerhin kann man sich am Ende der Tour in den heißen **Thermalquellen** von Osaek entspannen. Oder man steigt vom Gipfel nordwärts bis nach Seorak-dong ab.

Gangneung

Mit 225 000 Einwohnern ist **Gangneung** ⑱ die größte Stadt an der Ostküste der Provinz Gangwon-do. Hier fanden 2018 olympische Eislaufwettbewerbe statt; in der **Eishalle** wurden schon zuvor internationale Eiskunstlauf- und Shorttrack-Meisterschaften ausgetragen.

Die Stadt selbst scheint von außen besehen einfach nur modern, dennoch ist sie 1700 Jahre alt und hat uralte schamanistische, buddhistische und konfuzianische Traditionen bewahrt. Sichtbarstes Zeichen dafür ist das jährlich stattfindende ★**Dano-Fest**, das ab dem 5. Tag des 5. Mondes (meist Ende Mai oder Anfang Juni) eine Woche lang gefeiert wird. Dano ist eines der be-

9

Gangwon-do

» **Karte S. 216-217, Info S. 230-231**
225

Foto: Oliver Fülling

geadelt worden. Ansonsten sind Relikte aus der Vergangenheit besichtigen.

★Ojukheon

★**Ojukheon**, der „Schrein des Schwarzen Bambus" – benannt nach der in der Region wachsenden Bambusart – war der Geburtsort von Yi Yi (Yulgok, 1536-1584), einem der berühmtesten konfuzianischen Philosophen seiner Zeit. Yi wurde Rektor der Nationalakademie, Kriegsminister und Schriftsteller, der 193 Werke veröffentlichte. Er sah sogar die japanische Invasion voraus und wollte das Land darauf vorbereiten, fand aber kein Gehör. Der große Philosoph ist auf der 5000-Won-Note abgebildet. Seine Mutter Shin Saimdang (1504-1551) ging als Malerin und Kalligrafin in die koreanische Kunstgeschichte ein. Zudem wird sie als das Ideal einer konfuzianischen Tochter, Ehefrau und Mutter verehrt. Ihr Porträt findet sich auf der 50 000-Won-Note. Zwei Gebäude der Familie sind rekonstruiert, darunter das **Mongnyongsil**, in dem Yi Yi geboren wurde, und das **Guga-ok**, in dem die männlichen Familienmitglieder Gäste empfingen. Im kleinen Pavillon **Eoje-gak** ist das *Gyeokmongyogyeol*, ein von Yi handgeschriebenes Buch für Kinder sowie der dafür verwendete Tuschestein ausgestellt.

Ebenfalls auf dem Gelände zeigt das **Gangneung City Museum** Exponate zur Geschichte der Region und das **Folklore Museum** Gegenstände, die beim Dano-Fest benutzt werden.

★Seongyojang

Nur 1 km entfernt lohnt die Besichtigung der bestens erhaltenen Adelsresidenz ★**Seongyojang**. Über 300 Jahre lebte hier eine Yangban-Familie. Erbaut wurde sie für einen Nachkommen des Bruders von König Sejong, dem Erfinder der koreanischen Schrift. Unterteilt ist der Komplex in Wohnbereich, Bücherei, Gästebereich und alles, was eine Adels-

liebtesten Feste in Korea und rangiert in seiner Bedeutung gleich hinter dem Mondneujahr (*Seollal*) und dem Erntedankfest (*Chuseok*). Ursprünglich diente es dazu, der Dorfgemeinschaft einen Anlass zur Stärkung vor den anstrengenden Sommermonaten zu geben. Nach dem Pflanzen der Setzlinge sollte zudem in aufwändigen Zeremonien um eine gute Ernte gebeten werden. Auch wenn Korea sich längst von einer Agrar- zur Industrie- und Dienstleistungsgesellschaft gewandelt hat, wird dieses Brauchtum bis heute gepflegt; die Tradition des Dano-Festes in Gangneung hat sich dabei in all ihrer Vielfalt erhalten. Die einzigartige Kombination aus **Gwanno-Maskentanz**, schamanistischen Ritualen, koreanischem Ringen, traditionellem Riesenschaukeln, Reiskuchenherstellung, Fächerherstellung, rituellen Haarwaschungen ist sogar von der UNESCO als Immaterielles Welterbe

Oben: Ojukheon – Gedenkstätte für die Kalligrafin Shin Saimdang. Rechts: Die historische Adelsresidenz Seongyojang.

Foto: Oliver Fülling

residenz noch ausmachte, wie der große Getreidespeicher.

★Gyeongpo-Provinzpark und ★Chamsori Gramophone & Edison Science Museum

Hinter der historischen Residenz beginnt der ★**Gyeongpo-Provinzpark**. Als erstes führt die Straße Richtung Osten zum ★**Gyeongpodae**. Dieser 1326 errichtete und 1508 an seinen heutigen Standort verbrachte Pavillon gilt zusammen mit seiner Umgebung als schönste Landschaftsszenerie der Provinz. Entsprechend beliebt war er seit je bei Malern und Literaten, die sich hier zu Gedichten und Rollbildern inspirieren ließen.

Kurz darauf passiert man das ★**Chamsori Gramophone & Edison Science Museum**. Son Sung-mok hat hunderte alter Grammophone sowie auch Musikboxen, Schreibmaschinen und Kinetoskope von Thomas Edison gesammelt – heute ist dies das größte Technikmuseum Südkoreas mit der

größten Grammophon-Sammlung der Welt.

Auf der anderen Straßenseite breitet sich der große **Gyeongpo-See** aus, um den ein 4 km langer Radweg führt. Die Straße endet schließlich an dem weiten, 1,8 km langen und herrlich weißen Sandstrand ★**Gyeongpo Beach**.

Jeongdongjin

Die Küstenstadt **Jeongdongjin** ⑲ ist für ihre **Strände** und den **Unification Park** bekannt (1 km nördlich der Bahnstation): Hier ist ein südkoreanisches **Kriegsschiff** zu besichtigen; aber die eigentliche Attraktion ist ein **Nordkoreanisches U-Boot**, das 1996 vor der Küste strandete. Die 26 Besatzungsmitglieder flohen und es dauerte 49 Tage, bis alle gefangen oder getötet waren. Die Hatz kostete 17 koreanische Soldaten und Zivilisten das Leben, 22 wurden verletzt.

Über dem Badestrand von Jeongdongjin thront ein spektakuläres Luxushotel – das als Kreuzfahrtschiff gestaltete **Sun Cruise Resort**.

9

Gangwon-do

Foto: Oliver Fülling

Odaesan-Nationalpark

Der **Odaesan-Nationalpark** ⑳ westlich von Gangneung umfasst einen 298 km² großen Teil des Taebaek-Gebirges. Lange nicht so zerklüftet wie der Seoraksan weiter nördlich, mutet der Odaesan durch seine abgerundeten Gipfel weniger dramatisch an, aber die Berge sind mit bis zu 1400 m ü. M. dennoch hoch und ziehen Wanderer an.

Der bekannteste Tempel ist der **Woljeongsa** im zentralen Tal des Odaesan-Nationalparks. Manjushri, der Bodhisattva der Weisheit, sei als Mönch verkleidet dem Silla-Priester Jajang erschienen und habe ihm nach drei Tagen Finsternis die Stelle zum Bau eines Klosters im Odae-Gebirge gezeigt. Heute ist der 643 gegründete Tempel das Hauptquartier des 4. Distrikts der Jogye-Sekte.

Der zweite bedeutende Tempel ist der 646 von Jajang gegründete **Sang-**

Oben: Am Gyeongpo-Strand. Rechts: YongPyong war einer der Hauptschauplätze der Olympischen Winterspiele 2018.

wonsa, 7 km weiter das Tal hoch, wo die Wanderwege in die Berge beginnen.

Pyeongchang / Yongpyong / Alpensia

Südlich des Odaesan-Nationalparks und jenseits der Ost-West-Autobahn 50 breitet sich die Mittelgebirgslandschaft des **Landkreises Pyeongchang** *(Pyeongchang-gun)* aus. Zweimal bewarb man sich erfolglos um Olympische Winterspiele; für 2018 klappte es dann, auch dank Samsungs Lobbyarbeit und Sponsoreneinfluss. München zog den Kürzeren, und über 5 Milliarden Euro flossen in die hiesige Infrastruktur.

Die Skisaison dauert von November bis März; dank der langen schneereichen Winter und der bis über 1400 m hohen Berge konnte sich hier mit dem **YongPyong Resort** ㉑ das beste Skigebiet Südkoreas etablieren (Shuttlebusse und Bahnverbindungen ab Seoul); hier fanden 2018 u. a. der Slalom und der Riesenslalom statt. Besitzer ist die Moon-Sekte.

Nebenan wurde das **Alpensia Resort** erweitert, mit Olympischem Dorf, Skisprungzentrum, Bobbahn und Anlagen für die Nordischen Disziplinen. Im Sommer kann man hier oben golfen, klettern, Kayak fahren oder sich im Indoor-Spaßbad **Peak Island** vergnügen.

Für den Abfahrtslauf, Super-G und Alpine Kombination sind bei **Jungbong** am Berg **Gariwangsan** (1562 m ü. M.), Schneisen in den unter Naturschutz stehenden Wald geschlagen und so das Wintersportgebiet **Jeongseon Alpine Centre** geschaffen worden.

Freerider und Snowboarder konkurrierten im **Phoenix Park Ski Resort**. Schauplatz der Eis-Wettbewerbe war die Küstenstadt **Gangneung** (s. oben), wo ein Olympisches Dorf stand.

Die Kleinstadt **Pyeongchang** ㉒ *(Pyeongchang-eup)* liegt ca. 60 km südwestlich, und obwohl sie den Winterspielen 2018 ihren Namen lieh, war sie selbst kein Wettkampfort.

Foto: Koreanische Zentrale für Tourismus

Samcheok

Samcheok ㉓ ist die südlichste unter Gangwon-dos Küstenstädten. Die Stadt selber hat nicht viel zu bieten, ist aber ein guter Startpunkt für einige interessante Ausflüge ins Hinterland. Zudem endet hier der ★**Ostmeer-Zug**, der zwischen Gangneung und Samcheok hin- und herpendelt und für die Panoramafahrt 80 Minuten benötigt.

★Hwaseon- und Daegeum-Höhle

In einer pittoresken Berglandschaft 28 km von Samcheok befindet sich die ★**Hwaseon-Höhle** ㉔ *(Hwaseongul)*, die mit 6,2 km Länge zu den längsten Kalksteinhöhlen Asiens gehört. Nach 30 Min. Aufstieg zum Eingang führt eine abenteuerliche Treppenkonstruktion tief in die Höhle hinein, vorbei an Wasserbecken, Wasserfällen und einer Höhle, die an eine Kathedrale erinnert. Die Stege und Felsformationen sind ziemlich kitschig beleuchtet – ein beliebtes Ziel für Schulausflüge.

Die sehr viel schmalere **Daegeum-Höhle** ㉕ *(Daegeumgul)* erreicht man mit einer **Einschienenbahn**. Sie ist erst seit 2007 und nur im Rahmen einer Führung zu besichtigen.

★Taebaeksan-Provinzpark

Der ★**Taebaeksan-Provinzpark** ㉖ im Süden Gangwon-dos umfasst das Gebiet des 1568 m hohen **Großen Weißen Berges** *(Taebaeksan)*, für die koreanischen Schamanen einer ihrer heiligsten Berge. Nahe dem Gipfel steht der 3 m hohe **Cheonje-Altar** *(Cheonjedan)*, auf dem seit jeher Opfer gebracht wurden; zu Neujahr und beim **Taebaek-Festival** (3.-5. Oktober) finden heute noch traditionelle Zeremonien statt. Die Wanderung vom Parkeingang zum Gipfel und Altar ist 4,5 km lang. Man braucht ca. 2,5 Stunden für den Aufstieg und erreicht 500 m vor dem Altar den **Mangyeong-Tempel** *(Mangyeongsa)* mit dem **Yongjeon-Brunnen**, der – 1470 m ü. M. – das reinste Quellwasser Koreas liefert.

9

Gangwon-do

» **Karte S. 216-217, Info S. 230-231**

CHUNCHEON (☎ 033)

Tourist Information Center, am Zugang zum Chuncheon Sports Complex nicht weit vom Intercity und Express Bus Terminal, Tel. 244 0088, http://en.gangwon.to. Infokioske gibt es außerdem am Busterminal, Tel. 250 3896, Bahnhof, Tel. 250 3322, im Skulpturenpark, Tel. 252 3600 und in der City Hall, Tel. 250 3326. Alle tgl. 9-18 Uhr.

Nationalmuseum Chuncheon, San 27-1, Seoksa-dong, Di-Fr 9-18 Uhr, Sa-So 9-19 Uhr, Apr.-Okt. Sa 9-21 Uhr, Busse 7, 9 ab Busterminal oder Bahnhof, Busse 9, 85 vom Zentrum, http://chuncheon.museum.go. kr.

Chuncheons Spezialität ist *dakgalbi*: Hähnchenfleich, *tteok* (Reiskuchen) und Gemüse mit einer scharfen Chilipaste auf einer heißen Eisenplatte in der Mitte des Tisches gegart. In der **Dakgalbi Geori**, der Dakgalbi-Straße unweit des Einkaufsviertels Myeongdong, reihen sich mehr als 20 auf dieses Gericht spezialisierte Restaurants auf.

In der zentralen Einkaufsstraße Myeongdong-gil gibt es einige nette Cafés und Kneipen. Viele Kneipen findet man auch an der Gangwon National University.
Tombstone, nette Bar inmitten des Shopping-Distrikts, sie ist an einem roten Schild zu erkennen und befindet sich in der 3. Etage, Myeongdong-gil.

Der zentrale Einkaufsbezirk ist Myeongdong etwas südlich der City Hall. Neben großen Kaufhäusern und Märkten gibt es hier zahllose kleine Läden und Boutiquen.

International Mime Festival: Das große Treffen von Pantomime-Künstlern aus aller Welt findet im Mai statt, www.mimefestival.com.

ZUG: Der Bahnhof Namchuncheon liegt etwa 3,5 km südlich vom Stadtzentrum, der neue Endbahnhof Chuncheon befindet sich im Norden, in der Nähe des Seeufers. Verbindungen gibt es nach Seoul.
BUS: Express und Intercity Bus Terminal stehen gleich nebeneinander, rund 3 km südlich vom Stadtzentrum. Vom **Express Bus Terminal** gibt es u.a. Verbindungen nach Daegu, Gyeongju, Gwangju und Seoul. Vom **Intercity Bus Terminal** fahren Busse u.a. nach Cheongju, Dong-Seoul, Gangneung und Sokcho.

AUSFLÜGE VON CHUNCHEON: **Samaksan**, tgl. Sonnenauf- bis Sonnenuntergang, Busse 3, 5, 50 und 50-1 fahren am Zugang vorbei. **Gugok-Wasserfall**, tgl. 8 Uhr bis Sonnenuntergang, die Busse 50 oder 50-1 fahren zum Wasserfall.
Soyang-See, Bus 11 von der Jungangno im Zentrum fährt zum Soyang-Damm. Die einstündigen Seerundfahrten finden zwischen 9.30 und 17.30 Uhr statt. Die Fähre zum Cheongpyeong-Tempel legt zwischen 9.30 und 17.30 Uhr alle 30 Minuten ab.

DAS GRENZGEBIET

Bei ausreichendem Wasserstand gibt es eine Fährverbindung von Chuncheon zum Yanggu Ferry Pier. Dort fahren Busse nach Yanggu. Busse fahren von Chuncheon und Sokcho nach Yanggu. Von Yanggu gibt es Busse nach Haeanmyeon.

Prähistorisches Museum, März-Okt. Di-So 9-18 Uhr, Nov.-Feb. Di-So 9-17 Uhr.
Yanggu War Memorial, März-Okt. Mi-Mo 10-18 Uhr, Nov.-Feb. Di-So 9-17 Uhr.
4. Infiltrationstunnel, März-Okt. tgl. 9-16 Uhr, Nov.-Feb. tgl. 9-15 Uhr.
Eulji Observatory, März-Okt. tgl. 9-16 Uhr, Nov.-Feb. tgl. 9-15 Uhr.

SOKCHO (☎ 033)

Tourist Information Center, vor dem Intercity Bus Terminal, Tel. 639 2830 und dem Express Bus Terminal, Tel. 639 2689, beide Mo-Sa 9-17 Uhr, http://sokchotour.com.
RDie Straße zur Mole wird von zahlreichen Fischrestaurants gesäumt.

BUS: Vom Express Bus Terminal im Süden der Stadt fahren Busse nach Seoul und Incheon. Vom zentralen Intercity Bus Terminal gibt es u.a. Verbindungen nach Andong, Chuncheon, Daegu, Gangneung und Dong Seoul.

AUSFLÜGE VON SOCKHO: **Unification Observatory**, März-Jun. und Sep.-Okt. tgl. 9-16.30 Uhr, Juli-Aug. tgl. 9-17.30 Uhr, Nov.-Feb. tgl. 9-15.30 Uhr, Bus 1 oder 1-1 ab Intercity Bus Terminal in Sokcho, www.tongiltour.co.kr.
Naksan-Tempel (*Naksansa*), tgl. 5-19 Uhr, Bus 9 oder 9-1 ab Intercity oder Express Bus Terminal bis Naksan-Provinzpark.

SEORAKSAN-NATIONALPARK
(☎ 033)

Tourist Information Center, am Sunrise Park am Beginn der Zufahrtsstraße zum Nationalpark, März-Okt. tgl. 9-18 Uhr, Nov.-Feb. tgl. 9-17 Uhr, Tel. 635 2003 o. 636 7700.

Äußerer Seorak, tgl. 2 Std. vor Sonnenauf- bis 2 Std. nach Sonnenuntergang, Bus 7 oder 7-1 ab Intercity oder Express Bus Terminal in Sokcho.
Innerer Seorak, nach Yongdae-ri oder Namgyori fahren Busse vom Intercity Bus Terminal in Sokcho.
Südlicher Seorak, Osaek wird vom Intercity Bus Terminal in Sokcho und vom Busbahnhof Dong Seoul angefahren.

GANGNEUNG (☎ 033)

Tourist Information Center, neben dem Busbahnhof, tgl. 9-18 Uhr, Tel. 640 4414, www.gntour.go.kr, www.gangneung.go.kr.

Ojukheon, **Gangneung City Museum**, **Folklore Museum**, März-Okt. tgl. 9-18 Uhr, Nov.-Feb. tgl. 9-17.30 Uhr, Bus 202 vor dem Busbahnhof Richtung Gyeongpo. **Seongyojang**, tgl. 9-18.30 Uhr, Bus 202 Richtung Gyeongpo.
Chamsori Gramophone & Edison Science Museum, Sommer 9-18 Uhr, sonst 9-17 Uhr, Bus 202 bis Gyeongpo, www.edison.kr.

BUS: Das Express Bus Terminal und das Intercity Bus Terminal befinden sich im selben Gebäude. Busse fahren von hier u.a. nach Chuncheon, Daejeon, Samcheok und Sokcho.

ZUG: Der Ostmeer-Zug fährt dreimal tgl. von Gangneung nach Samcheok.

AUSFLÜGE VON GANGNEUNG:
Jeongdongjin Unification Park, März-Okt. tgl. 9-17.30 Uhr, Nov.-Feb. tgl. 9-16.30 Uhr, vom Bahnhof Jeongdongjin mit Bus 111, 112 oder 113. Bus 109 fährt vor dem Busbahnhof von Gangneung ab nach Jeongdongjin.
Odaesan-Nationalpark, tgl. 9-19 Uhr, http://odae.knps.or.kr. Zum Woljeongsa oder Sangwongsa nimmt man in Gangneung einen Bus nach Jinbu und steigt dort in einen Bus zu den beiden Tempeln um.
Pyeongchang, Infos unter www.yongpyong.co.kr.

SAMCHEOK (☎ 033)

Hwaseon-Höhle (*Hwaseongul*), März-Oktober tgl. 8-18 Uhr, Nov.-Feb. tgl. 8.30-17 Uhr, Bus 60 ab dem Busbahnhof Samcheok.
Daegeum-Höhle (*Daegeumgul*), März-Okt. tgl. 8-18 Uhr, Nov.-Feb. tgl. 8.30-17 Uhr, Bus 60 ab Busbahnhof Samcheok.

TAEBAEKSAN-PROVINZPARK
(☎ 033)

Tourist Information Center, am Bahnhof/Busbahnhof von Taebaek, tgl. 9-17 Uhr, Tel. 550 2828, http://tour.taebaek.go.kr.

Mit dem Bus von Dong Seoul, Gangneung oder Samcheok bis nach Taebaek und dann weiter mit dem Bus Nr. 33 zum Park.

9

Gangwon-do

65-Jahr-Feier der „Partei der Arbeit Koreas" auf dem Kim-Il-sung-Platz

Foto: Lingong (Dreamstime)

NORDKOREA

PJÖNGJANG
KUMSUSAN KINYOM

NORDKOREA

Pjöngjang

Nordkorea ist eines der merkwürdigsten Reiseländer überhaupt (Einreisebedingungen: S. 243): Es lebt im ewigen Moment des Triumphs von 1953, als der Bruderkrieg aus nordkoreanischer Sicht gewonnen war. Deswegen ist der im Stadtbild omnipräsente Kim Il-sung auch posthum noch Präsident Nordkoreas, ein Staatsoberhaupt im Sarkophag, und deswegen beginnt die nordkoreanische Zeitrechnung mit Kims Geburt. Für seinen Sohn Kim Jong-il blieb nach dem Tod des Vaters nur der Parteivorsitz der alles kontrollierenden „Partei der Arbeit Koreas" und das Oberkommando über die Armee – die, trotz notorischer Nahrungsmittelknappheit unter den 24 Millionen Nordkoreanern, respektable 1,2 Millionen Mann stark ist. Nach Kim Jong-ils Tod Ende 2011 trat dessen Sohn Kim Jong-un das Machterbe als Diktator an.

Pjöngjang, die Hauptstadt der Demokratischen Volksrepublik Korea, ist das Kontrastprogramm zu Seoul: hier die reglementierte, uniformierte Kargheit, dort der Glanz einer wohlhabenden, hoch dynamischen Industrienation;

Links: Polizistin in Pjöngjang.

hier eine perfektionistisch kollektivierte Gesellschaft, in der der Einzelne nichts, das Volk und der geliebte Führer alles zu sein scheinen, dort eine offene Konsumgesellschaft, in der Individualisierung die alten konfuzianischen Traditionen immer mehr verdrängt.

Riesige Gesellschaftsbauten prägen das Stadtbild von Nordkoreas Machtzentrum. Die Diktatur nutzt Architektur zur Selbstdarstellung, und so ist Pjöngjang ein architektonisches Kuriositätenkabinett, ein in Beton gegossenes Abbild einer utopischen Ideologie, die ganz auf den verstorbenen „ewigen Präsidenten" und „großen Führer Genosse Kim Il-sung" sowie dessen verstorbenen Sohn, den „geliebten Führer" Kim Jong-il ausgerichtet ist.

Pjöngjang ist die wohl älteste Stadt der koreanischen Halbinsel; ihr Name bedeutet „ebenes Land", sie soll 2333 v. Chr. vom Halbgott Dangun Wanggeom gegründet worden sein. Nachweisbar ist die Siedlung ab 108 v. Chr., als in der Region die chinesische Kommandantur Lelang gegründet wurde. 427 wurde Pjöngjang Hauptstadt des Königreichs Goguryeo, 1135 unter dem Namen Seogyeong (Westliche Hauptstadt) Zweithauptstadt des Reichs Goryeo.

Pjöngjang wurde zwischen 1592 und 1598 von den Japanern, 1627 von den Mandschuren und 1894-95 noch einmal von den Japanern zerstört. Nachdem

10

Nordkorea

» Karte S. 237, Stadtplan S. 239, Info S. 243

Foto: Firststar (Dreamstime)

Orientierung

Pjöngjang teilt der **Taedong-Fluss** in eine West- und eine Ost-Hälfte. Das Gros der Sehenswürdigkeiten und der Hotels befindet sich auf der Westseite, zwischen dem zentralen Kim-Il-sung-Platz und dem Triumphbogen im Norden. Gegenüber, auf der anderen Flussseite, steht der 170 m hohe Turm der Juche-Ideologie der nordkoreanischen Kommunisten, die Landmarke der östlichen Stadthälfte. Ebenfalls im Zentrum, westlich vom Kim Il-sung-Platz, liegt die „Verbotene Stadt", ein Viertel für hohe Parteimitglieder und ihre Familien. Die **Metro** wird Manchem seltsam vertraut vorkommen – sie verwendet gebrauchte, 50 Jahre alte U-Bahn-Wagen aus Berlin.

★★Kumsusan-Gedenkpalast

Dieser wuchtige Prachtbau mit seinem weiten Vorplatz im Nordosten Pjöngjangs war bis 1994 die Residenz und der Regierungssitz von Kim Il-sung. Nach dessen Tod ließ sein Sohn Kim Jung-il die stalinistische Trutzburg renovieren und in ein Mausoleum, den ★★**Kumsusan-Gedenkpalast** ① **(Kumsusan Kinyom)** für seinen Vater umwandeln. Wer das Lenin-Mausoleum in Moskau oder das Mao-Mausoleum in Peking gesehen hat, wird anerkennen müssen, dass diese letzte Ruhestätte die der anderen verblichenen Helden des Marxismus an Pomp und Verherrlichung noch übertrifft. Der Zugang ist für ausländische Touristen nur donnerstags und sonntags im Rahmen von Führungen erlaubt. Fotografieren, Filmen, Rauchen und Reden sind im Inneren des Palastes verboten.

Jeder Besucher bekommt einen Kassettenrecorder in seiner Sprache überreicht und erfährt, dass der Große Führer genau hier von einem Herzinfarkt am Schreibtisch mitten beim Schuften fürs Volk dahingerafft wurde und sein Volk zehn Tage und zehn Nächte lang

sich Korea 1881 dem Ausland öffnen musste, wurde die Stadt Basis für die christliche Missionierung Koreas, und schon bald arbeiteten in Pjöngjang Dutzende protestantische Missionare, die über 100 Kirchen errichten ließen. Doch seit dem Systemwechsel 1948 werden Christen diskriminiert.

Nach seiner Zerstörung durch amerikanische Bomben 1951-1953 ist Pjöngjang wiederauferstanden aus Ruinen – mit sowjetischer Hilfe, was man der Stadt auch ansieht. Die Einwohnerzahl wuchs seither bis auf 3,3 Millionen Menschen an.

Nur wenige historische Bauten sind erhalten, aber es gibt sie; genauso wie – hinter der endlosen Plethora an Monumenten, Statuen und Bauwerken für die großen Kims – einen nordkoreanischen Alltag, den kennenzulernen allerdings die beiden obligatorischen ständigen Begleiter des staatlichen Reisebüros erschweren.

Oben: An diesem Pjöngjanger Imbissstand wird peinlich auf Sauberkeit geachtet.

geweint habe. Dann darf man den großen Raum betreten, in dem **Kim Il-sung**, einbalsamiert in einem gläsernen **Sarg**, in dunklem Anzug und mit Schlips liegt. Man muss sich entweder verbeugen oder kurz stehenbleiben, dann wird man weiter gescheucht und kann dann dem im Dezember 2011 gestorbenen Kim Jong-il, ein paar Stockwerke tiefer, seine Reverenz erweisen.

★Triumphbogen

Auf dem Weg in Richtung Innenstadt wird der Verkehr unter dem **Turm der Unsterblichkeit** ② hindurch geleitet. Seine Inschrift lautet „Der Große Führer Kim Il-sung wird immer bei uns sein".

Mit dieser Gewissheit erreicht man den mächtigen, 1982 erbauten ★**Triumphbogen** ③, der zum Stolz der Stadt drei Meter höher als jener in Paris und damit der größte der Welt ist. Nach seiner Rückkehr aus dem Kampf gegen die japanischen Besatzer 1945 trat Kim Il-sung erstmals mit einer Rede in der Öffentlichkeit auf. Der Bogen markiert den Ort, und das riesige **Wandbild** auf der Nordostseite des Kreisverkehrs glorifiziert das Ereignis. Dahinter lockt der **Kaeseon Youth Park** mit Achterbahn, Freifallturm und Karussell.

★Moranbong-Park

Jenseits des Wandgemäldes und südlich des Kim Il-sung-Stadions breitet sich auf dem Pfingstrosenhügel (*Moran-*

Foto: Lingong (Dreamstime)

bong) ein schöner, erholsamer Park aus. Im ★**Moranbong-Park** ④ ist vor allem sonntags viel los; dies ist einer der wenigen Orte, an denen man etwas vom Alltag miterlebt. Von verschiedenen Stellen bieten sich gute Ausblicke – am besten vom nahen **Fernsehturm**, der auch ein **Restaurant** beherbergt.

Chollima-Statue

Die 16 m hohe Statue auf einem 34 m hohen Granitsockel stellt das geflügelte **Pferd** *Chollima* dar, das einer koreanischen Legende nach 400 km am Tag zurückgelegt haben soll. Darauf reiten ein Arbeiter, der in seiner erhobenen Hand einen roten Brief des Parteizentralkomitees hat und eine Bäuerin, die eine Reisgarbe hält, dem Himmel entgegen. Die **Chollima-Statue** ⑤ zeigt, wie das Kim-Regime versucht, alte koreanische Mythen in seinen sozialistischen Kult einzubinden. Im revolutionären Korea

Oben: Das bronzene Kim-Il-sung-Denkmal auf dem Mansu-Hügel.

versinnbildlicht das Chollima-Pferd den sozialistischen Fortschritt und die „Chollima-Geschwindigkeit", in der der Sozialismus aufgebaut wurde.

★Kim-Il-sung-Denkmal

Das ★**Kim-Il-sung-Denkmal** ⑥ auf **Mansudae**, dem Mansu-Hügel, ist ein Muss: überlebensgroße, 20 m hohe Bronzestatuen. Eine vom Großen Führer, aufgestellt 1972 zu seinem 60. Geburtstag, und eine seines 2011 verstorbenen Sohnes **Kim Jong-il**. Hinter ihnen bildet ein 70 m langes **Mosaik**, das den heiligen Berg Baekdusan zeigt, eine würdige Kulisse, gilt der Berg doch als Ursprungsort der koreanischen Zivilisation. Rechts und links zeigen riesige Figurengruppen das Volk in revolutionärer Begeisterung. Meist wird eine Verbeugung erwartet, manchmal sind auch Blumen niederzulegen, anschließend dürfen Fotos gemacht werden.

Ein Stück weiter südlich steht die **Mansudae-Kongresshalle** ⑦, ein 45 000 m² großer Bau, in dem hauptsächlich Tagungen der Obersten Volksversammlung Nordkoreas sowie Kongresse, diplomatische Treffen und Presseverlautbarungen stattfinden.

Museum der Koreanischen Revolution

Das 1972 hinter dem Kim-Denkmal eröffnete **Museum der Koreanischen Revolution** ⑧ beweihräuchert auf 54 000 m² den Kampf gegen die Japaner, die Gründung der Demokratischen Volksrepublik Korea, den „Vaterländischen Befreiungskrieg" (Koreakrieg), die Fortschritte im Aufbau des Sozialismus und die Hauptrolle des „Großen Führers" dabei.

★Museum des Befreiungskriegs

Das riesige ★**Museum des Befreiungskriegs** ⑨ mit dem sperrigen Namen „Museum über den Sieg im Va-

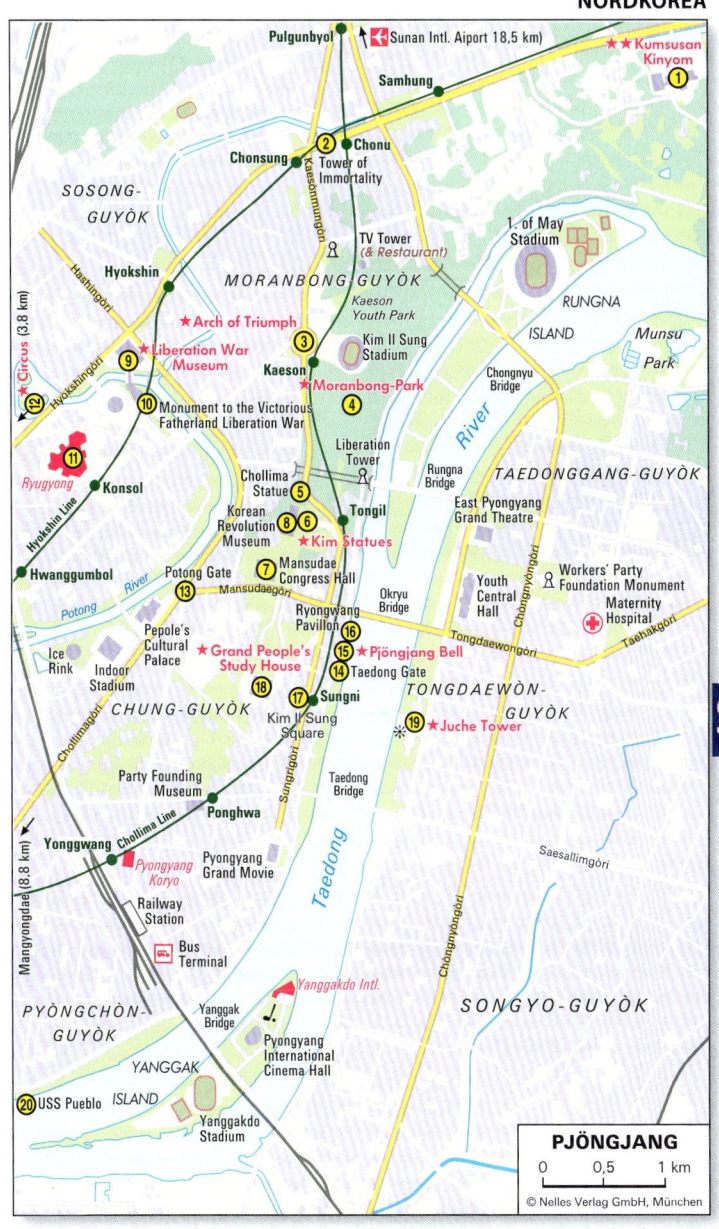

Pulgunbyol

✈ Sunan Intl. Aiport 18,5 km)

★★ Kumsusan Kinyom ①

Samhung

Chonu

② Chonsung

Tower of Immortality

SOSONG-GUYÒK

Hyokshin

MORANBONG GUYÒK

TV Tower (& Restaurant)

1. of May Stadium

RUNGNA ISLAND

Munsu Park

★ Circus (3.8 km)

★ Arch of Triumph

③

Kaeson Youth Park

★ Liberation War Museum

⑨

Kim Il Sung Stadium

Chongnyu Bridge

Kaeson

★ Moranbong-Park

④

⑩ Monument to the Victorious Fatherland Liberation War

Liberation Tower

Rungna Bridge

TAEDONGGANG-GUYÒK

⑫

Ryugyang

⑪

Konsol

Chollima Statue

⑤

Korean Revolution Museum

⑧ ⑥

★ Kim Statues

Tongil

East Pyongyang Grand Theatre

River

Hwanggumbol

Potong Gate

⑬

Mansudaegòri

⑦ Mansudae Congress Hall

Okryu Bridge

Ryongwang Pavillon

Youth Central Hall

⁂ Workers' Party Foundation Monument

Maternity Hospital

Taehakgòri

Potong

River

Pepole's Cultural Palace

★ Grand People's Study House

⑱

⑮ ★ Pjöngjang Bell

⑯

⑭ Taedong Gate

TONGDAEWÒN-GUYÒK

Ice Rink

Indoor Stadium

CHUNG-GUYÒK

⑰ Sungni

Kim Il Sung Square

⁂ ⑲ ★ Juche Tower

Party Founding Museum

Ponghwa

Taedong Bridge

Yonggwang

Pyongyang Koryo

Pyongyang Grand Movie

Saesallimgòri

Mangyongdae (8,8 km)

Railway Station

🚌 Bus Terminal

Taedong

PYÒNGCHÒN-GUYÒK

Yanggak Bridge

⚓ Yanggakdo Intl.

Pyongyang International Cinema Hall

SONGYO-GUYÒK

⑳ USS Pueblo

YANGGAK ISLAND

Yanggakdo Stadium

PJÖNGJANG

0   0,5   1 km

© Nelles Verlag GmbH, München

Nordkorea 10

Eigentlich sollte das pyramidenförmige **Hotel Ryugyong** ⑪ 1989 fertig sein, doch dann wurden die Arbeiten an der 330 m hohen Konstruktion mit 105 Geschossen gestoppt – wegen der Auflösung der Sowjetunion ging das Geld aus. Erst 2009 wurden die Baumaßnahmen fortgesetzt und 2011 die Fassade fertiggestellt – durch den ägyptischen Telefon- und Baukonzern Orascom. Die Einweihung war für 2012 vorgesehen, zum 100. Geburtstag Kim Il-sungs, dann für 2013, aber der Innenausbau ist noch immer nicht vollendet. An der Spitze sind Drehrestaurants geplant.

★Nordkoreanischer Staatszirkus

In dem markanten fünfeckigen Bau des ★**Nordkoreanischen Staatszirkus** ⑫ westlich des Hotels Ryugyong, treten nachmittags und abends die besten Artisten Nordkoreas vor 3500 Zuschauern auf. Ein Höhepunkt sind die Trapezartisten, die sogar den vierfachen Salto beherrschen. Außer Tanzbären gibt es keine Tiernummern. In der Zirkusschule werden Nachwuchstalente gedrillt.

Potong-Tor

Durch das **Potong-Tor** ⑬ *(Potongmun)* gelangt man über die Mansudae-Straße nach Osten zum Taedong-Fluss. Dieses Stadttor, eines der wenigen Relikte des alten Pjöngjang, bildete einst dessen Westpforte. Ein erstes Tor stand hier schon im 6. Jh.; 1473 wurde es neu erbaut und nach seiner Zerstörung im Krieg dann im Jahr 1955 rekonstruiert.

Taedong-Tor

Das **Taedong-Tor** ⑭ *(Taedongmun)* im Park entlang des Taedong-Flusses ist das östliche Gegenstück zum Potong-Tor. Ursprünglich im 6. Jh. errichtet, wurde es 1635 erneuert und ist heute eines der raren alten Bauwerke, die daran erinnern, dass die Stadt nicht immer ein realsozialistisches Ungetüm war.

terländischen Befreiungskrieg" präsentiert die nordkoreanische Version des Koreakriegs. Die Zurückdrängung an die Nordgrenze war demnach nur ein strategischer Rückzug und das spätere erneute Vordringen ausschließlich der Führung von General Kim Il-sung zu verdanken. Die Rolle der chinesischen „Freiwilligenarmee" – 400 000 chinesische Soldaten fielen dabei – : nicht erwähnenswert; der Waffenstillstand: eine Niederlage der Amerikaner.

Gegenüber dem Museum, auf der anderen Seite des Flusses, steht das **Monument über den Sieg im Vaterländischen Befreiungskrieg** ⑩, das 1993 aufgestellt wurde, um an den 40. Jahrestag des Kriegsendes zu erinnern.

Hotel Ryugyong

So ein futuristisches Bauwerk erwartet man eher in Seoul und nicht hier.

Oben: Das Hotel Ryugyong sollte eigentlich schon im Jahr 1989 eröffnen. Rechts: Schüler unterwegs zur Kim-Il-sung-Feier.

Foto: Lingong (Dreamstime)

★Pjöngjang-Glocke

Gleich nördlich, in der Nähe des To-res, steht in einem Pavillon die ★**Pjöng-jang-Glocke** ⑮, die als Alarmglocke bei Bränden und Angriffen diente. Die 1726 gegossene Glocke gehört zu den Symbolen der Stadt und den wenigen Relikten der Vergangenheit. Die Au-ßenwand ist mit Bodhisattvas, den vier Himmelskönigen, Trigrammen und Wol-ken verziert.

Ryongwang-Pavillon

Die dritte historische Sehenswürdig-keit in dem Park am Taedong-Fluss ist der ursprünglich im Jahr 1111 errichte-te **Ryongwang-Pavillon** ⑯, der 1670 erneuert wurde. Er war zusammen mit dem Tor und der Glocke Teil der Vertei-digungsanlagen der Festungsstadt.

★Kim Il-sung-Platz

Weiter südlich holt einen Kim Il-sung wieder in die Gegenwart. Der 75 000 m² messende **Kim Il-sung-Platz** ⑰ ist der Aufmarschplatz der Stadt, eine im All-tag riesige, leere Fläche, die von mächti-gen Bauten umstanden ist, darunter im Süden das **Außenhandelsministerium** und am Nordrand die **Zentrale der Par-tei der Arbeit Koreas**, der kommunis-tischen Partei. Weitere Bauwerke sind das langweilige **Zentrale Geschichts-museum** im Nordosten neben dem Parteigebäude und südlich gegenüber die **Koreanische Kunstgalerie**.

Hauptblickfang ist der ★**Große Stu-dienpalast des Volkes** ⑱, ein zehn-geschossiger Monumentalbau im ko-reanischen Stil, in einem Park auf dem Namsan-Hügel. Auf 100 000 m² beher-bergt er 15 Lesesäle, 14 Auditorien, Bü-ros, Arbeitszimmer, Serviceräume und Magazine für die 30 Millionen Bücher, die hier aufbewahrt werden.

★Juche-Turm

Am Gegenufer des Taedong-Flusses steht – unübersehbar – der 170 m hohe ★**Juche-Turm** ⑲ aus Granitblö-

cken, nachts angestrahlt und bekrönt von einer elektrisch flackernden roten Flamme. Er symbolisiert die von Kim Il-sung geschaffene Juche-Ideologie, die besondere nordkoreanisch-nationalistisch-isolationistische Form des Kommunismus. Im **Aufzug** darf man auf den Turm hochfahren, um die gute ★**Aussicht** über die Stadt zu genießen.

Spionageschiff USS Pueblo

Das 1968 samt Besatzung gekaperte amerikanische NSA-Spionageschiff **USS Pueblo** 20 wurde anfangs in Wonsan an der Ostküste zur Schau gestellt. 1998 schafften es die Nordkoreaner, das Schiff getarnt um ganz Südkorea herum bis in die Hauptstadt Pjöngjang zu bringen. Es ist nun im Stadtteil **Pyongchonguyok**, 5 km südlich des Zentrums, als Touristenattraktion zugänglich; im ehemaligen Geheimraum sind u. a. US-Chiffriermaschinen zu besichtigen.

Oben: Blick über den Kim-Il-sung-Platz zum Taedong-Fluss.

Pjöngjang Filmstudios

10 km westlich des Kim-Il-sung-Platzes liegt Nordkoreas Hollywood, eine gigantische Propagandafilm-Fabrik. Gegründet wurden die **Pjöngjang Filmstudios** 1947 von Kim Il-sung, nach der Befreiung vom japanischen Joch. Am Eingang lächeln keine Stars – es grüßt Staatsgründer Kim Il-sung.

Mangyongdae

12 km südwestlich des Zentrums darf man Kim Il-sungs Geburtsort **Mangyongdae** besuchen, für Nordkoreaner ein Wallfahrtsort. Zu sehen gibt es die **Geburtsstätte von Kim Il-sung**, eine Ansammlung traditioneller Hütten, das **Revolutionsmuseum** und den **Schülerpalast**, in dem 5400 Kinder „nach Herzenslust ihre Begabungen entfalten" können. Tatsächlich gehen hier die Kinder hoher Funktionäre zur Schule – und zur Erholung in den **Mangyongdae-Vergnügungspark** am Song-Hügel, wo u. a. eine Achterbahn lockt.

PJÖNGJANG

VORBEREITUNGEN: Reisen nach Nordkorea sind nur mit **ständiger Begleitung** zweier nordkoreanischer Reiseführer, die auch als Dolmetscher fungieren können, zugelassen. Alle Besuche sind genehmigungspflichtig, der gesamte Reiseverlauf wird von den Sicherheitsorganen strikt überwacht. Jede touristische Reise, auch wenn man individuell einreisen möchte, muss über ein Reisebüro wie z.B. die staatliche Korea International Travel Company (KITC) gebucht werden. Infos auf Deutsch unter www.koryogroup.com/german%20version/traveladvicedeutsch.htm.

EINREISE: Deutsche, Österreicher und Schweizer brauchen für die Einreise ein Visum von einer Botschaft Nordkoreas (Bearbeitungszeit mind. 4 Wochen). Eine Einladung von koreanischer Seite oder die Buchungsbestätigung eines Reisebüros ist nötig. Antragsunterlagen können der DVRK-Botschaft vorab auf dem Postweg zugeschickt werden; zur Visum-Erteilung ist persönliches Erscheinen bei der Botschaft nötig!

BOTSCHAFTEN DER DEMOKRATISCHEN VOLKSREPUBLIK KOREA:
D: Glinkastraße 5-7, 10117 Berlin, Tel. 030 2062 5990, Mo-Fr 9-12, 14-17 Uhr
A: Beckmanngasse 10-12, 1140 Wien, Tel. 01 894 2313, Mo-Fr 10-12 Uhr
CH: Pourtalèsstrasse 43, 3074 Muri b. Bern, Tel. 031 951 6621, Mo-Fr 10-12 Uhr

ZEITZONE, REISEZEIT, KLEIDUNG: Die „Pjöngjang-Zeit" liegt eine halbe Stunde hinter der Zeit von Südkorea. Interessant ist eine Reise zum **Arirang-Massenfestival** im 1. Mai-Stadion in Pjöngjang, das meist im August und September statfindet. Man sollte die Kleidung einpacken, die man zur selben Zeit in Mitteleuropa tragen würde. Für den Besuch des Kim-Il-sung-Mausoleums ist korrekte Kleidung nötig (keine Jeans erlaubt).

FEIERTAGE mit **Paraden**: 1. Jan.; 16. Feb. - Geburtstag v. Kim Jong-il; 8. März - Frauentag; 15. April - Geburtstag v. Kim Il-sung; 1. Mai - Tag d. Arbeit; 15. Aug. - Tag d. Befreiung; 9. Sept. - Staatsgründung; 10. Okt. - Parteigründung; 27. Dez. - Tag der Verfassung.

GESUNDHEIT: Kein unabgekochtes Leitungswasser trinken. Die medizinische Versorgung ist mangelhaft, die Reiseapotheke sollte gut bestückt sein, u. a. mit Magen-Darm-Medizin. Auslandskrankenversicherung mit Rücktransportversicherung ratsam.

SICHERHEIT: Nordkoreanern ist der Kontakt zu Ausländern verboten – Einheimische anzusprechen, kann jenen viel Ärger einbringen. Es ist nicht erlaubt, das Hotel auf eigene Faust zu verlassen. Es gab schon Übergriffe auf fotografierende Ausländer, die ohne offiziellen Begleiter unterwegs waren. Vor dem **Fotografieren** selbst banaler Objekte immer um Erlaubnis fragen, sicherheitsrelevante Bereiche sind tabu. Es wird Respekt und eine Verbeugung vor **Führerstatuen** erwartet, die man übrigens nur vollständig fotografieren darf.

ZOLL: Gegenstände des täglichen Bedarfs können eingeführt werden. Devisen, Kameras, Radios, ausländische Publikationen etc. sind zu deklarieren. **Mobiltelefone** sind abzugeben, man bekommt sie bei der Ausreise zurück. Computer werden auf Internet- und Telefoniefähigkeit untersucht.

GELD: Nordkoreas Währung ist der Won. Touristen müssen jedoch alle Euro, US-Dollar oder Chinesischen Yuan bar bezahlen. Auch kleine Scheine und Münzen mitnehmen, um Wechselgeldproblemen vorzubeugen. **Kreditkarten werden nicht akzeptiert**.

RESTAURANTS: Spontane Lokalwahl ist nicht möglich. Bekannt sind das große **Okryu** am Taedong mit Landestypischem wie *Raengmyon* (kalte Nudeln), das **TV-Tower-Panoramarestaurant**, das **Ongnyu** für Nudelgerichte und das **Ryugyong** für *Bulgogi* (Rinder-Grillfleisch). Die Hotels **Koryo** und **Yanggakdo** bieten Drehrestaurants mit Aussicht.

HOTELS: Die großen Touristenhotels **Yanggakdo** (auf einer Insel im Taedong-Fluss) und **Koryo** (zentral, nahe Bahnhof) bieten gehobenen Mittelklassekomfort, mit Bar, Disko, Pool etc. Die KITC (Korean International Travel Company) weist Pauschalreisende meist einem von beiden zu.

10

Nordkorea

VORBEREITUNGEN

Klima / Reisezeit / Bekleidung

Südkorea hat vier deutlich unterscheidbare Jahreszeiten.

Der milde und meist sonnige Frühling beginnt Ende März/Anfang April – die Zeit der anmutigen **Kirschblüte**. Allerdings kann die Sicht in dieser Zeit durch feinen gelben Wüstenstaub *(Asian Dust/ Gelber Sand)* aus der fernen Wüste Gobi und der ausgetrockneten kasachischen Aralsee-Region getrübt werden.

Im Sommer wechseln sich starker Regen und klare Tage zwar ab, aber es ist durchgehend schwül und heiß. Der Sommermonsun aus dem Süden beginnt normalerweise Ende Juni/Anfang Juli und bringt den Großteil des jährlichen Niederschlages. Im August wird es dann feucht-heiß, und die mit 80 bis 95 % sehr hohe Luftfeuchtigkeit ist nur schwer erträglich. In dieser Zeit steigen die Temperaturen oft über 38 °C.

Mit dem Einsetzen der nordwestlichen Winde (etwa Mitte September) beginnt der Abkühlung bringende Herbst. Durch die trockene Kontinentalluft ist es bei sinkenden Temperaturen sehr sonnig, und die fotogene **Herbstlaubfärbung** setzt ein.

Der südkoreanische Winter von November bis März ist bei sibirischen Winden bitterkalt und trocken.

Die Insel Jeju-do vor der Südküste hat subtropisches Klima mit auch im kurzen Winter relativ milden Temperaturen, die im Südteil nicht unter den Gefrierpunkt fallen, aber dafür ist es auch die regenreichste Region im Land.

Günstigste Reisezeit ist April bis Juni und September/Oktober, die schönste Wanderzeit in den Nationalparks ist der Oktober. Weniger günstig sind der November bis März und Juli/August; Skifahrer dürfen im Winter allerdings mit viel Schnee rechnen.

Je nach Jahreszeit sollte man im Allgemeinen die Kleidung mitnehmen, die man zu dieser Zeit auch in Mitteleuropa tragen würde. Die für den Sommer gewählte Kleidung sollte jedoch leicht, atmungsaktiv und gut waschbar sein, da es in Südkorea im Sommer sehr heiß werden kann. Außerdem sollte man auch im Sommer unbedingt an einen Regenschutz denken.

Von Ende November bis Anfang März muss man sich auf Kälte gefasst machen. Mütze, Schal und Handschuhe sind im Januar, Februar und bis Mitte März unerlässlich, da es dann vor allem in höheren Lagen oft schneit, was die Skifahrer freut. Ski und Skikleidung kann man in den Skigebieten leihen.

Einreise und Zoll

Deutsche, österreichische und Schweizer Staatsangehörige können als Touristen und Geschäftsreisende für Aufenthalte von bis zu 90 Tagen mit einem **Reisepass** visumfrei einreisen. Wer in Korea arbeiten oder studieren will, benötigt ein Visum; der dafür erforderliche Aufenthaltstitel kann vor dem Reiseantritt oder auch innerhalb von 90 Tagen nach der Einreise bei der koreanischen Ausländerbehörde (Immigration Office) in Korea beantragt werden.

Bei der Einreise werden Fingerabdrücke genommen und ein biometrisches Foto gemacht.

Devisen (Bargeld) dürfen nur bis zu 10 000 US$ ein- bzw. ausgeführt werden. Höhere Beträge müssen beim Zoll angemeldet werden. Wer bei der Ausreise seine restlichen Won im Gegenwert von 2000 US$ oder mehr zurücktauschen möchte, muss Umtauschbelege vorlegen, die beweisen, dass das Geld legal umgetauscht worden ist.

Eingeführt werden dürfen 1 Flasche Alkohol bis 1 Liter, 200 Zigaretten (oder 50 Zigarren oder 250 g Tabak) sowie Waren, die außerhalb Koreas erworben wurden und einen Gesamtwert von 400 US$ nicht überschreiten.

Zum Schutz vor Tierseuchen ist die Einfuhr von Fleisch- und Wurstwaren sowie Milchprodukten streng verboten, ebenso die Einfuhr von Obst und Gemüse, Nüssen und Reis.

Währung und Geldwechsel

Die Landeswährung Südkoreas ist der **Südkoreanische Won** (KRW). Die folgenden Geldscheine sind in dem Land gültig und im Umlauf: 1000, 5000, 10 000, 50 000 Won. Münzen gibt es in den folgenden Nennbeträgen: 10, 50, 100, 500 Won. Der Wechselkurs beträgt 1000 Won ≈ 0,75 €, 1 € ≈ 1300 Won. Aktueller Kurs: Siehe www.oanda.com.

Geldwechsel ist an Flughäfen, Banken wie der Hana-Bank und größeren Hotels sowie Wechselstuben möglich. Barabhebungen mit gängigen internationalen Kreditkarten (nur selten mit Maestro-Girokarten, nie mit VPay) sind an den mit **„Global ATM"** gekennzeichneten Geldautomaten bei Eingabe der PIN-Nummer möglich (sofern dies nicht durch Beschränkungen der eigenen Bank ausgeschlossen ist: vor Reisebeginn klären). In der Praxis ist es für Touristen außerhalb der großen Städte eher schwierig, einen Global-Geldautomaten zu finden. Als Zahlungsmittel werden ausländische Kreditkarten fast überall akzeptiert.

Gesundheitsvorsorge

Für die Einreise nach Korea sind keine Impfungen erforderlich. Empfehlenswert ist ein Schutz gegen Tetanus, Diphtherie, Polio und Hepatitis A, bei Langzeitaufenthalten über drei Monate auch Hepatitis B.

Durch hygienisches Essen und Trinken (nur abgekochtes, nichts lau aufgewärmtes) und konsequenten Mückenschutz (Repellentien, Mückennetz, bedeckende Kleidung, Verhalten) können die meisten Durchfälle und andere Tropen- und Infektionserkrankungen vermieden werden. Weitere Tropen- und Infektionserkrankungen kommen vor, allerdings in sehr unterschiedlicher Ge-

fährdung der Reisenden. Detaillierte Infos zur Gesundheitsvorsorge bekommt man unter www.fit-for-travel.de.

Die medizinische Versorgung im Land ist in den großen Städten mit Europa zu vergleichen, kann aber gelegentlich technisch, apparativ und hygienisch problematisch sein. Vielfach fehlen auch europäisch ausgebildete Englisch oder Französisch sprechende Ärzte. Ein ausreichender, weltweit gültiger Krankenversicherungsschutz und eine zuverlässige Reiserückholversicherung sind dringend empfohlen. Eine individuelle Reiseapotheke sollte mitgenommen und unterwegs den Temperaturen entsprechend geschützt werden.

ANREISE

Mit dem Flugzeug

Alle großen europäischen Fluggesellschaften bieten Flüge zum Incheon International Airport an, die Lufthansa auch noch Gimhae (Busan). Die internationalen Flughäfen von Gimpo (Seoul), Cheongju, Daegu, Muan, Yangyang und Jeju werden von asiatischen Fluggesellschaften aus den Nachbarländern angeflogen.

Mit dem Schiff

Fährverbindungen gibt es von Japan (Fukuoka, Osaka, Shimonoseki und Tsushima) nach Busan. Von China aus fahren Fähren von Dalian, Dandong, Lianyungang, Qingdao, Qinhuangdao, Shidao, Tianjin, Weihai, Yantai und Yingkou nach Incheon. Von Russland aus gibt es Fähren von Wladiwostok und Zarubino nach Sokcho.

REISEN IM LAND

Für alle Verkehrsmittel gilt, dass Reservierungen außerhalb der Reisesaison nicht unbedingt notwendig sind. An Wochenenden, Feiertagen und in den Ferienmonaten Juli, August ist al-

11

Reise-Informationen

lerdings eine frühzeitige Reservierung von Flug- und Fährtickets nach Jeju-do empfehlenswert.

Mit dem Flugzeug

Sieben Airlines konkurrieren in Südkorea. Die beiden größten sind Korean Air (www.koreanair.com) und Asiana (http://flyasiana.com), die nahezu identische Preise haben. Weitere Airlines sind Air Busan (www.airbusan.com), Eastar Jet (www.eastarjet.com), T'way Airlines (www.twayair.com), Jin Air (www.jinair.com) und Jeju air (www.jejuair.net). Die längste Flugstrecke ist die Verbindung Seoul-Jeju mit einer Stunde Flugzeit. Die günstigsten Tarife gibt es Montag bis Donnerstag.

Mit der Eisenbahn

Südkorea hat ein gut ausgebautes Bahnnetz, das von Korail (www.korail.com) betrieben wird. Die Züge sind zuverlässig, pünktlich und vergleichsweise preiswert. Es gibt drei Klassen von Zügen. Am schnellsten sind die **KTX-Züge**, Hochgeschwindigkeitszüge, die über 300 km/h fahren und Seoul via Daejeon mit Gwangju und Mokpo im Süden; Daegu, Gyeongju und Busan im Südosten; Yeosu im Süden und seit 2018 mit Pyeongchang und Gangneung im Nordosten verbinden. Für die Strecke Seoul – Busan benötigt der KTX 2 Std. 40 Min. Dann gibt es den **Saemaeul**, einen luxuriösen Superexpress, der für die Strecke Seoul – Busan 4 Std. 10 Min. benötigt und schließlich den **Mugunghwa**, der zwar ebenfalls komfortabel ist, aber mehr Stopps hat. Eine weitere Variante ist noch der Vorortzug **Tonggeun**, der Seoul mit einigen Orten im Norden verbindet. Für alle Züge bekommt man die Fahrscheine am Bahnhof oder über die Website von Korail.

Wer Korea per Bahn erkunden will, sollte den Erwerb des **Korea Rail Pass** in Erwägung ziehen. Es gibt ihn für 1, 3, 5, 7 und 10 Tage. Mit dem Pass können ohne Aufpreis alle Züge benutzt werden, die von Korail betrieben werden, inklusive dem KTX. Der Pass muss **vor** der Einreise nach Südkorea über die Website von Korail erworben werden.

Mit dem Bus

Südkoreas Fernbusnetz ist der wahrgewordene Traum eines hocheffizienten öffentlichen Transportwesens. Unzählige Linien vernetzen alle kleineren und größeren Städte, sodass man das ganze Land bequem mit dem Bus erkunden kann. Busse zwischen den großen Metropolen fahren oft im Zehnminuten-Takt, sodass man nie lange warten muss. Damit ist der Bus das wichtigste Verkehrsmittel im koreanischen Regional- und Fernverkehr. Fahrkarten kauft man an den Schaltern in den Busbahnhöfen. Anschließend geht man zum Gate, an dem die Busse zum gewünschten Ziel abfahren. Die Tickets zeigt man beim Ein- oder Aussteigen einfach dem Fahrer. Die Busbahnhöfe liegen in den meisten Städten recht zentral, und in ihrer Nähe gibt es normalerweise viele Übernachtungsmöglichkeiten und Restaurants. Das macht sie zum perfekten Ausgangspunkt für Reisen in die Umgebung.

Es gibt Expressbusse (*gosok beoseu*) und Intercitybusse (*siwoe beoseu*). **Expressbusse** benutzen hauptsächlich die Autobahnen und halten außer an Raststätten normalerweise nirgends auf der Strecke. Es gibt „normale" (*ilban*) und „luxuriöse" (*udeung*) Busse, wobei letztere etwas geräumigere Sitze haben und teurer sind. Wenn man mit dem Expressbus fährt, kommt man am Zielort am Expressbusbahnhof an. **Intercitybusse** gibt es in „normal" (*ilban*) und „direkt" (*jikhaeng*). Normale Busse halten auch in Orten entlang der Strecke, während die Direktverbindungen ohne Zwischenhalt bis zum Zielort fahren. Wenn man mit dem Intercitybus fährt, kommt man am Zielort am Intercity-Busbahnhof an.

Mit der Fähre

Südkoreas Inselwelt kann von verschiedenen Häfen aus erkundet werden. Von Incheon gibt es Fähren zu vielen Inseln im Gelben Meer. Die Häfen von Boryeong und Gunsan sind Ausgangspunkt für die direkt westlich vorgelagerten Inseln. Jeju-do erreicht man über die Häfen von Mokpo, Wan-do, Busan und Incheon. Von den Häfen von Yeosu und Tongyeong erreicht man die südlich vorgelagerten Inseln und von Pohang und Mukho kann man nach Ulleung-do übersetzen.

Mit dem Auto

Es ist zwar einfach, in Korea ein Auto zu mieten, allerdings sind viele Hinweisschilder nur auf Koreanisch. Für längere Reisen auf dem Land oder auf Jeju-do ist das Auto dennoch eine gute Alternative, vor allem wenn es über ein englischsprachiges Navi verfügt. Die größten Autovermietungen Koreas sind Kumho/Hertz (www.kumhorent.com) und AVIS (www.avis.co.kr). Beide haben mehr als ein Dutzend Filialen in Korea und sind mit weltweit operierenden Unternehmen verbunden.

Für Südkorea benötigt man einen Internationalen Führerschein.

Lokalverkehr

Stadt- / Regionalbusse: Alle Städte und Gemeinden haben ein gut ausgebautes Stadt- oder Regionalbussystem, dass sich immer auch in die umliegenden Regionen erstreckt. Man steigt vorne beim Fahrer ein und wirft den abgezählten Betrag (Münzen oder Scheine) in den vorgesehenen Geldschlitz. Wer den Betrag nicht passend zahlen kann, bekommt sein Wechselgeld in Münzen. Fast immer kann man die Sehenswürdigkeiten eines Ortes mit Stadt- und Regionalbussen erreichen. Fahrpläne für die in Frage kommenden Busse bekommt man meistens in den Touristeninformationen am Bahnhof oder Busbahnhof. In manchen Städten gibt es aufladbare Smartcards, die man an Kiosken erwerben kann. Sie werden im Bus über einen Sensor gehalten und der passende Betrag wird abgebucht.

U-Bahn: Zahlreiche Städte wie Seoul, Incheon, Busan, Daegu, Daejeon, Gwangju und Suwon haben ein mehr oder weniger ausgebautes U-Bahnnetz. Die Benutzung ist komfortabel, da die Beschilderung immer auch auf Englisch ist.

Taxi: Taxis sind preisgünstig, sauber und sicher. In verkehrsreichen Gegenden gibt es ausreichend Taxistände, zudem kann man Taxis auch an der Straße anhalten – rote Taxischildbeleuchtung bedeutet, dass es frei ist – oder, gegen Gebühr, telefonisch anfordern.

Immer mehr Taxifahrer sprechen zumindest ein wenig Englisch. Ein kostenloser **Übersetzungsservice** mti Simultandolmetscher per Funk steht in vielen Funktaxis zur Verfügung; in Seoul bei: **Kind Call Taxis**: Tel.: 1588-3382; **KT Powertel Taxis**: Tel.: 1588-0082; diese haben auch ein Gerät zur Erstellung von Quittungen.

Sicherheitshalber kann man sich im Hotel die Zieladresse auf Koreanisch für den Taxifahrer aufschreiben lassen. Die Gebühren richten sich nach der Entfernung und der Zeit. Die ersten 2 km kosten um 2400 Won und dann jeweils 100 Won für alle 144 m. Falls die gefahrene Geschwindigkeit unter 15 km/h liegt, werden zusätzlich 100 Won pro 35 Sekunden zum Normalfahrpreis hinzugerechnet. Taxis der Luxusklasse und Großraumtaxis sind etwas teurer.

PRAKTISCHE TIPPS

Apotheken und Notdienst

Apotheken sind in aller Regel sehr gut ausgestattet. Die Etiketten sind zwar meist koreanisch beschriftet, aber die meisten Medikamentennamen sind mit den unsrigen identisch und werden

11

Reise-Informationen

ähnlich ausgesprochen.

Für die Polizei wählt man die 112, für die Feuerwehr 119 und für medizinische Notfälle 1339 (die Vermittlung spricht jedoch meistens nur Koreanisch). In diesem Falle kann man auch Hotelangestellte darum bitten, einen Arzt oder die Ambulanz anrufen.

Einkaufen

Südkorea ist ein wahres Einkaufsparadies und wer will, kann Stunden in den gigantischen Unter- und Überirdischen Shoppingsmalls der großen Städte verbringen oder durch das Gassengewirr mit zahllosen Boutiquen und kleinen Geschäften der Innenstädte bummeln. Auch die Märkte dehnen sich oft über ganze Stadtviertel aus und bieten nicht nur die Möglichkeit zum Shoppen, sondern sind auch eine Attraktion für sich. Beliebte Produkte sind Ginseng, Lederwaren, Schmuck aus weißer koreanischer Jade und Kunsthandwerk, darunter Puppen in traditionellen Trachten, Fächer, Holzmasken, Lackwaren und vieles mehr.

Wer in Geschäften mit dem Hinweis „Tax Free Shopping" oder Tax Refund Shopping" einkauft, kann bei Käufen über 30 000 Won bis zu 80 % der Mehrwertsteuer erstattet bekommen (Infos: www.global-blue.com). Man bekommt dann eine spezielle Bestätigung (VAT Refund Cheque oder Korea Refund Cheque), die man bei der Ausreise am Flughafen in Incheon am Zoll abstempeln lässt. Achtung, es kann sein, dass der Zoll die Waren sehen möchte. An den Schaltern mit der Aufschrift „Global Refund Korea" oder „Korea Refund" (in der Abflughalle bei den Duty Free Shops) legt man die abgestempelten Bescheinigungen vor und bekommt sein Geld zurück.

Eintrittspreise

Die Eintrittspreise zu den Sehenswürdigkeiten und Museen sind fast durch-

weg gering. Meist zahlt man, je nach Bedeutung, zwischen 1000 und 4000 Won. Der Eintritt in die Nationalmuseen ist in der Regel frei.

Teurer sind die Eintritte zu privaten Museen, die zwischen 5000 und 10 000 Won liegen können. Der Zutritt zu den Nationalparks ist frei, allerdings wird in einigen Parks eine Gebühr zur Erhaltung von Kulturdenkmälern innerhalb der Nationalparks erhoben, die zwischen 2000 bis 4000 Won liegt. Wer einen der vielen Themenparks besuchen möchte, muss mit Preisen zwischen 10 000 und 35 000 Won schon tiefer in die Tasche greifen.

Elektrizität

Die Standardspannung in Korea beträgt 220 Volt. Die Steckernorm entspricht jener in Deutschland, Österreich oder der Schweiz.

Essen und Trinken

Das koreanische Essen wird traditionell nicht in verschiedenen Gängen serviert, sondern alle Speisen – auch die Suppe – kommen gleichzeitig auf den Tisch. Für das Essen selbst gibt es keine festgelegte Reihenfolge. Man bedient sich also ganz nach seinem ganz persönlichen Geschmack. Das Essen wird meist in Stahl- oder Keramikschüsseln serviert. Gegessen wird mit Stäbchen aus Metall oder Holz.

Wenn mit Älteren gegessen wird, nimmt man seinen Platz entsprechend des Alters ein. Der oder die jüngste sollte dabei am nächsten an der Tür sitzen. Erst nachdem der oder die Älteste den Löffel aufgenommen hat, dürfen die anderen mit dem Essen beginnen. Löffel und Stäbchen werden nicht zusammen in einer Hand gehalten. Der Löffel wird nur für Reis und Suppe verwendet. Benutzen Sie den Löffel nicht für die Beilagen, die Sie mit anderen teilen. Nach dem Essen werden Löffel und Stäbchen auf ihren ursprünglichen Platz zurückgelegt, und benutzte Servietten gefaltet auf den Tisch gelegt.

Feiertage / Festkalender

In Korea gilt der Gregorianische Kalender. Allerdings richten sich einige traditionelle Feiertage auch nach dem Mondkalender. Während der landesweiten Feiertage sind Büros, Ämter und Banken geschlossen, aber Paläste, Museen, die meisten Restaurants, Kaufhäuser und sonstige Freizeiteinrichtungen sind geöffnet. *Seollal* und *Chuseok* sind die wichtigsten traditionellen Feiertage für Koreaner und viele Millionen reisen zu dieser Zeit in ihre Heimatdörfer, um diese Festtage mit der ganzen Familie zu verbringen.

Neujahr, 1. Januar. **Seollal** (31.1.14, 19.2.15), das Mondneujahr (*Seollal*) beginnt am 1. Tag des ersten Mondes. Der Tag davor und danach ist ebenfalls Feiertag. **Tag der Unabhängigkeitsbewegung** (1. März), erinnert an die Verkündung der Unabhängigkeitserklärung am 1. März 1919. Zeremonien im Tapgol-Park im Zentrum Seouls. **Tag der Arbeit** (1. Mai), zwar kein offizieller Feiertag mehr, dennoch sind meisten Banken und Büros geschlossen. **Kindertag** (5. Mai), der ganze Tag dreht sich um die Kinder. **Buddhas Geburtstag** (6.5.14, 25.5.15), 8. Tag des 4. Mondmonats. Aufwendige Rituale und Prozessionen in den großen Tempeln des Landes. **Gefallenengedenktag** (6. Juni), Erinnerung an die vielen für ihr Land gefallenen Soldaten und Zivilisten. Die größte Zeremonie findet auf dem Seouler Nationalfriedhof statt. **Tag der Befreiung** (15. August), erinnert an die bedingungslose Kapitulation Japans am 15. August 1945 und die damit einhergehende Befreiung der koreanischen Halbinsel von der Kolonialherrschaft. **Chuseok** (19.9.13, 8.9.14), 15. Tag des 8. Mondmonats. Der Tag wird oft auch „Koreanisches Erntedankfest" genannt, weil man an diesem Tag traditionell für reiche Ernte und die Fruchtbarkeit der Erde dankte. Der Tag davor und danach ist ebenfalls Feiertag. **Nationaler Gründungstag** (3. Oktober), der Tag erinnert an die mythische Gründung der ersten koreanischen Nation im Jahre 2333 v. Chr. durch den legendären Gottkönig Dangun. **Weihnachten** (25. Dezember)

Fotografieren

Koreaner fotografieren gerne, aber das heißt nicht, dass sie sich auch gerne fotografieren lassen. Manche reagieren gereizt, will man sie ablichten: Besser vorher fragen. In Tempeln oder bei schamanistischen Zeremonien darf man nicht fotografieren, es sei denn, man hat die Erlaubnis der Mönche oder Schamaninnen eingeholt. Militärische Einrichtungen dürfen nicht fotografiert werden. Fotografieren in der Demilitarisierten Zone ist streng reglementiert. Man sollte sich an die Anweisungen halten, will man nicht riskieren, dass die Kamera konfisziert wird.

Geschäftszeiten

Banken Mo-Fr 9-16 Uhr; Behörden Mo-Fr 9-18 Uhr; Postämter Mo-Fr 9-18 Uhr, Hauptpostämter Sa 9-13 Uhr; Kaufhäuser tgl. 10.30-20 Uhr, einmal im Monat hat jedes Kaufhaus einen Ruhetag, aber nicht derselbe sein muss.

Internet

Internetzugang wird in Korea an öffentlichen Plätzen wie am Flughafen, an Bahnhöfen und an Busbahnhöfen angeboten. Auch die meisten Hotels und Hostels bieten preiswerten oder sogar kostenlosen Internetzugang. Internetcafés heißen **PC Bang**, sind fast überall in Korea zu finden und werden oft und gerne für Online-Spiele genutzt, einem koreanischen Nationalsport. Viele PC Bang sind 24 Stunden geöffnet und haben Snack Bars, an denen Getränke sowie Nudelsuppen und andere Kleinigkeiten zum Essen angeboten werden.

11

Reise-Informationen

249

Kreditkarten

In vielen besseren Hotels, Restaurants und Geschäften der großen Metropolen kann mit Kreditkarte bezahlt werden. Die meisten Motels und Hostels verlangen aber immer noch Barzahlung.

Post

Korea hat den höchsten Prozentsatz an Internetnutzern der Welt, sodass das Briefaufkommen dramatisch gefallen ist. Das bedeutet, dass es nicht einfach ist, einen der knallroten Briefkästen zu finden. Postämter sind ebenfalls an ihrem knallroten Banner zu erkennen und glücklicherweise flächendeckend vorhanden. Eine Postkarte kostet per Luftpost 350 Won, ein Brief bis 10g 580 Won und bis 20g 650 Won. Im Normalfall benötigt die Post etwa 6 Tage.

Preisniveau

Für ein derart entwickeltes Industrieland wie Südkorea ist das Reisen im Land erstaunlich preiswert. Verkehrsmittel, Essen, komplette Mahlzeiten bekommt man schon zwischen 6000 und 10 000 Won, sowie die Eintritte sind günstig und wer auf den Komfort großer Hotels verzichten kann, zahlt in Motels, traditionellen koreanischen Gasthäusern (*Yeogwan*) und Privatzimmern (*Minbak*) meist nur zwischen 25 000 und 50 000 Won. Wer besonders preiswert reisen möchte, kann durchaus mit 50 000 Won am Tag auskommen, wer mehr Komfort sucht, sollte mit 100 000 Won am Tag rechnen. Wer gerne gut essen geht und in Vier-Sterne-Hotels unterkommen möchte, sollte mindestens 300 000 Won am Tag einplanen.

Rauchen

In Südkorea wird viel und gerne geraucht und so sah sich die Regierung genötigt, mehrere Kampagnen zu starten, um das Rauchen wenigsten aus der Öffentlichkeit zu verbannen. Einige Kommunen, allen voran Seoul, haben deutlich gekennzeichnete Nichtraucherzonen etabliert und kassieren bei Nichtbeachtung hohe Bußgelder – Denunzianten erhalten Prämien für eine Anzeige mit Videobeweis. Verboten ist das Rauchen vielerorts, v. a. auch in Bussen und öffentlichen Gebäuden.

Telefon

Die Koreaner haben oft bis zu 3 Handys und so ist der Bedarf an öffentlichen Telefonzellen stark zurückgegangen. Doch auch wenn viele **Telefonzellen** abgebaut wurden, findet man manchmal noch welche in Fußgängerzonen sowie an Bushaltestellen, in U-Bahnhöfen und anderen Einrichtungen des öffentlichen Nah- und Fernverkehrs. Über öffentliche Telefone können sowohl Inlands- wie auch Auslandsgespräche getätigt werden. Es gibt zwei Arten von öffentlichen Telefonen: Münztelefone und Kartentelefone. Die Münztelefone sind grundsätzlich auch mit Kreditkarten zu nutzen. Telefonkarten können im Wert von 3000, 5000, und 10 000 Won in Geschäften und an Kiosken oder in den Convenient Stores in der Nähe Telefonzellen erstanden werden und sind für 3 Jahre gültig.

Für Auslandsgespräche wählt man erst die 001, 002, 005 oder 008 (Handys 00365, 00700, 00770 u.a.), dann die Vorwahl des entsprechenden Landes, die Ortsvorwahl und schließlich die Telefonnummer.

In Südkorea werden CDMA-, WCDMA und LTE als **Mobilfunkstandards** genutzt, was bedeutet, dass alte mitgebrachte Handys ev. nicht kompatibel sind, jedoch die meisten modernen Smartphones, v.a. solche ab Baujahr 2015 mit WCDMA -2100-Kompatibilität.

Das schnelle 4G-LTE-Netz für mobiles Highspeed-Internet ist nahezu flächendeckend; die Zukunft heißt 5G. Unter www.egsimcard.de kann man eine koreanische Prepaid-Simkarte mit koreanischer Mobilfunknummer und Internetzugang erwerben.

Handys können am Internationalen Flughafen Incheon spontan **ausgeliehen** oder schon vorab auf den Homepages der Anbieter reserviert werden; Links dazu: http://english.visitkorea. or.kr/enu/RE/RE_EN_1_2_4_1.jsp. Wer reserviert, kann Vergünstigungen bekommen. Meist sind die Gebühren für Auslandsgespräche bei den Leih-Handys sehr hoch. Es gibt aber Prepaid-Telefonkarten für Telefonate ins Ausland, die an den kleinen 24-Stunden-Läden oder Zeitungsständen zu kaufen sind.

Trinkgeld

Trinkgelder sind in Korea nicht üblich. In einigen Luxushotels oder Restaurants werden allerdings 10 % als Service Charge auf den Preis draufgeschlagen.

Wettervorhersage

Das koreanische Wetteramt bietet unter m.kma.go.kr/eng einen Mobilfunk-Wetterbericht auf Englisch für das Smartphone.

Zeit

Südkoreanische Zeit: MEZ plus 8 Stunden, keine Sommer-/Winterzeit (Mitteleuropäische Sommerzeit plus 7 Stunden). Die **Nordkoreanische Zeit** liegt eine halbe Stunde dahinter.

ADRESSEN

Fremdenverkehrsämter

KTO-Büro: Baseler Str. 35-37, 60329 Frankfurt am Main, Tel. (0049) 069 23 3226 / 23 4973, http://german. visitkorea.or.kr, Mo-Fr 9-12 und 13-18 Uhr (zuständig auch für Österreich und die Schweiz). Versendet gratis ein umfangreiches **Infoheft** plus Karte. **Touristentelefon 1330:** Wer bei der Planung oder

während der Koreareise Unterstützung braucht, bekommt sie unter der koreanischen Telefonnummer 1330 (aus Deutschland 0082-2-1330): detaillierte Informationen über Sehenswürdigkeiten, Verkehrsverbindungen, Restaurants und vieles mehr.

Botschaften Südkoreas

Deutschland: Stülerstraße 8/10, 10787 Berlin, Tel. 030 2606 5432, http:// deu.mofat.go.kr
Österreich: Gregor-Mendel-Straße 25, 1180 Wien, Tel. 01 4781 991, http:// aut.mofat.go.kr
Schweiz: Kalcheggweg 38, Postfach 28, 3006 Bern, Tel. 031 356 2444, http:// che-berne.mofat.go.kr

Botschaften in Südkorea

Deutschland, 308-5, Dongbinggo-dong, Yongsan-gu, Seoul 140-816, Tel. 02 748 4114, www.seoul.diplo.de.
Österreich, 21 Fl., Kyobo Building, 1, Jongno 1-ga, Jongno-gu, Seoul 110-714, Tel. 02 732 9071/2, www.bmeia. gv.at/botschaft/seoul.html
Schweiz, 32-10, Songwol-dong, Jongno-gu, Seoul 110-101, Tel. 02 739 9511/12/13/14, www.eda.admin.ch/ seoul.

SPRACHFÜHRER

Verständigung

Südkorea arbeitet mit Hochdruck daran, internationaler zu werden. In den letzten Jahren hat man erkannt, dass Sprachkenntnisse eine Schlüsselqualifikation der Zukunft darstellen. Kinder werden bereits im Vorschulalter mit englischen Liedern und Geschichten berieselt, *native speaker* unterrichten ab der Mittelschule Englisch und man hofft, dass der Anteil der Koreaner mit guten Englischkenntnissen in den kommenden Jahren stark anwächst. Das

11

Reise-Informationen

größte Problem ist allerdings die Art der Ausbildung: Der Schwerpunkt wird auf das Schriftliche, insbesondere auf Grammatik und Satzbau gelegt, während die Konversation nur eine Nebenrolle spielt. Hinzu kommt, dass es einige Buchstaben wie V und W in der koreanischen Sprache nicht gibt. Für F wird das koreanische P verwendet, so dass aus dem englischen *if* auch schon mal *ip* wird, L und R teilen sich einen Buchstaben, sind also für Koreaner akustisch identisch.

Mit anderen Worten: jenseits der Türen des Incheon International Airport betreten Sie eine überwältigend koreanische Welt und die koreanische Schrift macht einem die Orientierung nicht leichter. Aber keine Bange, vieles ist auch auf Englisch ausgeschildert, und die Koreaner sind überaus hilfsbereit. Doch man sollte ein paar Regeln beachten, um die freundlichen Helfer nicht in Verlegenheit zu bringen: Sprechen Sie langsam, bilden Sie einfache, kurze Sätze und benutzen Sie einfache Verben. Für Koreaner ist Englisch eine sehr schwere Sprache und zwar brauchen sie Zeit, das Gesagte in ihre koreanische Satzstruktur zu übersetzen. Und stellen Sie keine Entscheidungsfragen. Um das Gesicht nicht zu verlieren, wird die Antwort nämlich stets „ja" lauten.

Wenn Sie tatsächlich einmal mit Ihrem Latein am Ende sind, dann greifen Sie zum Telefon und wählen die **1330** (s. S. 251), die Hotline der Korea Tourist Organization KTO (vom Mobiltelefon zusätzlich den Area Code der Stadt wählen / Seoul: 02) und bitten um den angebotenen **Übersetzungsservice**. Oder versuchen Sie Ihr Glück beim kostenlosen, von Freiwilligen betriebenen **Dolmetscher-Service BBB** (Before Babel Brigade), Tel. **1588 5644**, www.bbbkorea.org, wo man Ihnen 24 Stunden lang, sieben Tage die Woche in 17 Sprachen weiterhilft.

Koreanisch lernen

Wer Koreanisch lernen möchte, kann dies in Seoul im Rahmen von Gratiskursen machen. Englisch wird im Hinterland kaum gesprochen.

Einen guten **Onlinekurs** bietet die Seoul National University an (http://language.snu.ac.kr/site/en/klec/click-korean/index.jsp).

Aussprache und Umschrift

Die koreanische Schrift *Hangeul*, die unter König Sejong 1443 entwickelt wurde, ist eine geniale Buchstabenschrift, die aus 10 Vokalen und 14 Konsonanten besteht, wobei bis zu fünf Buchstaben in einer Silbengruppe geschrieben werden. Für die Umschrift wird seit dem Jahr 2000 die sogenannte Revidierte Romanisierung benutzt, die man auf Straßenschildern, Landkarten und Dokumenten finden wird. Leider benutzen viele Koreaner eher gefühlte Umschriftsysteme, sodass sich romanisierte Schreibweisen ein und desselben Wortes auch erheblich unterscheiden können.

Folgt man der offiziellen Transkription, werden die meisten Buchstabenkombinationen ähnlich wie im Deutschen ausgesprochen, mit einigen Ausnahmen, und zwar bei den Vokalen: ae=ä, ya=*ja*, eo=offenes *o* (Seoul wird also wie *soul* gesprochen), yeo=*jo*, ye=*je*, wae=*wä*, eu=*ü* (im Rachen gesprochen), ui=*e*, üi (im Rachen gesprochen), yo=*jo*, yu=*ju*. Für die Konsonanten gilt dasselbe, mit folgenden Ausnahmen: ng=als Anlaut stumm, j=*tsch*, ch=*tz*, k=*j* (aspiriert), kk=*gg*, pp=*bb*, jj=*tsch*. Diese Aussprachehilfen sind zwar stark vereinfacht, aber im Großen und Ganzen reicht es, um verstanden zu werden.

Mini-Sprachführer

Hallo, Guten Tag . . . . . *annyeong haseyo*
Wiedersehen (wenn Sie gehen). . . . .
annyeonghi gyeseyo

Wiedersehen (wenn Sie bleiben)....... *annyeonghi gaseyo*
Bitte............................*juseyo*
Danke ....*gamsa hamnida*
Entschuldigung.........*sillye hamnida*
Ja ....*ne* oder *ye*
Nein..............................*anio*
Ich heiße .... *je ireumeun...imnida*
Toilette .... *hwajangsil*
Ich bin Deutscher ....*jeoneun dogil saram imnida*
... Österreicher ....*oseuteuria saram imnida*
... Schweizer................*seuuiseu saram imnida*
Rufen Sie einen Arzt................ *uisareul bulleo juseyo*
Spricht hier jemand Englisch? .... *Yeong-eo hasineunbun gyeseo?*
Wo ist ...? .... *i eodi iseumnikka?*
... Polizei .... *gyeongchalseo* ...
... Apotheke ....*yakguk* ...
... Krankenhaus.........*byeongwon* ...
... U-Bahn ....*jihacheol* ...
... Bahnhof ....*gichayeok* ...
... Flughafen.............*gonghang* ...
Fährt dieser Bus zum / zur .... *i besou ... gamnikka?*
Haben Sie ein Zimmer frei?............ *bin bang isseumnikka?*

sinokoreanisch / koreanisch	
0	*yeong*
1	*il / hana*
2	*i / dul*
3	*sam / set*
4	*sa / net*
5	*o / daseot*
6	*yuk / yeoseot*
7	*chil / ilgop*
8	*pal / yeodeol*
9	*gu / ahop*
10	*sip / yeol*
11	*sibil / yeolhana*
12	*sibi / yeoldul*
20	*isip / seumul*
30	*samsip / seoreun*
100	*baek / on*
1000	*cheon / jeumeun*
10 000	*man / deumeon*

AUTOR

Oliver Fülling ist Sinologe, Autor mehrerer Reiseführer und leitet außerdem seit vielen Jahren Studienreisen in Ostasien.

Zahlen

Es gibt zwei Zählweisen, eine rein koreanische und eine sinokoreanische, die auf der chinesischen Aussprache der Ziffern beruht. Das koreanische System findet in der Regel nur bis 100 Anwendung und wird z. B. für die Zählung von Gegenständen, Altersangaben und Uhrzeitangaben benutzt. Aber die Minuten der Uhrzeit, das Datum, Monatsangaben, Geld oder Etagen eines Gebäudes werden mit der sinokoreanischen Zählweise ausgedrückt. Tage können in beiden Zählweisen ausgedrückt werden. Es gibt hier keine logischen Zusammenhänge – wann was in welchem System gezählt wird, muss man auswendig lernen.

Reise-Informationen **11**

REGISTER